法句經

법구경

진리를 전하는 주옥같은 말씀

권영한 譯解

전원문화사

법구경

2021년 10월 15일 중판 발행

편저자 * 권영한

펴낸이 * 남병덕

펴낸곳 * 전원문화사

07689 서울시 강서구 화곡로 43가길 30
T.02)6735-2100. F6735-2103
jwonbook@naver.com

등록 * 1999년 11월 16일 제 1999-053호

ⓒ 2002, 전원문화사

이 책의 내용은 저작권법에 따라 보호받고 있습니다.
잘못 만들어진 책은 바꾸어 드립니다.

머리말

《법구경(法句經)》은 인도의 승려 법구(法救)가 인생의 지침이 될 만큼 좋은 글을 모아 아름다운 시구(詩句)로 엮은 경전(經典)이며, 오랜 세월 동안 많은 사람들이 봉독하여 온 아주 귀한 고전(古典)이다.

이 경전의 원래의 이름은 범어로는 Dharmapāda이고 파리어로는 Dhammapada라고 하는데, 진리(dharma)의 말씀(pada)이란 뜻이다.

원전은 팔리어 니카아야의 하나인 소부(小部, Khuddakanikāya)에서 찾을 수 있으나, 우리 나라에 소개되고 있는 법구경은 전 26장 423의 게송(偈頌)을 수록한 팔리어본의 국역(國譯)과, 전 39장으로 구성된 한역(漢譯) 법구경(2권)의 국역(國譯) 두 가지가 있다.

그런데 이 한역본과 팔리어본은 그 장수(章數)라든가 시구(詩句)의 배열 및 종류가 같지 않기 때문에 한역본의 원전은 팔리어본과 다른 것이라는 것을 알 수 있다.

전편 모두 아름다운 시구(詩句)로 되어 있는 이 경은, 주로 단독의 게송(偈頌)으로 되어 있으나 때로는 두 개, 혹은 여러 개의 게송(偈頌)이 한데 묶여져 있는 경우도 있다.

이러한 게송(偈頌)은 물론 석존께서 직접 읊은 것은 아니지만, 석존의 요긴한 뜻이 시(詩)의 형태로 엮여져서 원시 불교 교단에서 널리 유포되고 있었는데, 사람들이 각각 달리 편집했던 것으로 생각된다.

이에 필자는 전 39장의 한역본을 택하여 옮기기로 하였다.

원래《법구경》의 편집 시기는 기원전 4세기 내지 3세기경으로 추정되며, 그 중에는 그보다 더 오래된 것도 있다고 한다.

《법구경》은 불교의 윤리적인 교의(敎義)를 시(詩)의 형태로 나타내어 불도(佛道)에 입문하는 지침으로 하고 있다.

방대한 불교 성전 중 가장 오래된 경전으로, 석존의 진의(眞意)를 전하는 주옥같은 존재이며, 예로부터 불교 신도들이 가장 많이 애송하여 왔다.

이 경만큼 오래되고 또 불교 신도들에게 널리 읽힌 책은 없다고 해도 과언이 아니다.

역자도 젊을 때 이 경을 한 번 읽은 적이 있지만, 나이가 들어 또 한 번 정독(精讀)하고 싶은 생각과 후배들에게 좀더 읽기 쉽고 이해하기 쉽도록 하기 위해서 번역을 시도해 보았다.

이 번역본을 만들 때 역자는 다음과 같은 점에 유의하였다.

1. 오천축국(吳天竺國) 유지란등역본(維祇難等譯本)을 번역하였다.
2. 한문 원문(原文)을 게시하고 읽기 좋게 하기 위해 토를 달았다.
3. 먼저 【譯】에서는 한문 원문에 충실하도록 직역을 하였다.
4. 어려운 한자나 숙어를 알기 쉽게 【註】에서 설명하였다.
5. 게송마다 함축하고 있는 뜻을 좀더 알기 쉽게 풀이하여 【解說】 부분에 상세히 설명하였다.
6. 읽기 편하도록 편집을 눈에 잘 띄게 하였다.

나름대로의 노력과 정성을 다하였지만, 부처님의 광대무변한 지혜의 말씀을 완벽하게 옮겼다고는 감히 생각하지 않는다.

혹, 번역에 미숙한 점이 있어도 원전이 있으니 독자의 현명한 예지로 잘 읽어보고 경전이 시사하는 참뜻을 바로 이해하기 바라는 바이다.

비록 말은 짧고 표현도 소박하지만 구구절절 심금을 울리는 경고의 글귀와 발심(發心)을 재촉하는 감로(甘露)와 같이 달콤하고 아름다운 말씀이 전편에 넘쳐흐르고 있으니, 많은 분들이 이 귀한 고전을 읽어 마음을 맑게 하고 행을 깨끗이 해서 행복하고 넉넉한 삶을 영위하기 바라는 바이다.

青南 權寧漢

목 차

- 머리말 · 3

- 제 1 장 무상품(無常品) · 7
    - 제 2 장 교학품(敎學品) · 22
- 제 3 장 다문품(多聞品) · 39
    - 제 4 장 독신품(篤信品) · 51
- 제 5 장 계신품(戒愼品) · 62
    - 제 6 장 유념품(惟念品) · 71
- 제 7 장 자인품(慈仁品) · 78
    - 제 8 장 언어품(言語品) · 88
- 제 9 장 쌍요품(雙要品) · 94
    - 제 10 장 방일품(放逸品) · 106
- 제 11 장 심의품(心意品) · 116
    - 제 12 장 화향품(華香品) · 123
- 제 13 장 우암품(愚闇品) · 132
    - 제 14 장 명철품(明哲品) · 142
- 제 15 장 나한품(羅漢品) · 152
    - 제 16 장 술천품(述千品) · 158
- 제 17 장 악행품(惡行品) · 164
    - 제 18 장 도장품(刀杖品) · 176
- 제 19 장 노모품(老耗品) · 184
    - 제 20 장 애신품(愛身品) · 193

- 제 21 장   세속품(世俗品) · 200
  - 제 22 장   술불품(述佛品) · 208
- 제 23 장   안녕품(安寧品) · 218
  - 제 24 장   호희품(好喜品) · 226
- 제 25 장   분노품(忿怒品) · 232
  - 제 26 장   진구품(塵垢品) · 247
- 제 27 장   봉지품(奉持品) · 257
  - 제 28 장   도행품(道行品) · 265
- 제 29 장   광연품(廣衍品) · 281
  - 제 30 장   지옥품(地獄品) · 289
- 제 31 장   상유품(象喩品) · 297
  - 제 32 장   애욕품(愛欲品) · 307
- 제 33 장   이양품(利養品) · 325
  - 제 34 장   사문품(沙門品) · 337
- 제 35 장   범지품(梵志品) · 353
  - 제 36 장   이원품(泥洹品) · 373
- 제 37 장   생사품(生死品) · 392
  - 제 38 장   도리품(道利品) · 403
- 제 39 장   길상품(吉祥品) · 414

제 1 장 무상품(無常品)

　이 세상의 모든 것은 항상 영원한 것이 없으며, 끊임없이 옮겨가고 변해간다. 마치 강물이 제자리에 고여 있지 않듯이……. 이러한 무상한 것 가운데 오직 부처님의 도(道)만은 영원히 변하지 않는 진실한 진리로다. 무상품(無常品)에서는 이러한 도리를 설하고 있다.

∵ 001

無常品者　寤欲昏亂　　무상품자 오욕혼란
榮命難保　唯道是眞　　영명란보 유도시진

【譯】
무상품(無常品)이란 잠을 깨면 혼란하고,
목숨과 영화 보존하기 어렵고, 도(道)만이 참임을 설한 것이다.

【註】
榮命(영명)……영화와 목숨.
難保(난보)……보전하기 어려움.

∵ 002

睡眠解寤　宜歡喜思　　수면해오 의환희사
聽我所說　撰記佛言　　청아소설 찬기불언

【譯】
어서 빨리 잠에서 깨어나 기뻐하며 생각하라.
내가 설하는 바 열심히 듣고, 부처님의 말씀 빠짐없이 기억하라.

【註】
喜思(희사)……기쁜 마음으로 받아들여라.

【解說】
　미혹의 잠에서 빨리 깨어나 부처님의 말씀을 마음에 새겨, 기쁜 생각 가슴에 가득 안고서 한 세상 즐겁게 잘 살아 보세. 슬픈 일, 고달픈 일……, 모두들 잘 생각해 보면 물거품같이 생겼다 사라지는 부질없는 것. 한 마음 고쳐먹으면 그까짓 것, 정말 아무 것도 아닌 것을!

∴ 003

所行非常　謂興衰法　　소행비상 위흥쇠법
夫生輒死　此滅爲樂　　부생첩사 차멸위락

【譯】
이 세상 모든 것 변하지 않는 것 하나도 없으니, 흥하고 쇠하는 법 모두가 이러하니라.
생겨난 것 모두는 반드시 죽으니, 멸함이 본향인 줄 알아야 한다.

【註】
所行(소행)……이 세상의 모든 생멸하는 것.
非常(비상)……항상 영원함이 없고 변하는 것을 말함.

【解說】
　이 세상의 모든 것 변하지 않는 것 하나도 없으니, 오늘의 청춘 내일의

백발이라. 흥하고 멸하는 것 필연의 법칙이고, 시작이 있으면 반드시 끝이 오리니, 이 도리 빨리 깨달으면 마음은 가을하늘 구름 한 점 없으리.

004

> 譬如陶家 埏埴作器　　비여도가 연식작기
> 一切要壞 人命亦然　　일절요괴 인명역연

【譯】
비유컨대 질그릇을 만드는 사람이 흙을 이겨 그릇을 만들어도,
모두가 반드시 깨어지는 것과 같이 사람의 목숨 또한 그러하니라.

【註】
陶家(도가)……도공(陶工), 도자기를 만드는 사람.

【解說】
　그릇을 만드는 사람이 찰흙을 이겨 여러 가지 그릇을 만들어도, 시간이 흐르면 그 그릇은 모두가 깨어져 없어진다. 사람의 목숨 역시 이와 같아서, 뉘라서 죽지 않는 사람 이 세상에 있겠는가? 그러므로 우리가 해야 할 가장 시급한 문제는 생사를 초월하여 사는 법을 배우는 것이다.

005

> 如河駛流 往而不返　　여하사류 왕이불반
> 人命如是 逝者不還　　인명여시 서자불환

【譯】
강물이 한 번 흘러가면 다시 돌아오지 않듯이
사람의 목숨도 이와 같아서 한 번 간 사람은 다시 돌아오지 않는다.

【註】
駛流(사류)……빨리 흐르는 강물.
不返(불반)……되돌아오지 않음.
逝者(서자)……한 번 간 사람. 즉, 죽은 사람.

【解說】
한 번 흘러간 강물이 다시 돌아오지 않는 것처럼, 한 번 간 사람은 아무리 애타게 불러도 다시 오지 않는다. 내 곁의 모든 것 항상 변하고, 잠시도 제자리에 머무는 것은 하나도 없다. 이 도리를 깨달으면 마음은 항상 넉넉하리라.

∴ 006

千百非一 族姓男女　천백비일 족성남녀
貯聚財産 無不衰喪　저취재산 무불쇠상

【譯】
천 사람, 백 사람, 모든 사람, 집집마다 남녀들이
재물을 모으지만, 망하고 잃지 않는 사람 하나도 없다.

【註】
非一(비일)……한 사람도 아닌 모든 사람.
族姓(족성)……같은 문벌의 친척들.
貯聚(저취)……모으다.

【解說】
 아무리 많은 재물을 모아도 죽을 때 가지고 가는 사람은 아무도 없다. 수미산도 무너져 없어지고, 큰 바다도 물이 말라 버리는데, 나의 작은 재물이 무슨 소용이 있겠는가? 본래 빈손으로 온 몸, 갈 때도 빈손으로 가는 것. 애써 탐욕을 부려 죄에 빠지지 말고, 착한 마음 고운 인정으로 이웃을 도우며, 부처님의 말씀으로 마음을 밝혀 인정을 베풀며 더불어 사는 것이 참된 삶이다.

007

生者日夜 命自攻削　생자일야 명자공삭
壽之消盡 如帶霤水　수지소진 여영병수

【譯】
살아 있는 사람은 밤낮으로 자기 목숨 상하게 하고 갉아먹으니,
생명의 등불 다 하고 꺼짐이 마치 낙숫물이 돌에 구멍을 뚫는 것 같네.

【註】
命自攻削(명자공삭)……제 생명을 제 스스로 치고 갉아먹다.
消盡(소진)……사라져 없어짐.
帶霤(영병)……낙숫물.

【解說】
 방울방울 떨어지는 처마의 낙숫물이 섬돌에 구멍을 뚫듯이, 매일 매일 짓는 작은 죄가 모이고 쌓이면 자기의 생명을 멸망의 길로 이끌어간다. 작은 죄가 모이면 큰 죄가 되고, 큰 죄가 쌓이면 자신을 파멸의 길로 밀어 넣는다.

∴ 008

常者皆盡 高者亦墮　　상자개진 고자역타
合會有離 生者有死　　합회유리 생자유사

【譯】
세상일은 모두가 다함이 있고, 부귀영화 누리던 사람도 역시 끝이 있나니, 만나면 헤어짐이 있는 것같이, 살아 있는 자에게는 죽음이 있다.

【註】
常者(상자)……인연에 의해서 생멸하는 모든 일.
高者(고자)……부귀공명을 누리는 높은 사람.
合會(합회)……만나다. 즉 사람이 서로가 만나는 것을 뜻함.
有離(유리)……헤어지는 것을 말한다.

【解說】
만나면 반드시 이별이 있고, 태어나면 반드시 죽음이 따라온다. 원인은 결과를 몰고 오고, 그 결과는 또한 새로운 원인이 되어 영원히 그치지 않고 윤회 반복한다. 무릇 생명 있는 자에게는 반드시 종말이 있는데, 그것을 모르고 자기만은 천년 만년 멸하지 않을 것처럼 생각하는 것은 천치보다도 더 어리석은 사람이다.

∴ 009

衆生相剋 以喪其命　　중생상극 이상기명
隨行所墮 自受殃福　　수행소타 자수앙복

제1장 무상품(無常品) | 13

【譯】
중생은 서로 싸우고 다투어, 그리하여 목숨을 잃는다.
행동에 따라 떨어지는 곳이 있으니, 복도 재앙도 스스로가 만들어서 받는 것이다.

【註】
自受(자수)……자기가 만든 결과를 스스로 돌려 받음.

【解說】
죄도 내가 만들고 복도 내가 만든다. 내가 만든 죄값으로 지옥으로 가는 길도 내가 만들고, 복을 지어 극락에 가는 길도 내가 만든다. 고개를 들어 사방을 돌아보라. 내가 미워할 사람이 어디 있고 좋아할 사람이 어디 있는가? 내 마음 한 번 고쳐먹으면 모두가 이웃이고 보살인 것을!

∴ 010

老見苦痛 死則意去　　노견고통 사즉의거
樂家縛獄 貪世不斷　　낙가박옥 탐세부단

【譯】
늙으면 병고에 시달리고 죽으면 마음마저 사라지는데,
그런데도 욕심에 얽매여 세상 일 탐내어 그치지 않는다.

【註】
老見(노견)……늙으면, 늙어 보면.
縛獄(박옥)……오욕락에 얽매임.

【解說】
백 년도 못 사는 인생이 천년 만년 살 것처럼 온갖 욕심 부리며 망령되이 살고 있다. 늙으면 누구라도 병고에 시달리고 죽으면 의식마저 없어지는데, 그런데도 재물을 탐하고 명예를 쫓아 그칠 줄을 모른다.

011

> 咄嗟老至 色變作老　　돌차로지 색변작로
> 小時如意 老見踏藉　　소시여의 노견답자

【譯】
잠깐 사이 젊음이 지나가 버리면 고운 얼굴 변하여 늙은 얼굴 된다. 젊을 땐 모두가 내 뜻대로 되었지만, 늙으면 마음대로 되는 게 없다.

【註】
咄嗟(돌차)……잠깐 사이, 눈 깜박할 사이.
踏藉(답적)……짓밟히고 발 밑에 깔리다. 뜻대로 되지 않음.

【解說】
젊음이란 일장춘몽, 꿈 깨니 백발만 성성하네. 곱던 얼굴 주름만 가득하고 피부엔 검버섯만 피어 있네. 슬프도다, 화려했던 젊은 날은 어디로 가고 다가온 적막강산, 이 웬 말인가? 뜻대로 되는 건 하나도 없고, 생각할수록 가슴 답답한 일뿐이다. 아! 언제 고향에 돌아가 편안히 쉴꼬?

012

> 雖壽百歲 亦死過去　　수수백세 역사과거
> 爲老所厭 病條至際　　위로소염 병조지제

【譯】
비록 백 살을 산다 해도 죽으면 역시 과거사가 되는 것을,
늙음은 사람들이 싫어하는 것, 여러 가지 병마저 이르게 되네.

【註】
病條至際(병조지제)……여러 가지 병이 생기게 된다.

【解說】
아무리 오래 살아 백 살을 넘겨도 한 번 죽으면 과거라는 시간적 장막 속에 숨어 버려서, 영영 이승에서 다시 만날 수 없다. 정든 사람 두고 떠나는 마음이나, 보내는 마음이 아무리 간절해도 다시 만날 수 없게 되나니, 죽음이란 정말로 슬프고 야속하다. 그러기에 우리는 정진하고 정진해서 생사를 초탈하는 도(道)를 배워 열반의 기쁨을 얻어야 한다.

013

是日已過 命則隨滅　　시일이과 명즉수멸
如少水魚 斯有何樂　　여소수어 사유하락

【譯】
오늘 하루가 지나가면 목숨 또한 그만큼 줄어들게 되는 것을
얕은 물웅덩이 속 물고기같이 거기에 무슨 즐거움이 있겠는가?

【註】
已過(이과)……이미 지나가다.
少水(소수)……물이 조금 고인 물웅덩이.
斯有(사유)……이와 같은 인생.

【解說】
　언제 말라 버릴지 모르는 작은 웅덩이에 물고기 같이, 겨우 목숨만 부지하는 늙은이의 삶! 거기 무슨 낙이 있으리오. 화려했던 젊은 시절엔 모든 생활이 즐겁기만 했지만, 하루하루 지나가고 목숨도 그만큼 줄어드니, 가슴에 남은 것은 한숨과 슬픔뿐이네. 마치 저 작은 물웅덩이에 사는 물고기와 같으니, 산들 무슨 즐거움이 있겠는가?

014

老則色衰　所病自壞　　노즉색쇠　소병자괴
形敗腐朽　命終自然　　형패부후　명종자연

【譯】
늙으면 몸은 쇠퇴하고 병들어 스스로 무너진다.
형체가 무너져 썩어 버리면 목숨은 자연히 끝나 버린다.

【註】
色(색)……우리의 몸.
腐朽(부후)……썩어 버리다.
命終(명종)……목숨이 끝이 나다.

【解說】
　늙으면 온 몸에 온갖 병이 찾아든다. 그리하여 봄비에 얼음 녹듯 차차 몸은 망가져 가고, 드디어 형상이 망가지면 목숨은 자연히 소멸된다. 한 평생 부담스럽게 입고 다니던, 헌 누더기(육신) 홀가분히 벗어버리고 훨훨 날아서 안양국으로 길을 떠난다. 아미타불 계신 곳으로 길을 떠난다.

015

是身何用　恒漏臭處　　시신하용　항루취처
爲病所因　有老死患　　위병소인　유로사환

【譯】
이 몸 무엇에 쓸꼬? 항상 악취가 새어 나오는 가죽포대.
병들어 쓸모 없는 바 되니, 늙고 죽음의 근심이 있을 뿐일세.

【註】
恒漏(항루)……항상 새어나오다.
爲病所因(위병소인)……병이 나는 원이 됨.

【解說】
이 몸이 있기에 늙음이 있고 죽음이 있다. 애당초 이 몸 받지 않았다면, 늙음도 죽음도 없었을 것을. 냄새나고 썩어 가는 하잘 것 없는 가죽포대. 그놈이 일생 동안 얼마나 나를 괴롭히나. 그놈이 배고프다면 먹여야 하고, 그놈이 춥다면 옷을 입혀야 했다. 그리고 늙어서까지 병들고 고장이 나서 더욱 나를 괴롭힌다. 그 날이 언제일까, 훨훨 벗어 던지고 안양국에 가는 날이.

016

嗜欲自恣　非法是增　　기욕자자　비법시증
不見聞變　壽命無常　　불견문변　수명무상

【譯】
욕심을 부려서 스스로 방자하면 불법 아님을 익힐 뿐이다.
변하는 것, 보고 듣고 못하는가? 수명이란 바로 덧없는 것이로다.

【註】
非法(비법)······부처님의 가르침이 아닌 법.
變(변)······생사가 걸려 있는 변화무쌍한 부처님 법.

【解說】
변하고 무상한 모든 것 가운데 오직 한 가지, 부처님의 진리 법은 만고에 불변이니, 이 법 깨달아야 생사윤회 뛰어넘네. 오욕락에 눈이 멀어 앞 못 보는 사람들아, 부처님의 밝은 진리 가슴속에 깊이 새겨 지혜의 눈 크게 뜨고 생사윤회 벗어나세. 그러면 죽음에서 벗어나 영원히 살 수 있네.

017

非有子恃 亦非父兄   비유자시 역비부형
爲死所迫 無親可怙   위사소박 무친가호

【譯】
아들이 있어도 믿지 말고 아버지와 형이 있어도 믿지를 말라.
죽음의 핍박이 다가오면 가까움도 믿을 것이 못 되느니라.

【註】
爲死所迫(위사소박)······죽음이 임박함.

【解說】
아무도 나를 대신해서 죽음의 길을 가 줄 이는 없고, 함께 동행해 줄 이도 없다. 자식이 있어도, 부모형제가 있어도, 그 길만은 아무도 대신할 수 없는 길이다. 천 겹 산 넘고 만 갈래 물 건너, 홀로 가는 황천길은 혼자 가는 아득한 길이니, 생전에 기도하여 아미타불의 인도 받아, 모든 두려움 다 떨치고 안양국에 태어나세.

018

畫夜慢惰 老不止婬　주야만타 노부지음
有財不施 不受佛言　유재불시 불수불언
有此四弊 爲自侵欺　유차사폐 위자침기

【譯】
밤낮으로 게으름을 피우고, 늙어도 음란한 짓을 그치지 않고,
재산이 있어도 베풀지 않으며, 부처님의 말씀을 받지 않는,
이 네 가지 나쁜 짓 있으면, 스스로를 속이며 사는 것이다.

【註】
有財不施(유재불시)······재산이 있어도 베풀지 않음.
不受佛言(불수불언)······부처님 말씀을 받들지 않음.
爲自侵欺(위자침기)······스스로 자기를 기만하는 죄를 범하는 것.

【解說】
밤낮으로 열심히 불법을 공부하며 마음을 닦아라. 음탕한 행동은 삼가고, 재산이 있거든 불쌍한 이웃에게 베풀어라. 그리고 부처님 말씀을 가슴에 새겨 열심히 수행하여라. 만일 이 네 가지를 실천하지 않는다면, 그것은 자기의 양심을 속이고 계율을 어기며, 돌이킬 수 없는 큰 죄를 짓는 것이다.

019

非空非海中 非入山石間 비공비해중 비입산석간
無有地方所 脫之不受死 무유지방소 탈지불수사

【譯】
허공도 아니고 바다속도 아니어라. 산 속에 들어가 바위 뒤에 숨는 것도 아니어라. 이 세상 땅 위에는 이를 벗어나 죽음을 받지 않을 곳 아무 데도 없느니라.

【解說】
이 세상 어느 곳에도 죽음을 피하여 숨을 곳은 없다. 산 속에 숨어도 바다 속에 숨어도, 죽음의 집요한 신은 꼭 찾아오고 만다. 우리 인생에서 절대 피할 수 없는 숙명이 바로 죽음인 것이다. 피할 수 없는 숙명이 죽음이라면 차라리 태연하게 받아들이고, 부처님에 의지하여 도를 이루자.

020

是務是吾作 當作令致是 시무시오작 당작령치시
人爲此足參擾 履踐老死憂 인위차족참요 이천로사우

【譯】
"해탈을 힘쓰는 것은 내가 할 바이니, 마땅히 힘써서 이를 이뤄야 한다."
사람들은 이렇게 말만 하면서, 늙고 죽는 근심만 하며 산다.

【註】
令致是(영치시)······이것에 이르게 함.
足參(족참)······떠들기만 한다.

【解說】
생사를 해탈하고 안락한 세계로 들어가는 것은 각자의 노력에 달려 있다. 모든 사람은 자기 인생의 가장 큰 문제인 생사 문제부터 먼저 해결해야 하는데도 실상은 그렇지 않다. 명예는 무엇이며, 재물은 무엇인가? 모두가 죽음 앞에서는 하잘것없는 것에 지나지 않는다. 눈앞의 영리에 현혹되어 근본을 잊지 말고, 생사 문제를 해결하기 위해 열심히 정진하라.

021

知此能自淨 如是見生盡 지차능자정 여시견생진
比丘厭魔兵 從生死得度 비구염마병 종생사득도

【譯】
이 도리 알면 스스로 마음 밝혀, 이와 같은 한 평생을 살아 보아라.
비구는 악마의 유혹에 물들지 않고, 생사를 뛰어넘는 도를 얻게 되리라.

【註】
知此(지차)……생사를 해탈하는 도리를 안다.
如是見(여시견)……생사 해탈을 위한 견해.
厭魔兵(염마병)……마귀를 싫어한다.

【解說】
이와 같은 사실을 알면 부처님의 말씀 깊이 마음에 간직하고, 몸과 마음을 깨끗하게 닦고 항상 노력을 기울여, 인연의 도리와 윤회(輪廻)하는 도리를 스스로 깨닫고 미혹한 세계에서 벗어나거라. 출가하여 불도를 수행하는 스님은 삿된 망상에 미혹되지 않고, 생사의 윤회에서 벗어나 영원히 편안함을 얻게 될 것이다.

제 2 장 교학품(敎學品)

이 교학품(敎學品)은 사람들을 바른길로 인도하여 선한 길로 들어가게 하기 위한 수행의 필요성과 방법을 설한 장이다.

022

敎學品者 導以所行   교학품자 도이소행
釋己愚闇 得見道明   석기우암 득견도명

【譯】
교학품(敎學品)이란 행동하는 바대로 인도하여
어리석고 우둔함을 뚫어 불도의 밝은 도리를 보게 함이라.

023

咄哉何爲寐 蚖螺蚌蠹類   돌재하위매 원라방두류
隱弊以不淨 迷惑計爲身   은폐이부정 미혹계위신

【譯】
이상하다, 무엇 때문에 잠만 자는가? 벌과 소라와 조개와 좀은
자기 더러움을 덮어 숨기고서, 미혹한 그것을 제 몸이라 생각하네.

【解說】
벌, 소라, 조개, 좀과 같은 미물들은 천적이 두려워 은밀한 곳에 숨어

지내며, 그 미혹한 몸을 자신의 참 몸이라 생각한다. 한없이 윤회하는 법계에서 잠시의 인연결합을 진실한 자신으로 착각하고 있다. 내 몸은 내 몸인 동시에 내 몸 아닌 것이니, 이 도리를 깨달아야 도통할 수 있다.

024

思而不放逸 爲仁學仁迹　사이불방일 위인학인적
從是無有憂 常念自滅意　종시무유우 상념자멸의

【譯】
깊이 생각해 방일한 생활에 빠지지 말고, 자비를 행하고 자비의 자취를 배우면, 이로 말미암아 근심 걱정 없어지니, 항상 마음에 새겨 제 욕심 없애라.

【註】
自滅意(자멸의)……자신의 욕망을 없앰.

【解說】
방탕하고 안일한 생활에 빠지지 않도록 노력하라. 불쌍한 사람에게 자비를 베풀고 가난한 사람에게 선심을 써라. 그러면 베푼 것보다 더 큰 복을 받는다. 사람이 내 선행을 몰라도 하늘은 모두 알고 있으며, 인연의 법칙은 한 치의 오차도 없으니, 준 것보다 더 많이 돌려 받게 된다.

025

正見學務增 是爲世間明　정견학무증 시위세간명
所生福千倍 終不墮惡道　소생복천배 종불타악도

【譯】
바른 견해 공부하여 더욱 힘쓰면 이것이 온 세상의 밝음이 된다.
여기에서 복은 천 배나 더 생기고 마침내 나쁜 길로 떨어지지 않네.

【註】
正見(정견)……바른 견해. 八正道(팔정도)의 하나.
務增(무증)……더하기에 힘씀.

【解說】
팔정도의 도리를 열심히 배우라. 그리하여 그대로 실천하면 복은 스스로 다가온다. 온 세상 사람들이 모두 이렇게 바른 견해로만 산다면 세상은 더욱 밝고 명랑하며, 아무도 삼악도에 떨어져서 고통받지 않는다.

∴ 026

莫學小學 以信邪見　　막학소학 이신사견
莫習放蕩 令增欲意　　막습방탕 영증욕의

【譯】
잘못된 것을 배워서 익혀 그로써 삿된 견해 믿지를 말라.
방탕한 생활을 익혀 그로써 탐욕을 더하지 말라.

【註】
小學(소학)……작은 학문. 진리가 아닌 학문.
欲意(욕의)……삿된 오욕락(五慾樂)의 생각.

【解說】
바른 도리를 공부하고 진리를 익혀야 마음이 맑아지고 깨달음의 눈이 열리게 된다. 의롭지 못한 것을 배우고 그것이 진리인 줄 안다면, 죄는 점점 더 무거워지고 마음은 흐려진다. 방탕한 생활과 끝없는 욕심은 마침내 내 몸과 집을 멸망케 하니, 바른 도리 배워서 선하게 살아야 한다.

027

善修法行 學誦莫犯　　선수법행 학송막범
行道無憂 世世常安　　행도무우 세세상안

【譯】
부처님 법 잘 닦고 행하여, 배우고 익히며 어기지 말라.
도를 행하면 근심이 없고, 세세 생생 항상 안락하리라.

【註】
善修(선수)……불법을 잘 닦음.
行道(행도)……부처님의 도를 실천함.

【解說】
항상 마음을 깨끗이 하여 삼가 부처님의 법을 잘 닦고 실천하며, 부처님의 가르침을 배우고 익혀서 추호도 위반하지 말라. 이렇게 불법을 행하면 모든 근심이 사라지고, 무상의 안락을 얻어 목숨이 다할 때까지 행복한 생활을 할 수 있다.

028

非務勿學 是務宜行　　비무물학 시무의행
已知可念 則漏得滅　　이지가념 즉루득멸

【譯】
권장할 만한 것 아니면 배우지 말라. 권하는 것부터 마땅히 행하라.
이미 생각해야 할 것을 안다면 모든 번뇌 사라지게 되리라.

【解說】
부처님이 권하는 정법이야말로 높은 가르침이므로 마땅히 배워야 하고, 또한 그 법을 실천해야 한다. 삿된 모든 법을 버리고 오직 정법만을 간직해야 된다는 것을 알면, 마음은 저절로 열려 온갖 번뇌는 사라지고 열반의 깨달음을 얻을 수 있다.

029

見法利身　夫到善方　　견법리신　부도선방
知利健行　是謂賢明　　지리건행　시위현명

【譯】
법(法)을 보고 내 몸을 이롭게 하면 그러므로 좋은 곳에 이르게 되고,
이로움을 알고 건전하게 행신하면 이것을 일컬어 현명이라 말한다.

【註】
見法(견법)……이로운 법을 안다.
健行(건행)……씩씩하게 행신한다.

【解說】
어리석은 사람은 무엇이 선한 길이고 이로운 길인지 알지 못한다. 그래서 항상 무명에서 헤매고 있다. 그러나 현명한 사람은 무엇이 이롭게 하는 것인가를 잘 알고, 그 법을 배우고 익히며 실천하고 있다. 그리하여 안락한 열반에 이르게 되나니, 그런 사람을 일컬어 진정한 현자라고 한다.

·· 030

起覺義者 學滅以固　　기각의자 학멸이고
着滅自恣 損而不興　　착멸자자 손이불흥

【譯】
깨달음을 얻어 진리를 깨친 자는 배울 것 없어져서 단단해지고,
집착 사라졌다고 스스로 방자하면 손해만 보고 일어나지 못하리라.

【註】
學滅(학멸)……배울 것을 멸하였음. 배울 것이 없음.
着滅(착멸)……집착을 멸하다.

【解說】
크게 마음을 분발하여 정법을 깨달으면, 그런 사람은 더 이상 배울 게 없다. 그러나 치우친 한 법에만 집착하여 혼자만이 깨달았다고 방자하다면, 그런 사람은 그릇된 사견으로 자기와 남에게 해를 끼쳐 아무런 이익을 얻지 못한다.

·· 031

是向以强 是學得中　　시향이강 시학득중
從是解義 宜憶念行　　종시해의 의억념행

【譯】
옳은 길로 나아가되 굳세게 나아가고, 옳은 것을 배워서 중도(中道)를 얻으면, 그로부터 도를 깨닫게 되나니, 부디 그와 같이 행할 것을 생각하여라.

【解說】
불도를 닦는 것이 옳다는 것을 알았으면 오로지 그 길로 정진하여라. 그리하여 쉬지 않고 열심히 노력하면 도를 이루어 어디에도 치우치지 않는 중도(中道)를 얻게 된다. 한 가지 이치를 깨닫고 보면 모든 정법(正法)에도 밝아지기에 초심자는 우선 한 가지 목표부터 마음에 정하라.

∴ 032

學無朋類 不得善友　　학무붕류 부득선우
寧獨守善 不與愚偕　　영독수선 불여우해

【譯】
공부할 때 많은 친구 두지 말라. 좋은 친구 얻지 못하거든
차라리 홀로 선을 지켜, 어리석은 벗과 함께 하지 말라.

【解說】
공부를 하는 데 좋은 친구가 있으면 서로 격려하고, 함께 연구해서 공부에 도움이 되지만, 만일 그와 같은 좋은 친구가 없으면 차라리 홀로 앉아 조용히 선한 마음을 지켜 독학하는 것이 더 좋다. 어리석은 사람과 함께 있으면 탐욕이 앞서며 나태한 마음이 저절로 생겨, 자기도 모르는 사이에 악에 물들어서 오히려 수행에 방해가 될 뿐이다.

∴ 033

樂戒學行 奚用伴爲　　낙계학행 해용건위
獨善無憂 如空野象　　독선무우 여공야상

【譯】
계율을 즐기고 학문을 배움에 어찌 짝 필요로 하리!
홀로서도 선을 행해 근심이 없으면, 저 빈 들의 코끼리와 같도다.

【註】
樂戒(낙계)……계율을 즐겨 지킴.
空野(공야)……넓은 들판.

【解說】
뜻을 세우고 계율을 지키는 사람에겐 짝이 필요치 않다. 부처님의 가르침을 배우는 사람에게는 오직 정진과 노력이 있을 뿐 친구도 필요치 않다. 악한 친구를 사귀어 수행에 지장을 받기보다 차라리 혼자서 열심히 정진하는 것이 낫다. 마치 큰 코끼리가 넓은 들판에서 즐겁게 지내는 것처럼…….

034

戒聞俱善 二者孰賢　　계문구선 이자숙현
方戒稱聞 宜諦擧行　　방계칭문 의체거행

【譯】
계율 지키는 것과 많이 듣는 것 모두 다 좋은 일인데, 이 두 가지 중 어느 것 행함이 더 현명한가?
계율과 듣는 것은 다같이 중요하니, 마땅히 성실하게 배우고 행하라.

【註】
戒聞(계문)……계율을 지키는 일과 학문을 듣는 일.
二者(이자)……이 두 가지, 즉 계율 지킴과 학문을 듣는 일.

【解說】
　불도를 수행함에는 계율을 성실히 지키는 일과 설법을 많이 듣는 것은 모두 다 중요한데, 이 두 가지는 어느 것이 더 낫다고 말할 수 없다. 그것은 이 두 가지가 모두 중요하기 때문이다. 그러므로 수행자는 이 두 가지를 전부 열심히 배우고 행해야 하는 것이다.

035

學先護戒 開閉必固　　학선호계 개폐필고
施而無受 仂行勿臥　　시이무수 늑행물와

【譯】
공부는 먼저 계율을 지켜서, 열고 닫음을 반드시 굳게 하라.
항상 베풀고서 받지 말고, 힘써 행하고서 눕지 말라.

【註】
學先(학선)······가장 먼저 할 공부.
開閉(개폐)······계율을 지킬 때, 융통성 있게 지킬 일은 지키고 고칠 일은 고치는 것.

【解說】
　부처님의 가르침을 수행하기에 앞서 계율을 지킨다면 마음과 몸을 단정히 유지할 수가 있고, 망령된 생각이나 잡념에서 벗어나 맑은 마음으로 공부를 할 수 있다. 항상 자비로운 마음으로 보시(布施)를 하며, 무엇을 얻으려는 욕구를 갖지 말라. 힘써 도를 행하고, 함부로 누워서 게으름을 피워서는 안 된다.

∴ 036

若人壽百歲 邪學志不善　약인수백세 사학지불선
不如生一日 精進受正法　불여생일일 정진수정법

【譯】
혹 사람이 백 살을 산다 해도 사악함을 배워 선함에 뜻을 두지 않는다면,
옳게 하루를 사는 것만도 못하니, 정진하여 정법(正法)을 받는 것만 못하리라.

【註】
邪學(사학)……삿된 학문.

【解說】
 사람이 바른 도리 모르고 탐욕에 빠지거나 사악한 도에 빠져 헛되이 백년을 산들 무엇하리. 그러한 삶은 진실한 도리를 알며 하루를 사는 것만도 못한 것이다. 그러므로 수행자는 잠시도 쉬지 말고 부처님의 정법을 열심히 닦아 바른 도리 깨우쳐 값진 인생을 살아야 한다.

∴ 037

能行說之可 不能勿空語　능행설지가 불능물공어
虛偽無誠信 智者所屏棄　허위무성신 지자소병기

【譯】
능히 행할 수 있는 것을 한다 말하고, 행할 수 없는 것은 빈말을 하지 말라.
허위를 꾸며 성실한 믿음이 없는 것은 지혜로운 사람이 물리치고 버리는 것이다.

【註】
誠信(성신)……믿음과 성실함.
屛棄(병기)……가리어 막고 버리는 것.

【解說】
할 수 있는 일은 할 수 있다 말하고, 할 수 없는 일은 할 수 없다고 솔직하게 말하는 정직한 사람이 되어야 한다. 허위를 꾸며 거짓말만 일삼는 사람은 성실하지 못한 사람이라고, 슬기로운 사람들은 이를 물리치고 버리며 상대도 하지 않는다.

∵ 038

學當先求解 觀察別是非　학당선구해 관찰별시비
受諦應誨彼 慧然不復惑　수체응회피 혜연불복혹

【譯】
배움을 당해선 먼저 깨달음을 구해야 하니, 보고 살펴서 옳고 그름을 분별하라.
바른 이치 알았으면 응당 남을 가르치면서 지혜로이 다시는 미혹에 빠지지 말라.

【註】
誨彼(회피)……남을 가르치다.
慧然(혜연)……슬기롭다면, 지혜롭다면.
不復(불복)……빠지지 않다.

【解說】
불법을 배우려는 사람은 먼저 사물의 옳고 그름을 잘 관찰해서 깨달음을 구해야 한다. 그리고 깨달음을 구한 사람은 다른 사람들을 가르쳐서 함께 해탈의 길을 가야 한다. 그렇게 하면 슬기로운 사람은 다시는 선악과 시비에 미혹되는 일이 없다.

039

被髮學邪道 草衣內貪濁　피발학사도 초의내탐탁
曚曚不職眞 如聾聽五音　몽몽부직진 여롱청오음

【譯】
머리를 풀어헤쳐 사악한 도를 배우고, 풀옷을 입고 마음속은 탐내고 흐리면
어두워서 바른 도리 알지 못하여 마치 귀머거리가 오음을 들음과 같네.

【註】
被髮(피발)……머리를 풀어헤침.
草衣(초의)……속세를 떠나 숨어사는 사람의 의복.
五音(오음)……음률의 다섯 가지. 궁, 상, 각, 치, 우.

【解說】
　머리를 풀어헤치고 사악한 도(道)를 배워 마음이 흐려져 바른 길을 못 가는 사람, 겉으로만 거친 옷을 입고 마음은 탐욕에 빠져 있는 사람, 이런 사람은 마음이 어두워 진리를 깨닫지 못한다. 이는 마치 귀머거리가 오음을 듣고도, 그 진실한 음계를 분별하지 못하는 것과 같다.

040

學能捨三惡 以藥消衆毒　학능사삼악 이약소중독
健夫度生死 如蛇脫故皮　건부도생사 여사탈고피

【譯】
배움으로써 능히 세 가지 악함을 버리는 것은 약으로써 여러 가지 독을 소멸하는 것과 같고,
씩씩한 사나이가 생사를 초월하는 것이 마치 뱀이 묵은 껍질을 벗는 것과 같도다.

【註】
三惡(삼악)……삼악도(지옥, 아귀, 축생)에 떨어질 악행.
健夫(건부)……바른 공부를 하여 도통한 사람.
度生死(도생사)……일체의 번뇌를 끊고 생사를 추월함.

【解說】
불도를 배워 세 가지 악함, 즉 지옥, 아귀, 축생에 떨어지지 아니하는 도리를 배우는 사람은 마치 좋은 약을 써서 모든 독을 제거하는 것과 같다. 이와 같은 사람은 생사의 고해(苦海)를 초월해서 열반에 도달하는 것이, 마치 뱀이 낡은 허물을 벗어버리는 것과 같다. 번뇌의 껍질을 모두 벗어버리고 진실한 깨달음의 세계에 새로 태어나는 것과 같은 것이다.

041

學而寡聞 持戒不完   학이과문 지계불완
兩世受痛 喪其本願   양세수통 상기본원

【譯】
배움을 게을리 하고 법문을 듣지 않고 계율을 완전히 지키지 않으면
이승과 저승에서 고통을 받고 본래 원하던 것 잃게 되느니라.

【註】
寡聞(과문)……부처님의 법문을 잘 듣지 않음.

本願(본원)……과거 또는 이전에 세운 본래의 서원.

【解說】
부처님의 가르침을 배운다고 말로만 하고, 설법을 열심히 듣지도 않고 계율을 완전하게 외우지 못하면, 이 세상에서나 저승에서나 한량없는 고통을 받고, 본래의 소원을 이루지 못하게 된다.

042

夫學有二 當親多聞   부학유이 당친다문
安諦解義 雖困不邪   안체해의 수곤불사

【譯】
대체로 공부에는 두 가지가 있으니 항상 많이 듣는 이와 친하고
바른 도리 깨달아 진리에 안분하면 비록 곤란하더라도 사악한 마음 품지 않는다.

【註】
學有二(학유이)……배움에는 두 가지가 있음.
當親(당친)……마땅히 친하라.
解義(해의)……바른 도리를 이해함.
不邪(불사)……사악한 마음을 품지 않는다.

【解說】
불도를 수행함에는 두 가지 길이 있다. 즉, 항상 부처님의 설법을 많이 듣는 이와 친하여 나도 그와 함께 설법을 많이 듣고 배우는 사람이 되는 것이다. 그리고 둘째는 바른 도리를 깨달아 그 진리 가운데 안주하여 모든 삿된 유혹과 죄악에 빠지지 않는 것이다. 이 두 가지를 모두 잘 닦아야 진실로 배우는 사람이라고 말할 수 있다.

043

稊稗害禾 多慾妨學　　제패해화 다욕방학
耘除衆惡 成收必多　　운제중악 성수필다

【譯】
피와 잡초가 벼를 해치듯 많은 욕심은 배움을 방해하나니
온갖 악함을 김 매어 없애 버리면 수확은 반드시 많아지리라.

【註】
妨學(방학)……배우는 것을 방해하다.
耘除(운제)……김을 매듯 악을 제거하다.
收必多(수필다)……반드시 많은 것을 거두다.

【解說】
 논에 잡초와 피가 무성하면 벼농사가 잘 되지 않는 것처럼, 공부하는 사람 마음속에 욕심이 많으면 학문이 잘 이루어지지 않는다. 그러므로 마음속에 탐욕과 사악함을 뽑아 버리면, 잡초 없는 논에서 다수확을 하듯 반드시 좋은 결과를 얻게 되는 것이다.

044

慮而後言 辭不強梁　　여이후언 사불강량
法說義說 言而莫違　　법설의설 언이막위

【譯】
깊이 생각한 다음에 말을 하며, 말은 항상 거칠지 않아야 한다.

법(法)을 말하고 이치를 말하되, 말한 것은 행하여 어긋남이 없어야 한다.

【註】
强梁(강량)……강하고 굳셈. 여기서는 말씨가 거친 것을 말함.
義說(의설)……이치를 설함. 불법의 진실한 도를 설함.
莫違(막위)……어긋나지 말아야 한다. 즉, 같아야 한다.

【解說】
한 번 뱉은 말은 다시 돌이킬 수 없다. 그러므로 말할 때는 깊이 생각한 다음 신중히 말을 해야 한다. 말은 부드럽고 호소력 있게 하되 강한 어조나 과격한 말투를 삼가야 한다. 법을 설교하고 도를 설하되, 내가 설한 법과 도(道)대로 나 자신이 실천을 해야 하며, 내가 한 나의 말에 책임을 지는 그러한 사람이 되어야 한다.

∴ 045

善學無犯 畏法曉忌   선학무범 외법효기
見微知者 誡無後患   견미지자 계무후환

【譯】
잘 배워 범함이 없고 법(法)을 두려워하여 삼갈 줄 알며,
진실을 볼 줄 아는 지혜 있는 사람은 항상 경계하여 뒷날 근심이 없다.

【註】
無犯(무범)……계율을 범하지 않음.
曉忌(효기)……삼갈 줄 알다.
後患(후환)……뒷날에 생기는 걱정과 근심.

【解說】

　도(道)를 배우고 법(法)을 닦는 수행자는 항상 부처님의 계율을 어기지 않으려고 노력한다. 부처님 법을 두려워하며 조금이라도 죄를 짓지 않으려고 경계하며 산다. 그러므로 그런 사람은 매일 매일의 생활이 정도(正道)를 걷는 바른 생활이기에 절대로 후환을 초래하는 그런 일은 없다.

046

遠捨罪福 務成梵行　　원사죄복 무성범행
終身自攝 是名善學　　종신자섭 시명선학

【譯】

죄도 복도 모두 다 멀리 버리고 힘써 범행(梵行)을 이루어
몸이 다하도록 스스로 지켜 나가면 이를 일컬어 좋은 공부라 하리라.

【註】

務成(무성)……힘써 일을 이루다.
梵行(범행)……탐욕을 끊는 맑고 깨끗한 행실.
自攝(자섭)……스스로 다스리고 지켜 나감.

【解說】

　좋은 일, 궂은일 모두가 무상한 것이니, 수행자는 그러한 것에 집착하지 말고 오직 마음을 맑게 하고 부처님이 설교하신 불경과 계율을 배우고 행하는 어진 사람이 되어야 한다. 평생 동안 그렇게 스스로 닦고 힘써나가면 그것보다 더 귀한 공부가 없고, 반드시 성불하여 열반을 이루게 된다.

제 3 장 다문품(多聞品)

좋은 말씀과 부처님의 바른 설법을 많이 듣고 이것을 가슴속에 깊이 새겨, 열심히 정진하면 깨달음에 속히 이르리라는 가르침이 이 장에 적혀 있다.

∴ 047

多聞品者 亦勸聞學   다문품자 역권문학
積聞成聖 自致正覺   적문성성 자치정각

【譯】
다문품(多聞品)이란 또한 들어서 배우기를 권하며,
들은 바를 익혀 성인이 되고 바른 깨달음을 이루라는 가르침이다.

【註】
積聞(적문)……들은 바를 익힘.
成聖(성성)……성인이 되다.

∴ 048

多聞能持固 奉法爲垣墻   다문능지고 봉법위원장
精進難踰毁 從是戒慧成   정진란유훼 종시계혜성

【譯】
많이 들어서 마음에 굳게 간직하고 법을 받들어서 담을 삼으라.
부지런한 노력은 허물어지지 않나니, 이에 따라 계율과 지혜가 이루어지니라.

【註】
持固(지고)……마음에 굳게 간직함.

【解說】
설법을 많이 들어 마음에 굳게 간직하고, 계율을 잘 지켜 몸과 마음을 청정하게 하며, 부처님 법을 받들어 수행에 정진한다면 모든 망상과 악의 침범을 물리쳐서, 계율이 이루어지고 지혜가 밝아지게 되느니라.

∴ 049

多聞令志明 巳明智慧增　　다문령지명 사명지혜증
智則博解義 見義行法安　　지즉박해의 견의행법안

【譯】
많이 들음은 사람의 뜻을 밝게 하고 뜻이 밝으면 지혜가 불어난다.
지혜로우면 널리 이치를 알게 되고 이치를 알면 법 행함이 쉬워진다.

【註】
志明(지명)……뜻을 밝게 해 줌.
行法安(행법안)……법을 행하는 것이 편안함.

【解說】
공부를 하려면 훌륭한 사람의 설법을 많이 들어야 한다. 설법을 많이 듣고 이를 마음에 깊이 간직하면 밝은 지혜가 생겨난다. 지혜가 밝아지면 사물의 도리를 깨닫게 되고, 사물의 진실한 도리를 깨달으면 모든 망념(妄念)을 끊고 불법을 행하는 데 거리낌없이 잘 행할 수 있게 된다.

050

聞爲知法律 解疑亦見正　문위지법률 해의역견정
從聞捨非法 行到不死處　종문사비법 행도불사처

【譯】
많이 들음으로써 법과 율을 알게 되고, 모든 의심 풀고 바른 견해 얻게 되네.
들은 대로 옳지 못한 법 버리면 죽음이 없는 곳에 이르게 되네.

【註】
法律(법률)……불법(佛法)과 계율(戒律).
解疑(해의)……의혹과 의심을 풀고 해탈함.
見正(견정)……불교에 대한 바른 견해.

【解說】
설법을 많이 들음으로써 부처님의 법과 계율을 잘 알게 되고, 따라서 의혹이 풀리고 바른 견해를 얻게 된다. 또한 그릇된 법을 버리고 정법(正法)에 안주(安住)하게 되어 죽음이 없는 열반의 경지에 이르게 된다.

051

能爲師現道 解疑令學明　능위사현도 해의령학명
亦興淸淨本 能奉持法藏　역흥청정본 능봉지법장

【譯】
스승이 되어 도(道)를 나타내고 의혹을 풀어서 학문을 밝게 하며,
또한 청정(淸淨)한 근본을 일으켜 법장(法藏)을 받들어 간직하라.

【註】
現道(현도)……도를 밝게 나타냄.
解疑(해의)……의심을 품음.
淸淨本(청정본)……악을 떠난 맑은 마음의 근본.

【解說】
조사의 설법을 많이 듣고 열심히 배워서 학문을 밝히고, 남의 스승이 되어 부처님 법을 잘 전해서, 미혹한 사람들의 의혹을 깨우쳐 주고, 쉬지 않고 수행(修行)을 쌓아 마음을 맑게 해서 불도(佛道)를 빛내는 사람이 되어야 한다.

052

能攝爲解義 解則義不穿　능섭위해의 해즉의불천
受法猗法者 從是疾得安　수법의법자 종시질득안

【譯】
흩어진 마음을 거두어 이치를 깨닫고 이치를 깨달으면 실수하지 않는다.
법을 받들어 법에 의지하는 자는 그로 인해 빨리 편안함을 얻는다.

【註】
解義(해의)……이치를 깨달음.
不穿(불천)……억지로 의를 해치지 않음.

【解說】

마음을 조용히 해야 공부가 된다. 마음이 흩어지면 아무 것도 이룰 수가 없다. 그러므로 이치를 깨닫는 방법은 무엇보다도 흩어진 마음을 안정시키고 고요하게 하는 것이다. 마음이 고요해지면 이치를 깨닫게 되고 모든 번뇌에서 벗어나 안락한 경지에 도달할 수 있게 된다.

∴ 053

若多少有聞 自大以憍人　약다소유문 자대이교인
如是盲執燭 炤彼不自明　여시맹집촉 소피부자명

【譯】

만약 다소 들은 것이 있다 하여 스스로 큰 체하고 남에게 교만하면
이는 마치 소경이 촛불을 잡아서 비추어도 남은 밝아도 자기는 밝지 못함과 같다.

【註】

自大(자대)……스스로 자신을 크다 함.
自明(자명)……자신이 밝다.

【解說】

벼가 익을수록 고개가 숙이는 것과 같이 사람도 수양을 쌓을수록 겸손하며 고개가 숙여진다. 설법을 들어 조금 알게 되었다고 스스로를 높이고, 남을 멸시하는 태도는 공부하는 사람이 취할 바가 아니다. 남을 존중하고 남을 높일 줄 아는 사람이라야 남에게 존중받고 남에게 높임을 받는 사람이 되는 것이다.

054

> 帝王聘禮聞 天上天亦然 제왕빙예문 천상천역연
> 聞爲第一藏 最富旅力强 문위제일장 최부여력강

【譯】
제왕(帝王)도 부처님 법을 예로써 맞이해 듣고 하늘 위의 하늘 또한 그러하도다. 듣는 것을 으뜸가는 법장(法藏)으로 삼으면 한량없는 부(富)와 힘이 생긴다.

【註】
天上天(천상천)……하늘 위의 하늘.
亦然(역연)……역시 그러하다.

【解說】
부처님의 법보다 더 심오하고 위대한 것은 이 세상에 없다. 그러므로 제왕도 법사를 예로 맞이해서 불법을 듣고, 하늘 위의 하늘도 또한 그러하다. 들은 법문을 마음에 새겨 잘 간직하면 한량없는 복락을 누리게 되고, 또한 비길 데 없이 큰 힘이 생겨나는 것이다.

055

> 智者爲聞屈 好道者成樂 지자위문굴 호도자성락
> 王者盡心事 雖釋梵亦然 왕자진심사 수석범역연

【譯】
지혜로운 자는 설법 듣고 긍정하고 도를 좋아하는 자 또한 설법 듣고 즐거워하며, 왕도 마음을 다하여 섬기나니 비록 제석과 범천도 또한 그러하나라.

【註】
聞屈(문굴)……법문을 듣고 굴복한다.
盡心事(진심사)……마음을 다하여 종사함.

【解說】
부처님 법은 미묘해서 듣는 이의 마음에 한없는 감명을 준다. 지혜로운 자는 설법을 듣고 마음을 열어 받아들이고, 도를 좋아하는 사람은 그 법문 듣고 즐거움을 얻는다. 만백성의 우두머리인 임금도 마음을 다해서 부처님 법 받들고, 하늘의 제석천(帝釋天)과 범천(梵天)도 또한 그러하다.

∴ 056

仙人常敬聞 況貴巨富人   선인상경문 황귀거부인
是以慧爲貴 可禮無過是   시이혜위귀 가례무과시

【譯】
선인(仙人)도 늘 공경하며 듣거늘, 하물며 존귀한 이나 부유한 사람이랴.
이런 까닭에 지혜를 귀히 여기니 예배(禮拜)할 것 이보다도 더 귀한 것은 없도다.

【註】
慧爲貴(혜위귀)……지혜를 귀하게 여김.
可禮(가례)……예배할 만한 것.

【解說】
자연의 이치에 도통한 신선들도 경건한 마음으로 불법을 듣고 감화를 받는데, 고귀한 신분을 지닌 사람이나 부자들은 말할 것도 없다. 이와 같이 불법이 모든 사람들을 감화시키는 것은 그 속에 절대의 진리가 들어 있고, 마음을 편안하게 해 주는 미묘한 법이 있기 때문이다.

057

> 事日爲明故 事父爲恩故　　사일위명고 사부위은고
> 事君爲力故 聞故事道人　　사군위력고 문고사도인

【譯】
해를 섬김은 밝음 때문이고, 어버이를 섬김은 은혜 때문이며,
임금을 섬김은 힘 때문이다. 많이 듣는 까닭은 도인을 섬김 때문이다.

【註】
事日(사일)……해를 섬김.
力故(역고)……힘과 권위 때문이다.

【解說】
　태양을 섬기는 것은 태양이 밝기 때문이요, 어버이를 섬기는 것은 어버이의 큰 은혜 때문이며, 임금을 섬기는 것은 왕권의 강력한 권위 때문이다. 그러나 법문을 듣고 그 들은 바 법을 실행하는 것은 법문을 하는 법사의 도가 높은 경지에 이르렀기 때문이며, 어떤 물리적인 힘이나 강압적인 영향으로 듣는 것이 아니다. 순수한 내면의 존경심에서 듣는 것이다.

058

> 人爲命事醫 欲勝依豪强　　인위명사의 욕승의호강
> 法在智慧處 福行世世明　　법재지혜처 복행세세명

【譯】
사람들은 목숨을 위해 의원을 섬기고, 남에게 이기고자 강한 권력자에 의지한다.

그러나 정법은 지혜 있는 곳에 있으니, 복이 행해지면 대대로 세상이 밝게 된다.

【註】
命事醫(명사의)……목숨을 위하여 의사를 섬긴다.

【解說】
사람들은 목숨을 연장하려고 의사에게 의지한다. 그러나 100년을 넘기는 사람이 몇 사람이나 있던가? 남에게 이기려고 힘있고 돈 있는 사람에게 의지한다. 그러나 그런 사람이 진실로 자기에게 바른 것을 줄 것인가? 진실로 복을 받을 수 있는 것은 밝은 지혜를 지녀 세상을 바로 보는 눈을 여는 것이며, 지혜를 밝혀 도를 이루는 것이니, 마음을 맑게 하고 모든 탐욕을 버리면 복은 저절로 오는 것이다.

∴ 059

察友在爲謀 別伴在急時 찰우재위모 별반재급시
觀妻在房樂 欲知智在說 관처재방락 욕지지재설

【譯】
벗을 찾는 것은 일을 도모함에 있고 친구와 헤어짐은 위급한 때에 있으며,
아내를 보는 것은 방사(房事)의 즐거움에 있고 지혜를 알고자 하면 설법하는 데 있다.

【註】
察友(찰우)……벗을 살피고 찾음.
別伴(별반)……동반자(同伴者)와 이별(離別)함.
房樂(방락)……방사(房事)의 즐거움.

【解說】
무슨 일을 하려면 우선 친구를 찾게 된다. 그러나 그 친구도 위급한 일이 생기면 모두 내 곁에서 떠나고 만다. 방에 있는 처를 살펴봐도 단지 방사의 즐거움에 도움이 될지언정 근본 문제를 해결하는 데는 별로 도움이 되지 않는다. 진실로 바른 도리와 지혜를 얻고자 한다면 오직 밝은 설법에 의지하는 수밖에 없다.

∴ 060

聞爲今世利 妻子昆弟友　문위금세리 처자곤제우
亦致後世福 積聞成聖智　역치후세복 적문성성지

【譯】
듣는 것은 현세의 이익이 되나니 처자와 형제와 벗이 따르고
또한 후세의 복도 얻게 되나니, '들음'을 쌓으면 성인의 지혜를 이루리.

【註】
昆弟(곤제)……형제.
亦致(역치)……역시 따른다.

【解說】
설법을 듣고 그 법을 실천하면, 의혹을 풀고 이치를 깨달아서 현세에서 마음의 안락을 얻고 복을 받는다. 그리하여 처자와 형제와 벗들이 모두 자기를 따르고 화합한다. 그러한 복은 현세에만 그치지 않고 후세(後世)에까지 이르러 극락왕생하며, 지혜는 자라 성인의 경지에 이르게 된다.

061

是能散憂恚 亦除不祥衰   시능산우에 역제불상쇠
欲得安穩吉 當事多聞者   욕득안온길 당사다문자

【譯】
이는 능히 근심과 성냄을 흩어 버리고 또한 재앙과 쇠함을 없애나니
안온한 것을 얻고자 하거든 마땅히 많이 들은 자를 섬겨야 한다.

【註】
憂恚(우에)……근심과 성냄.
安穩(안온)……조용하고 편안함.
多聞者(다문자)……많이 들은 사람.

【解說】
설법을 많이 들어서 밝은 지혜를 얻는다면 모든 번뇌 망상과 마음의 동요가 사라지고, 모든 상서롭지 못한 일들이 스스로 없어진다. 그러므로 사람은 마땅히 설법을 많이 들어야 하고 또한 설법을 많이 들은 자를 섬겨서, 마음의 고요와 평안을 얻어 즐거움을 누려야 한다.

062

斫創無過憂 射箭無過愚   작창무과우 사전무과우
是壯莫能拔 唯從多聞除   시장막능발 유종다문제

【譯】
도끼로 찍힘보다 맘속 근심이 더 아프고, 화살로 쏘임보다 어리석음이 더 아프다.

그것이 비록 굳세어 능히 뽑지 못하나 오직 많이 들음으로써 없앨 수 있다.

【解說】
도끼에 찍힌 상처가 아무리 고통이 심해도 마음이 받는 번뇌의 괴로움보다 덜하고, 화살이 날아와서 몸에 꽂혀도 그 고통은 어리석음에 오는 무명의 괴로움보다 더하지는 않다. 사람 마음속에 깊이 뿌리 박혀 있는 번뇌와 어리석음은 오직 설법을 많이 들어서 마음을 밝히고, 미혹을 없애고 망상을 없앰으로써만이 이룰 수 있다.

∴ 063

是故可捨癡 離慢豪富樂　시고가사치 이만호부락
務學事聞者 是名積聚德　무학사문자 시명적취덕

【譯】
그러므로 어리석음을 버리고 교만과 권세와 부자의 향락을 떠나
오직 배움에 힘써 '들은 이'를 섬기면 이것을 일컬어 '덕을 쌓는다' 하니라.

【註】
慢豪(만호)……교만과 권세.
富樂(부락)……부가 누리는 향락.
聚德 (취덕)……덕을 쌓는다.

【解說】
부처님의 말씀을 많이 들어서 마음을 밝히고, 탐욕에 집착하는 어리석음과 부귀와 권세와 세속의 속된 영화를 모두 버리며, 오직 불도를 닦는 데 전심전력하고 설법을 많이 들은 자를 귀하게 받든다면, 이러한 사람을 일컬어 덕을 쌓는 사람이라 한다.

제4장 독신품(篤信品)

　독신품(篤信品)에서는 '믿음'이 도(道)를 이루는 근본임과 동시에, 또한 도(道)가 추구하는 궁극적 결과임을 밝히고 있다.

∴ 064

篤信品者 立道之根果　　독신품자 입도지근과
於因正見 行不回顧　　　어인정견 행불회고

【譯】
독신품(篤信品)이란 도를 세우는 뿌리와 열매이다.
인(因)을 바로 보면 후회로운 일을 하지 않으리.

【註】
根果(근과)……뿌리와 열매.

∴ 065

信慙戒意財 是法雅士譽　　신참계의재 시법아사예
斯道明智說 如是昇天世　　사도명지설 여시승천세

【譯】
믿음과 부끄러움과 계율과 생각과 재산, 이것은 법아사(法雅士)의 명예이다.
이 도를 지혜로운 사람이 밝히나니, 이같이 한다면 하늘 세상에 올라간다네.

【註】
法雅士(법아사)……법을 닦는 높은 선비.
明智(명지)……부처님의 밝은 지혜.

【解說】
　부처님 법을 믿고 따르는 사람은 굳은 믿음이 있어야 하고, 부끄러워할 줄 아는 염치가 있어야 하고, 계율을 지키려는 강한 의지가 있어야 하고, 착한 마음이 있어야 한다. 행하는 사람은 항상 이러한 것을 마음의 재산으로 삼고 열심히 정진하면 반드시 하늘나라에 태어날 수 있게 된다.

066

愚不修天行　亦不譽布施　우불수천행 역불예포시
信施助善者　從是到彼安　신시조선자 종시도피안

【譯】
　어리석은 사람은 천행(天行)을 닦지 않고, 또한 보시하기를 좋아하지 않는다.
　그러나 믿고 보시하며 선한 사람 돕는 자는 그로 인해 저 언덕에 오르게 되나니라.

【註】
天行(천행)……선행(善行).
信施(신시)……신앙(信仰)과 보시(布施).
彼安(피안)……피안(彼岸)의 안락(安樂).

【解說】
　어리석은 사람은 눈앞의 이익에만 급급해 한 치 앞을 내다보지 못한다. 그리하여 하늘에 오르는 수행을 닦지 않고, 남에게 보시하는 것을 싫어하며, 수행자나 선행하는 이를 도울 줄 모른다. 그러나 사람은 그런 선행에 의해 장차 편안한 곳에 이를 수 있는데, 어리석은 사람은 그것을 모른다.

067

信者眞人長　念法所住安　　신자진인장 염법소주안
近者意得上　智壽壽中賢　　근자의득상 지수수중현

【譯】
믿는 사람은 진실로 사람의 어른이고, 법(法)을 생각하며 사는 곳에 편안히 있다. 그와 가까이한 사람 뜻이 높아지니 지혜로운 사람은 수명 중에서도 으뜸이라.

【註】
念法(염법)……늘 법을 생각하고 법대로 사는 것.

【解說】
신앙이 있는 사람은 마음이 안정되고 행실이 침착하여, 항상 모든 사람의 어른다운 행동을 한다. 염불을 하고 불경을 봉독하고 계율을 지키는 사람은 늘 부처님과 가까이 살며, 망상과 탐욕이 없는 맑은 마음으로 살기 때문에 항상 편안하고 지혜가 총명하며, 이 세상에 살면서도 하늘나라의 기쁨을 누린다.

068

信能度淵　攝爲船師　　신능도연 섭위선사
精進除苦　慧到彼岸　　정진제고 혜도피안

【譯】
믿음은 능히 연못을 건너나니 계율을 뱃사공 삼고
정진이 괴로움을 제거하면 지혜는 저 언덕에 이르게 되리라.

【註】
度淵(도연)……연못을 건너다. 인생의 고해를 건너다.

【解說】
신앙이 깊은 사람은 고해의 바다를 건너 행복한 저 언덕으로 건너갈 수 있다. 어리석은 사람이라도 계율을 잘 지키고 탐욕을 버리며, 마음을 맑게 하려고 노력하며 정진하면, 반드시 깨달음의 세상에 도달할 수 있다.

·· 069

士有信行　爲聖所譽　　사유신행 위성소예
樂無爲者　一切縛解　　낙무위자 일체박해

【譯】
선비에게 신행(信行)이 있다면, 성자(聖者)다운 명예가 있으며,
무위(無爲)를 즐기는 사람은 모든 속박에서 풀려나느니라.

【註】
所譽(소예)……칭찬하는 바.
縛解(박해)……속박에서 벗어남.

【解說】
믿음이 있고 행실이 바른 사람은 성자(聖者)라는 칭찬과 모든 사람들의 존경을 한 몸에 받는다. 무위(無爲)의 진정한 도(道)를 즐기는 사람은 모

든 번뇌 망상과 탐욕의 속박에서 벗어나, 물같이 바람같이 자유자재한 삶을 살 수가 있다.

∴ 070

```
信使戒誠 亦受智慧    신사계성 역수지혜
在在能行 處處見養    재재능행 처처견양
```

【譯】
믿음은 계율을 성실히 행하게 하고 또한 지혜를 얻게 한다.
믿음 있는 곳마다 능히 행하면 곳곳마다 길러지도다.

【註】
在在(재재)……(믿음이) 있는 곳마다.
見養(견양)……지혜가 길러짐을 볼 수 있다.

【解說】
믿음이 굳으면 계율도 성실히 지켜지고 지혜도 밝아진다. 밝은 지혜와 굳은 믿음으로 계속 정진하면, 모든 망념은 사라지고 마음은 점점 더 밝아진다. 그리하여 어느 곳에 가도 가는 곳마다 존경을 받고 유순한 대접을 받으며, 풍부한 공양을 받을 수 있다.

∴ 071

```
比方世利 慧信爲明    비방세리 혜신위명
是財上寶 家産非常    시재상보 가산비상
```

【譯】
그것을 세상의 이익과 비교해 보면 지혜와 믿음이 가장 밝은 것이고
이것이 재산 중에 으뜸가는 보배이며, 집안의 재산은 덧없는 것이로다.

【註】
比方(비방)……비교해 보건대.
非常(비상)……세간의 일체 모든 것과 만상(萬象)은 생멸 변천하며, 상주
함이 없는 것.

【解說】
진실로 값진 재산은 지혜와 믿음이다. 집에 재산이 아무리 많다 해도 그것은 무상한 것이며, 언제 어떻게 변할지 알 수 없는 것들뿐이다. 화재나 수해 또는 인재(人災) 등으로 인해 한순간에 그런 재산을 모두 허공으로 날릴 수도 있다. 그러나 마음속에 쌓은 믿음과 지혜의 보물은 상주 불변의 참다운 재산이며, 세속의 재산과는 비교도 안 되는 값진 재산이다.

072

欲見諸眞 樂聽講法　　욕견제진 낙청강법
能捨慳垢 此之爲信　　능사간구 차지위신

【譯】
온갖 진실을 알기 바라거든 법(法) 청강(聽講)하기를 즐겨하여라.
능히 인색한 때를 버리면 이것을 일컬어 믿음이라 하나니라.

【註】
樂聽(낙청)……듣기를 즐거워하여라.
講法(강법)……부처님 법을 강의하는 것.

【解說】
 진실로 소중한 진리를 깨닫기 원하거든 부처님의 법 듣기에 힘써라. 불법(佛法) 듣기를 싫어하거나 인색하지 말고, 즐거운 마음으로 설법을 듣고 마음에 간직하면 그로 인해 믿음이 생겨난다. 믿음은 수행의 근본이고 도를 이루는 관문이니, 믿음 없이는 해탈의 경지에 이를 수 없다.

∴ 073

信能度河　其福難奪　　신능도하 기복란탈
能禁止盜　野沙門樂　　능금지도 야사문락

【譯】
믿음은 능히 강을 건너고, 그 복 아무도 앗아가지 못한다.
능히 도둑질 당하지도 않아 들에 있는 중들의 즐거움이 되니라.

【註】
度河(도하)……강을 건너 피안(彼岸)에 이르다.
難奪(난탈)……빼앗기 어렵다.
野沙門(야사문)……들에 있는 사문, 즉 들에 있는 불제자를 말함.

【解說】
 믿음이 있는 사람은 능히 안락한 피안(彼岸)에 도달하여 열반의 즐거움을 누릴 수 있다. 믿음으로 얻은 복은 아무도 가져가거나 몰래 훔쳐갈 수도 없는 것이며, 영원히 변치 않는 최상의 보배이다. 그래서 믿음을 갖고 수행하는 스님들은 믿음 하나로 이 세상 어떤 즐거움보다 더 큰 즐거움을 누리고 사는 것이다.

∴ 074

> 無信不習 好剝正言　　무신불습 호박정언
> 如拙取水 掘泉攘泥　　여졸취수 굴천양니

【譯】
믿음이 없고 익히지 않고 올바른 말 헐뜯기 좋아하면
이는 어리석은 사람이 물을 취함에 샘을 파서 진흙을 퍼 올림과 같도다.

【註】
不習(불습)……부처님을 배우지 아니함.
好剝(호박)……남을 헐뜯기 좋아함.
正言(정언)……진리에 부합하는 바른말.

【解說】
마음속에 진실한 믿음이 없고 불법을 배워 익히지도 않으며, 바른말을 듣고도 따르지 않고 오히려 헐뜯기를 일삼는 사람은, 마치 물을 얻으려고 샘을 팠는데 물은 나오지 않고 진흙만 올리는 것처럼 아무런 이득이 없는 인생을 사는 사람이다.

∴ 075

> 賢夫習智 樂仰淸流　　현부습지 낙앙청류
> 如善取水 思令不擾　　여선취수 사령불요

【譯】
현명한 사람은 지혜를 익히고 흐르는 맑은 물 보듯 즐거워하며,

물을 떠내듯 선을 취하여 생각을 흐리게 하지 않네.

【解說】
 현명한 사람은 더욱 배우고 익혀 인격을 잘 닦아간다. 그리하여 지혜는 더욱 밝아지고 마음은 더욱 넓어지기 때문에 마음속에 한 점 티끌도 없고 번뇌 망상이 일지도 않는다. 그래서 사물을 보면 마치 가을하늘 아래 흐르는 맑은 물처럼 청아하여 즐거움뿐이고, 마음의 갈등과 동요가 없다.

∴ 076

信財戒財 漸愧亦財　　신재계재 점괴역재
聞財施財 慧爲七財　　문재시재 혜위칠재

【譯】
 믿음도 재물이고, 계율도 재물이고, 부끄러워함도, 자책함도 모두 재물이고,
 들음도 재물이고, 베풂도 재물이고, 이에 지혜를 합하여 일곱 가지 재물이라고 한다.

【註】
 七財(칠재)……칠묘법(七妙法), 칠법, 칠지, 칠선, 칠선법이라고도 한다. 즉, 지법(知法), 지의(知義), 지족(知足), 지자(知自), 지중(知衆), 지시(知時), 지존비(知尊卑)를 말한다.

【解說】
 진실한 신앙과 성실히 지키는 계율, 염치를 아는 것, 자책, 그리고 설법을 많이 듣는 것, 보시를 많이 하는 것, 바른 지혜, 이 일곱 가지가 불자의 재물이지만 그 중에서 가장 으뜸인 것이 신앙이라는 것을 깨우쳐 주고 있다.

077

> 從信守戒 常淨觀法
> 慧而利行 奉敬不忘
>
> 종신수계 상정관법
> 혜이리행 봉경불망

【譯】
믿음을 따르고 계율을 지키고 항상 깨끗한 마음으로 법(法)을 보라.
지혜로써 수행을 이롭게 행하고 가르침을 받들고 공경하여 잊지 말아라.

【註】
觀法(관법)……법을 관하라.
利行(이행)……수행을 이롭게 한다.

【解說】
신앙은 수행의 근본이다. 신앙이 있어야만 계율도 지킬 수 있고, 법을 따라 정진할 수도 있다. 신앙심이 깊은 사람은 마음도 깨끗해서, 탐욕이 없는 청정한 마음으로 사물을 관(觀)해서 착한 일을 행하며, 부처님의 가르침을 높이 받들고 공경하여 항상 잊지 않고 생활의 신조로 삼는다.

078

> 生有此財 不問男女
> 終以不貧 賢者識眞
>
> 생유차재 불문남녀
> 종이불빈 현자식진

【譯】
살아서 이 재물 있으면 남녀를 불문하고
끝내 가난하지 않으리니 현명한 사람 진실로 이 도리 알아라.

【解說】

　남녀를 불문하고 모든 사람들은 태어나면서부터 모두 이 재물을 갖고 있다. 그리고 이 재물을 잘 활용하는 사람은 평생 동안 가난하지 않고 부유하고 행복하게 잘 살 수 있는 것이다. 각자에게 주어진 이 귀한 재물을 가지고도 그것을 발견 못하고 사는 어리석은 사람은 평생 동안 불행의 늪에서 벗어나지 못하는 것이다. 이와 같은 이치를 현명한 사람은 잘 알고 있기 때문에 행복을 현세에서 누리며 잘 사는 것이다.

제 5 장 계신품(戒愼品)

계신품(戒愼品)은 사람이 걸어야 할 선의 길을 가르쳐 주며, 탐욕에 빠져서 사악하고 선하지 못한 길을 가는 것을 금하고 억제하여, 항상 후회 없는 삶을 살 수 있도록 하라는 것을 설하고 있다.

∵ 079

誡愼品者 授與善道　　계신품자 수여선도
禁制邪非 後無所悔也　금제사비 후무소회야

【譯】
계신품(戒愼品)이란 선한 길을 가르쳐 주고 삿되고 그릇된 도를 금하여
뒤에 후회 없도록 하라는 가르침이다.

∵ 080

人而常淸 奉律至終　　인이상청 봉률지종
淨修善行 如是戒成　　정수선행 여시계성

【譯】
사람이 항상 청정하며 끝까지 계율을 받들어 지키며
깨끗하게 선행(善行)을 닦으면 이리하여 계율이 이루어진다.

【解說】
항상 맑은 마음으로 착하게 살며, 탐욕과 삿된 마음을 버리고 끝까지 성실히 선(善)을 지키면, 그것이 바로 계율을 지키는 길과 일치된다.

081

慧人護戒　福致三寶　　혜인호계　복치삼보
名聞得利　後上天樂　　명문득리　후상천락

【譯】
지혜로운 사람은 계율을 보호하여 복이 삼보(三寶)를 이루고
이름 크게 알려져 이익을 얻어 뒤에 하늘에 올라 즐거움을 얻는다.

【註】
名聞(명문)……이름이 널리 알려지다.

【解說】
지혜로운 사람은 부처님의 계율을 잘 지키고 삼보를 받들어 수행을 잘 하므로, 그 이름이 온 세상에 넓게 퍼져 많은 이익을 얻고, 이 세상에서 뿐만 아니라 죽은 다음에도 극락에 태어나서 많은 복을 받게 된다.

082

常見法處　護戒爲明　　상견법처　호계위명
得成眞見　輩中吉祥　　득성진견　배중길상

【譯】
항상 법이 있는 곳을 보며 계를 지켜 밝음을 삼으면
진리를 볼 수 있게 되어 사람들 가운데서 상서로움 얻으리.

【註】
眞見(진견)……진실한 것을 보게 됨.
輩中(배중)……사람들 가운데.

【解說】
항상 부처님의 교법(敎法)을 생각하고 그 법을 지키고 따르면, 마음속에 지혜가 자라 혜안(慧眼)이 열리고 진실의 도리를 깨달을 수 있다. 그리하여 마음은 한량없이 맑아지고 모든 번뇌 망상이 스스로 사라진다.

∴ 083

持戒者安 令身無惱   지계자안 영신무뇌
夜臥恬淡 寤則常歡   야와념담 오즉상환

【譯】
계를 지키는 자는 편안하여 몸에 번뇌가 없고,
밤에 자리에 들어도 마음이 고요하고 맑으며, 잠에서 깨어도 항상 즐거우니라.

【解說】
부처님의 계율을 잘 지키는 사람은 모든 삿된 것에서 멀리 있으므로 마음이 맑고 편안하여, 밤에 잠자리에 들어도 아무런 근심 걱정 없이 잘 잘 수 있다. 또한 잠에서 깨어도 항상 즐거우며, 즐거운 마음으로 일상의 생활을 할 수가 있다.

∴ 084

修戒布施 作福爲福　　수계포시 작복위복
從是適彼 當到安處　　종시적피 당도안처

【譯】
 계를 닦고 넓게 베풀면 복을 지어 복을 누리며,
마침내 피안에 이르게 되어 언제나 편안한 곳에 머물게 되느니라.

【解說】
 계율을 잘 지키고 보시를 열심히 하면 스스로 복이 생기고, 또한 그 생긴 복을 누리게 된다. 그리하여 반드시 근심과 걱정이 없는 피안(彼岸)에 이르러 편안한 생활을 하게 된다.

∴ 085

何終爲善 何善安止　　하종위선 하선안지
何爲人寶 何盜不取　　하위인보 하도불취

【譯】
 무엇이 궁극적 선이며 어떤 선에 편안히 머물 것이며,
무엇이 사람 위한 보배이며 무엇이 도둑에게 빼앗기지 않는 것인가?

【解說】
 무엇이 우리 인간이 추구하는 진실한 선인가? 또한 우리는 어떠한 선에 안주해야 하며, 어떻게 살아가야 하는 것일까? 진실한 보물은 무엇이며, 영원히 변하지 않고 누구도 훔쳐갈 수 없는 절대의 보물은 무엇일까? 백 년도 못 사는 우리 인생들! 그 짧은 삶을 가장 가치 있고 보람있게 살기 위해서는 꼭 한번쯤 생각해 봐야 할 문제일 것이다.

∴ 086

戒終老安 戒善安止　　계종로안 계선안지
慧爲人寶 福盜不取　　혜위인보 복도불취

【譯】
계율은 마침내 늙어서 편안게 하고 계율은 선에 편안히 머물게 하며,
지혜는 사람의 보배가 되고 복은 도둑도 훔쳐가지 못한다.

【解說】
 우리 인생에게 있어서 가장 중요한 일은 계율을 지키며 부처님의 가르침을 실천하는 일이다. 계율을 지키는 사람은 악에 물들지 않고, 나쁜 유혹에 빠지지 않고, 항상 선에 머물어서 악업을 짓지 않는다. 그러므로 지혜 있는 사람은 계율을 지키는 것이 지상(至上)의 보배라는 것을 안다. 계율을 지켜서 얻어지는 복은 세상의 어떠한 도둑도 훔쳐가거나 빼앗아갈 수 없는 귀중한 것이기 때문이다.

∴ 087

以戒降心 守意正定　　이계강심 수의정정
內學正觀 無忘正智　　내학정관 무망정지

【譯】
계율로써 마음을 항복 받고 뜻을 지켜 선정(禪定)을 바르게 하며,
안으로 바르게 관찰하기를 배워 바른 지혜를 잊지 않도록 하라.

【解說】
계율을 잘 지켜 마음을 항복 받고, 흐트러지는 생각을 바로잡아 늘 선정에 들며, 사물의 실상을 바로 보고 바로 아는 도리를 배우면, 절대로 올바른 지혜를 잊어버리지 아니한다.

∴ 088

明哲守戒　內思正智　　명철수계 내사정지
行道如應　自淸除苦　　행도여응 자청제고

【譯】
밝고 지혜롭게 계율을 지키고 마음속으로 바른 지혜를 생각하라.
행하는 도리가 이같이 이치에 맞으면 스스로 청정하여 모든 고통 사라지리라.

【註】
正智(정지)……바른 지혜를 말함.

【解說】
모든 일을 행함에 계율을 잘 지키고 모든 행동을 계율대로 따르며, 마음속에 항상 바른 지혜의 도리를 생각하고 이를 실천하면 고통과 괴로움은 스스로 사라져 버린다. 정도를 걷는 사람에게는 아무런 괴로움이 없다. 사실을 왜곡하고 정당하지 못한 것을 거짓으로 정당화하려는 데 고통이 생기고 마음의 불편이 생기는 법이다.

∴ 089

> 戒定慧解 是當善惟 계정혜해 시당선유
> 都已離垢 無禍除有 도이이구 무화제유

【譯】
계율과 선정과 지혜와 해탈! 마땅히 이것들을 잘 생각하고 간직하며,
온갖 더러운 마음의 때 모두 여의면 재앙도 없고, 있다는 그 존재마저 없어지리라.

【解說】
 항상 계율을 지키고 열심히 선정(禪定)을 행하면, 바른 지혜가 생기고 모든 번뇌가 사라져 해탈의 경지에 이르게 된다. 이러한 사람에게는 재앙도, 더러움도, 생사의 고뇌도 없고, 존재한다는 것마저도 없다. 나의 존재마저 잊을 때, 그 곳엔 영원히 변치 않는 여여한 열반의 기쁨이 있다.

∴ 090

> 着解則度 餘不復生 착해즉도 여불부생
> 越諸魔界 如日淸明 월제마계 여일청명

【譯】
집착에서 해탈함이 곧 제도이니라. 그밖에 다른 것은 생겨나지 않으니,
모든 마귀의 경계를 뛰어넘어 밝고 맑기 해와 같구나.

【解說】
 모든 집착에서 벗어나는 것이 곧 자기를 바로 제도(濟度)하는 길이다.

집착은 온갖 고(苦)를 낳는 원인이며, 집착으로 인해 우리는 번뇌의 바다를 방황하고 있는 것이다. 그러므로 한 번 집착을 버린 사람에게는 다시 아무런 고통이나 사념(邪念)이 있을 수 없다. 마음은 마치 태양처럼 밝고 맑으며, 호수같이 잔잔하고 아늑한 것이다.

091

狂惑自恣 已常外避　　광혹자자 이상외피
戒定慧行 求滿勿離　　계정혜행 구만물리

【譯】
미치고 미혹(迷惑)하고 스스로 방자함을 언제나 항상 멀리 피하고
계율과 선정과 지혜와 수행을 원만(圓滿)히 행하여 떠나지 말라.

【解說】
오욕락에 빠져서 스스로 방자하고 겸손할 줄 모르고, 미치광이처럼 날뛰지 말라. 오직 계율을 잘 지키고 모든 일을 지혜롭게 행하며, 항상 수행을 게을리 하지 말라. 원만한 수행자의 길을 찾아 상도(常道)에서 벗어나지 말라.

092

持戒淸淨 心不自恣　　지계청정 심부자자
正智已解 不覩邪部　　정지이해 부도사부

【譯】
계율을 지켜 청정하면 마음은 스스로 방자하지 않으며,
바른 지혜를 모두 깨달아 삿된 무리들을 엿보지 않는다.

【註】
邪部(사부)……사악한 부류들.

【解說】
 계율을 지키며 열심히 수행하며 사는 사람의 마음은 가을 하늘과 같이 높고 청정하여 스스로 자만함이 없다. 바른 지혜를 얻어 해탈의 경지에 이른 사람의 눈에는 사악한 무리들의 삿된 행실이나 그들의 옳지 못한 유혹이 보이지 않는다. 그러므로 항상 정도를 지켜 누구에게도 한 점 부끄럼 없는 삶을 살 수 있는 것이다.

제 6 장　유념품(惟念品)

　도(道)를 구하여 해탈을 얻으려 한다면, 마음을 정돈하여 티끌보다도 더 작은 혼란마저도 없애고, 호수같이 잔잔한 마음으로 선정에 들어가 삼매의 깊은 경지를 체험하고, 부처님과 부처님이 설하신 법과 덕 높으신 스님에 의지해서 항상 정진해야 할 것이다.

093

惟念品者　守微之始　　유념품자 수미지시
內思安般　必解道紀　　내사안반 필해도기

【譯】
유념품(惟念品)이란 기미(機微)를 지키는 시초로서
안반(安般)을 생각하면 반드시 도기(道紀)를 깨닫는다.

【註】
安般(안반)……안나(安那)와 반나(般那)의 준말. 안나는 내쉬는 숨, 반나는 들이쉬는 숨. 선의 용어로써 내쉬고 들이쉬는 숨을 헤아려 마음을 고요히 하는 관법.

094

出息入息念　具滿諦思惟　　출식입식념 구만체사유
從初竟通利　安如佛所說　　종초경통리 안여불소설

【譯】
숨을 들이쉬고 내쉬는 생각을 두루 갖추어 깊이 생각하라.
처음부터 끝까지 통달하면 부처님 말씀하신 것과 같이 편안하리라.

【註】
通利(통리)……명확하게 통달함.

【解說】
조용히 눈을 감고 마음을 안정시켜 참선을 하면, 들이쉬고 내쉬는 숨이 고르고 안정된다. 그 때 그 숨결 따라, 진실한 이치를 생각하며 열심히 정진하면 부처님의 말씀을 직접 듣고 있는 것처럼 편안함을 얻게 된다.

∴ 095

是則炤世間 如雲解月現　시즉소세간 여운해월현
起止學思惟 坐臥不廢忘　기지학사유 좌와불폐망

【譯】
이것이 세상을 비추는 것은 마치 구름을 헤치고 달이 나타나는 것과 같으니,
일어나거나 멈추거나 오로지 배움만을 생각하며, 앉거나 눕거나 언제나 잊어서는 아니 된다.

【解說】
호흡을 고르게 하고 마음을 안정시켜 깊이 생각하는 것이야말로 마음을 밝히는 근본이 되는 것이다. 마음이 밝아지면 구름을 헤치고 달이 뜨듯이 모든 진실한 이치를 스스로 알게 된다. 그러므로 수행자는 자나깨나 앉으나 서나 공부할 것을 생각하고 잊어서는 안 된다.

∴ 096

比丘立是念 前利後則勝　비구입시념 전리후즉승
始得終必勝 逝不覩生死　시득종필승 서부도생사

【譯】
비구가 이런 생각을 일으키면 먼저도 이롭고 나중에도 훌륭하며,
처음에도 얻고 끝에도 반드시 좋으며 결코 생사를 받지 아니한다.

【解說】
비구가 만일 호흡을 고르게 하고 마음을 안정시켜 부처님이 설하신 법을 진실로 이해하게 되면 이 세상 어떤 일에도 마음의 동요가 없고, 수행을 시작한 처음부터 끝까지 모두 이로운 일뿐이며, 결국 생사를 초월한 해탈의 경지에 도달하게 된다.

∴ 097

若見身所住 六更以爲最　약견신소주 육경이위최
比丘常一心 便自知泥洹　비구상일심 변자지니원

【譯】
만일에 이 몸이 머무는 곳을 보려 하거든 육경(六更)이 가장 좋으니
비구가 항상 한 마음이면 스스로 열반을 얻게 되리라.

【註】
六更(육경)……오전 6시경.

【解說】
　자신을 돌아보고 자기가 어디에 머물러 있는가를 잘 알려면 하루 중에 아침 6시경이 가장 좋다. 호흡을 고르게 하고 마음을 한 곳에 안착시켜 조용히 자성(自省)하면 생사를 초월한 열반의 경지에 이르게 된다. 생사는 우리 인생에게 가장 큰 일대사(一大事)이다. 무릇 생명이 있는 자는 반드시 한 번은 죽음을 맛보아야 한다. 어둡고 싸늘한 죽음의 세상을 생각할 때, 많은 사람들은 두려움과 공포로 몸서리친다. 그러나 수행을 하여 도를 이룬 자는 생사를 초월해서 평상심(平常心)으로 죽음을 초월한 경지에 다다라 있어 조금도 동요하지 아니한다.

·· 098

已有是諸念　自身常建行　　이유시제념　자신상건행
若其不如是　終不得意行　　약기불여시　종부득의행

【譯】
이미 이와 같은 여러 가지 생각이 있으면 자신의 몸으로 항상 굳건하게 행하라.
만약 그러하지 못하면 마침내 마음 행함을 얻지 못하리라.

【註】
常建行(상건행)······항상 소신 있게 행동하라.

【解說】
　진실한 도리와 부처님의 바른 법을 깨달을 생각이 있으면 열심히 공부하고 수행을 해야 한다. 만일 그렇지 못하고, 오욕락에 파묻혀 나태한 생활을 한다면 도를 깨우치지 못하고 진정한 행복을 구할 수 없게 된다.

·· 099

是隨本行者 如是度愛勞　　시수본행자 여시도애로
若能悟意念 知解一心樂　　약능오의념 지해일심락

【譯】
이 근본 도리를 따르는 사람은 이와 같이 애욕의 번뇌를 제도할 수 있으니,
만일 능히 마음의 실상(實相)을 깨닫게 되면 한결같은 즐거움을 알게 되리라.

【解說】
　마음속에는 여러 가지 복잡한 생각이 얽혀 있지만, 그 가운데서 맑고 진실한 도리에 따르는 사람은 잡다한 애욕의 번뇌에서 벗어나 따뜻한 봄과 같은 평안을 얻을 수 있다. 그리하여 만일 이 순수하고 진실한 마음을 얻을 수 있다면, 최상의 즐거움인 열반의 경지에 이르게 되는 것이다.

·· 100

應時等行法 是度老死惱　　응시등행법 시도로사뇌
比丘悟意行 當令應是念　　비구오의행 당령응시념

【譯】
때에 따라 한결같이 법을 행하면 그것이 곧 노사(老死)의 괴로움을 제도하나니,
비구는 깨달아 마음으로 행하라. 마땅히 이와 같이 따라야 한다.

【解說】
　부처님의 말씀을 항상 가슴에 새기고 부처님의 법 속에서 열심히 수행하면, 바른 지혜를 얻어 실상(實相)을 보는 눈이 열린다. 그러한 사람은

생사고뇌의 늪에서 벗어나 이 세상에서 극락을 경험하고, 항상 위없는 행복 속에서 살 수 있는 것이다. 비구가 마음을 가다듬고 불법에 귀의하는 것은 바로 이러한 도리를 알기 때문이다.

·· 101

諸念生死棄 爲能作苦際　제념생사기 위능작고제
常當聽微妙 自覺悟其意　상당청미묘 자각오기의

【譯】
모든 생각에서 나고 죽음을 버리면 그것으로써 괴로움의 끝을 삼으리라.
항상 마땅히 미묘(微妙)함을 들으면 스스로 그 뜻을 깨달으리라.

【解說】
모든 생각에서 생사(生死)를 초월한 대범한 마음을 갖는다면 고통의 바다는 없을 것이다. 우리 인생에서 생사보다 더 큰 일은 없다. 그런데 그 생사를 뜬구름처럼 가볍게 생각할 수 있다면 마음에 걸릴 것은 하나도 없다. 사랑도 이별도 명예도 돈도 모두 생사보다 못한 것이니, 생사를 초월한 눈으로 이들을 본다면 아무 것도 마음에 걸릴 것이 없는 것이다.

·· 102

能覺者爲賢 終始無所會　능각자위현 종시무소회
以覺意能應 日夜務學行　이각의능응 일야무학행
當解甘露要 令諸漏得盡　당해감로요 영제루득진

【譯】
능히 깨달은 사람을 현명하다고 하나니, 시종(始終) 번뇌가 없고
깨달은 마음으로 능히 응하여 밤낮으로 힘써 배우고 행하니
마땅히 감로법(甘露法)을 알아서 온갖 번뇌를 다 놓아 버린다.

【解說】
 깨달은 사람을 현명한 사람이라고 하며, 깨달은 사람은 항상 고뇌를 당하는 일이 없다. 그리고 깨달은 그 마음으로 열심히 수행을 더하면 결국 부처님의 감로법을 모두 알게 된다.

∵ 103

念身念非常　念戒布施德　염신념비상 염계포시덕
空不願無常　晝夜當念是　공불원무상 주야당념시

【譯】
몸을 생각하고 덧없음을 생각하고 계를 생각하고 보시와 덕을 생각하라.
공(空)과 원(願) 없음과 무상(無常)을 마땅히 주야로 항상 이것을 생각하라.

【解說】
 깨달은 경지에서 보면 몸은 항상 한 것이 아니고 일시적 인연결합으로 된 덧없는 것이다. 그러므로 만물의 실상을 바로 알고 영원한 생명을 얻으려면 부처님께 귀의해서 넓게 보시와 덕을 베풀고, 항상 공(空)과 무상(無相)을 생각하고, 욕심 낮은 원(願)을 버리고, 오욕락에서 벗어나 탐욕을 버리고, 주야로 삼보에 의지해 정진해야 할 것이다.

제 7 장 자인품(慈仁品)

자인품(慈仁品)이란 성인(聖人)과 대인(大人)이 남기신 위대한 덕과 발자취를 알아보고, 사람들로 하여금 이를 본받아 삶의 거울로 삼아, 우리 생활의 질을 향상시키려 하는 장이다.

∴ 104

慈仁品者 是謂大人　　자인품자 시위대인
聖人所履 德普無量　　성인소이 덕보무량

【譯】
자인품(慈仁品)이란 소위 대인과
성인이 밟고 지나간 한량없이 넓은 덕을 말한 것이다.

∴ 105

爲仁不殺 常能攝身　　위인불살 상능섭신
是處不死 所適無患　　시처불사 소적무환

【譯】
인자하여 살생을 안 하고 항상 몸을 좋게 다스리면,
거기가 곧 죽지 않는 곳, 어디를 가나 근심이 없다.

【解說】
어질고 착한 마음으로 남에게 해를 끼치지 않고 살생을 하지 않으며, 항상 자비로운 마음으로 살면 남도 내게 해를 끼치지 않는다. 세상은 거울과 같아서, 거울을 보고 웃으면 거울 속의 상대도 웃고, 거울을 보고 성내면 거울 속에 상대 또한 나를 보고 성을 낸다. 그러므로 그가 사는 그 곳이 극락이고 낙원이며, 삶도 죽음도 뛰어넘은 열반의 경계일 것이다.

∴ 106

不殺爲仁 愼言守心　　불살위인 신언수심
是處不死 所適無患　　시처불사 소적무환

【譯】
어진 마음으로 살생을 않으며 말을 삼가고 마음을 지키면,
거기엔 죽음이 없고 어디로 가나 근심이 없다.

【解說】
착하고 어진 마음으로 함부로 살생을 하지 않으며, 말을 삼가 남의 가슴에 못을 박는 아픈 소리를 하지 않고, 마음을 청정하게 지켜 악에 물들지 않으면, 거기가 바로 행복과 평화가 넘치는 극락이다.

∴ 107

至誠安徐 口無麤言　　지성안서 구무추언
不瞋彼所 是謂梵行　　부진피소 시위범행

【譯】
지극한 정성과 평안한 마음으로 입으로는 거친 말을 하지 않으며,
남에게 성내지 않으면 그것을 일컬어 범행이라 한다.

【註】
安徐(안서)……마음이 편안하고 조용하다.
麤言(추언)……거친 말.

【解說】
몸가짐이 지극히 성실하고 마음이 고요하고 편안하며, 항상 사람을 이롭게 하는 착한 말을 하고 살생을 하지 않으며, 남을 속이지 않고, 남이 내게 욕을 해도 성내지 않으면, 그것을 일컬어 범행(梵行)이라고 한다. 성인은 이러한 도리를 알고 실천한 사람들이다. 남을 욕하고 남을 미워하는 것보다 남을 사랑하고 남을 칭찬하는 것이 더 좋은 줄 알면서도 범인은 그 쉬운 것을 잘 할 수가 없다.

108

垂拱無爲 不害衆生　　수공무위 불해중생
無所嬈惱 是應梵行　　무소요뇌 시응범행

【譯】
아무 일도 아니하고 팔짱을 끼고 중생을 해롭게 하지 않으며,
어지러이 괴롭히지 않으면 그것도 응당 범행이니라.

【註】
垂拱(수공)……옷소매를 늘어뜨리고 팔짱을 끼움. 즉, 아무 일도 아니하고 남이 하는 대로 내버려둔다는 뜻.

【解說】

　남에게 베풀고, 남을 도와 좋은 일을 하지 않으려면 차라리 아무런 간섭도 하지 말고 그냥 가만히 두어라. 남을 해치지 않고, 남을 혼란하게 만들어 괴롭히지 않는 것, 그것도 소극적이긴 하나 범행(梵行)의 한 방편이다. 손으로 선을 행하지 않으면, 그 손으로 살생하고 도박하고 사기하고 싸움하고 온갖 나쁜 일을 저지르는 것보다는 차라리 팔짱끼고 가만히 있는 것이 좋다는 것이다.

·· 109

常以慈哀　淨如佛敎　　　상이자애　정여불교
知足知止　是度生死　　　지족지지　시도생사

【譯】

　항상 자비롭고 불쌍히 여길 줄 알고 부처님 가르침같이 맑으며,
만족할 줄 알고 그칠 줄 알면 그것이 곧 생사를 건너는 거다.

【註】

　度生死(도생사)……생사를 건너다. 즉 생사를 초월한다는 뜻.

【解說】

　항상 자비로운 마음으로 착한 일을 하며, 불쌍한 사람을 측은히 여길 줄 아는 동정심을 갖고 언제나 부처님의 가르침대로 선(善)을 실천하며, 마음을 맑게 가지고 지나친 욕심은 버려라. 분수를 알고 자신의 처지에 만족할 줄 알며, 매사에 감사할 줄 알아라. 모든 것에 넘치지 말고 정도에 맞게 그칠 줄 안다면, 그러한 사람은 속세의 생사를 건너 열반의 경지에 이르게 된다.

110

> 少欲好學 不惑於利　소욕호학 불혹어리
> 仁而不犯 世上所稱　인이불범 세상소칭

【譯】
욕심이 적고 배우기를 좋아하며 이익에 미혹되지 않으며,
마음이 어질어 남을 범하지 않으면 세상 사람의 칭찬을 받는다.

【解說】
탐욕을 버리고 과도한 욕심을 내지 말며, 오직 배움에 정진하라. 세상 이익에 너무 집착하거나 미혹되어 이성을 잃지 말고, 항상 착한 마음으로 수행하며 살면 이는 세상 사람들의 칭송을 받는 대상이 된다.

111

> 普憂賢友 哀加衆生　보우현우 애가중생
> 常行慈心 所適者安　상행자심 소적자안

【譯】
널리 현명한 벗을 근심해 주고 중생을 보살펴 불쌍히 여기며
항상 자비로운 마음으로 행하면 어디로 가나 편안하리라.

【解說】
늘 어진 친구의 안부를 염려하고 중생을 불쌍히 여기며, 누구에게도 인자한 마음을 쓰는 그런 사람은 어딜 가나 외롭지 않고 항상 편안하다.

∴ 112

晝夜念慈 心無剋伐　　주야념자 심무극벌
不害衆生 是行無仇　　불해중생 시행무구

【譯】
밤이나 낮이나 자비로운 생각만 하고 마음속에 남을 이길 뜻이 없어 중생을 해치지 아니하니 이렇게 행함으로 원수가 없느니라.

【解說】
항상 정의와 자비와 진리를 생각하고, 남을 이기고 해치려는 생각을 하지 않으며, 절대로 중생을 괴롭히거나 벌하지 않으니 이러한 사람에게는 원수가 생기지 않는다. 모든 사람이 사랑하는 이웃이고 서로 돕는 벗이니, 마음은 항상 편하고 너그러울 뿐이다.

∴ 113

不慈則殺 違戒言妄　　부자즉살 위계언망
過不與他 不觀衆生　　과불여타 불관중생

【譯】
자비롭지 못하면 살생을 저지르고 계를 어기면 말이 망령된다.
그리하여 타인에게 지나치게 인색하고 중생을 돌보지 아니한다.

【解說】
자비롭지 못한 마음에서 잔악한 생각이 생기고, 그런 생각이 누적되면 급기야 살생을 저지르게 되며, 계율을 위반하는 사람 입에서 거칠고 망령된 말이 튀어나와 돌이킬 수 없는 구업을 짓게 된다. 이러한 사람은 남에게 보시하기를 싫어하고 인색하고 옹졸하며, 중생의 아픔을 전혀 생각하지 아니하고 자기 본위의 생활만 고집한다. 그리하여 결국 갈 곳은 무서운 지옥 길뿐이다.

∴ 114

酒致失志 爲放逸行　　주치실지 위방일행
後墮惡道 無誠不眞　　후타악도 무성부진

【譯】
술이 과하면 뜻을 잃게 되고 방일한 행동을 하게 되며,
드디어 악도(惡道)에 떨어져 성실하지 못하고 진실하지 못하게 된다.

【解說】
술이 과하면 바른 정신을 잃어 마음이 흐려진다. 그리하여 방일(放逸)한 행동을 하고 자기 절제가 불가능해진다. 하는 일마다 성실하지 못하고 진실함이 결여되어 결국 많은 죄를 지어 뒤에 삼악도(三惡道)에 빠져 끝없는 고통을 받게 된다.

∴ 115

履仁行慈 博愛濟衆　　이인행자 박애제중
有十一譽 福常隨身　　유십일예 복상수신

【譯】
인(仁)을 실천하고 자비를 행하고 널리 중생을 사랑해 제도하면
11가지의 명예를 얻어 복은 항상 몸을 따른다.

【解說】
　자비로운 마음으로 항상 인(仁)을 행하고, 모든 중생을 널리 사랑하며 아낌없이 베풀면, 온갖 칭찬과 명예를 한 몸에 받게 된다. 그리하여 몸은 항상 편하고 안락하며 많은 복이 스스로 따르게 된다. 복은 스스로 오는 것이 아니고 내가 정성 들여 지은 것만큼 오는 것이다.

∵ 116

臥安覺安　不見惡夢　　　와안각안　불견악몽
天護人愛　不毒不兵　　　천호인애　부독불병

【譯】
누워 있어도 편안하고 깨어 있어도 편안하고 악몽(惡夢)을 꾸지 않으며,
하늘이 보호하고 사람이 사랑하니 해독이 없고 해칠 병사도 없다.

【解說】
　착하고 인자하게 살면 아무 것에도 걸림이 없다. 비록 좁은 초가삼간에 팔베개를 하고 누워 있어도 편안하고, 앉아 있어도 편안하다. 마음이 맑으니 잠도 편안해서 악몽에 시달리는 일도 없고 항상 태평하기만 하다. 하늘이 보호해 주고 많은 사람들이 사랑해 주니 아무도 그를 해치려 하지 않고, 세상 어느 곳에도 그를 노리는 병기(兵器)가 없다.

∴ 117

水火不喪 在所得利　　수화불상 재소득리
死昇梵天 是爲十一　　사승범천 시위십일

【譯】
물이나 불도 그를 죽이지 못하고 가는 곳마다 이득을 얻다가
죽은 후에는 범천에 올라가니 이것을 일러 십일(十一)이라 하느니라.

【解說】
성인이나 대인(大人)은 불이나 물이나 바람이나 그 무엇도 그들을 상하게 하거나 죽이지 않는다. 그리고 그들은 가는 곳마다, 머무는 곳마다 복을 받고 이득을 얻어서 많은 사람의 존경을 받는다. 뿐만 아니라 장차 죽어서는 범천(梵天)에 태어나 윤회의 고통에서 영원히 벗어난다.

∴ 118

仁無亂志 慈最可行　　인무란지 자최가행
愍傷衆生 此福無量　　민상중생 차복무량

【譯】
어진 마음은 뜻을 어지러이 하지 않으며 자비를 가히 으뜸으로 행하고,
중생을 상할까 염려하고 불쌍히 여기면 이 복이 또한 한량없어라.

【解說】
사람의 마음속에는 사악한 마음과 자비로운 마음 두 가지가 있다. 그런

데 수양이 높은 사람 마음에는 사악한 마음은 없고, 자비로운 마음만 남아 있다. 남에게 베풀어야 할 마음은 바로 이 자비로운 마음이다. 중생을 불쌍히 여기고, 그들에게 선을 알리고, 부처님의 진리의 말씀을 전하고, 자비를 베풀면 그 복이 한량없다.

∴ 119

假令盡壽命 懃事天下人　가령진수명 근사천하인
象馬以祠天 不如行一慈　상마이사천 불여행일자

【譯】
가령 목숨이 다할 때까지 천하의 사람을 정성껏 섬기고,
코끼리와 말로 하늘에 제사를 지낸다 해도 자비로운 행동을 한 번 하는 것만 못하리라.

【解說】
이 세상에서 가장 중요한 것이 바로 자비를 베푸는 것이다. 천하의 많은 사람들을 잘 섬기고, 좋은 제물을 장만해서 하늘에 정성껏 제사 지내는 것보다 한 번 자비를 베푸는 것이 더 큰 공덕이 되는 것이다.

제 8 장 언어품(言語品)

사람은 말을 할 때 늘 조심해야 한다. 한 번 업지러진 물은 다시 담을 수 없듯이 한 번 입에서 나온 말은 다시 거둬들일 수 없다. 또한 말은 사람의 인격과 행실을 그대로 나타내는 것이니, 책임질 수 없는 말을 함부로 해서는 안 된다.

∴ 120

言語品者 所以戒口　　언어품자 소이계구
發說談論 當用道理　　발설담론 당용도리

【譯】
언어품(言語品)이란 소의 입을 경계하는 것으로써
발설하고 담론하는 데 필요한 마땅한 도리를 설한 것이다.

∴ 121

惡言罵詈 憍陵蔑人　　악언매리 교릉멸인
興起是行 疾怨滋生　　흥기시행 질원자생

【譯】
나쁜 말로 욕하고 꾸짖고 교만하여 남을 능멸하고,
이렇게 자주 하면 미움과 원망이 차츰 생긴다.

제8장 언어품(言語品)

【解說】
남과 말을 할 때 남을 꾸짖고 욕하고 멸시하며 겸손하지 못하면, 남을 설득하지 못하고 도리어 미움만 받아 원망만 사게 된다. 그러므로 내 생각과 내 뜻을 남에게 바로 전달하고 바로 이해시키려면, 겸손하고 부드러운 말로써 조용히 이야기해야 한다.

∵ 122

遜言順辭 尊敬於人　　손언순사 존경어인
棄結忍惡 疾怨自滅　　기결인악 질원자멸

【譯】
공손한 말과 순한 말로 남을 존경하고
맺은 원함과 증오를 버리면 미워하고 원망함이 스스로 사라진다.

【解說】
항상 공손한 말과 부드러운 말로 남을 대하며, 남을 존경하고 사랑하며 자비로운 마음으로 맞이하라. 혹 원한이 있거나 과거에 섭섭한 일이 있었더라도 그것을 모두 참고 용서하며 마음에 두지 않으면, 모든 질원(疾怨)은 스스로 사라지며, 상대방도 나를 반갑게 맞이한다.

∵ 123

夫士之生 斧在口中　　부사지생 부재구중
所以斬身 由其惡言　　소이참신 유기악언

【譯】
대저 사람이 이 세상에 태어나면 입 속에 도끼가 있어
그것으로써 자기 몸을 비나니 그것은 나쁜 말 때문이다.

【解說】
구시화지문(口是禍之門)이라는 말이 있다. 즉, 입은 화를 불러들이는 문이라는 뜻이다. 세 치도 못 되는 혀 속에 도끼가 들어 있다는 말도 있다. 말은 한 번 뱉으면 다시 주워 담을 수 없다. 그러므로 말을 할 때 잘 생각해서 후회 없도록 해야 하고, 또한 내가 한 말의 책임을 내가 질 수 있는 그런 말만 해야 한다.

∴ 124

譽惡惡所譽　是二俱爲惡　　예악악소예 시이구위악
好以口憎鬪　是後皆無安　　호이구쾌투 시후개무안

【譯】
악한 자를 칭찬하고 악한 자에게 칭찬받는 것, 이 두 가지 모두 악한 것이니,
즐겨 입으로 다투면 이것은 모두 뒤에 편안함이 없다.

【解說】
악한 자를 두둔하여 칭찬하고, 악한 자에게 칭찬받는 것은 모두 정도에 어긋나는 행동이며 모두 옳지 못하다. 입으로 두 사람 사이에 끼여들어 이간질하는 거나 싸움을 붙이는 것은 더욱 옳지 못하다. 이러한 행동은 뒤에 반드시 그 화가 자기에게도 미쳐서, 결국 편안하지 못하다.

∴ 125

解自抱損意 不躁言得中　해자포손의 부조언득중
義說如法說 是言柔軟甘　의설여법설 시언유연감

【譯】
해칠 마음 가진 것 스스로 풀고, 성급한 말을 하지 않으면 중도(中道)를 얻는다.
의로운 말과 법에 맞는 이야기는 부드럽고 유연하여 달기도 하다.

【解說】
가슴속에 남을 해치려는 악한 마음이 있다는 것을 깨닫고 이를 버리고, 부드러운 말과 자비로운 행동으로 중생을 대하면, 남에게 존경받고 우러러 대접받는다. 의로운 말과 법에 맞는 바른말은 부드럽고 유연하여 마치 감로수같이 달고 향기롭다.

∴ 126

是以言語者 必使己無患　시이언어자 필사기무환
亦不剋衆人 是爲能善言　역불극중인 시위능선언

【譯】
그러므로 말이란 자기로 하여금 근심이 없게 하고,
또한 여러 사람을 자극하지 않아야 하나니 이렇게 말하는 것이 바로 좋은 말이다.

【解說】
입은 화를 불러들이는 문이라고 하였다. 그러므로 말을 잘못하면 몸을 망치고 화가 평생에 미친다. 현명한 사람은 말을 할 때 잘 생각해서 도리에 어긋나는 삿된 말은 하지 않고, 누구 앞에서도 떳떳한 말, 책임질 수 있는 바른말만 한다. 그래서 자신에게는 근심이 없고, 또한 듣는 사람도 싫어하지 않는다.

∴ 127

言使投意可 亦令得歡喜　　언사투의가 역령득환희
不使至惡意 出言衆悉可　　불사지악의 출언중실가

【譯】
말을 남의 뜻에 맞게 하고 또한 기쁨을 얻게 하며,
악한 마음에 이르지 않게 한다면 하는 말 모두를 여러 사람이 다 좋다고 한다.

【解說】
모질고 독한 말은 남의 가슴에 지울 수 없는 깊은 상처를 안겨준다. 그러므로 남을 대할 때 내 마음에 자비를 듬뿍 담고, 남에게 희망과 용기를 주는 좋은 말을 하여야 할 것이다. 덕담(德談)은 아무리 들어도 싫지 않고, 정신에 커다란 위안이 되기 때문이다.

∴ 128

至誠甘露說 如法而無過　　지성감로설 여법이무과
諦如義如法 是爲近道立　　체여의여법 시위근도립

【譯】
지극한 정성으로 감로(甘露) 같은 말은 법과 같이 허물이 없고
이치가 옳고 법과 같으면 이것이 도에 가까이 다가서는 것이다.

【解說】
몹시 성실하여 마치 감로(甘露)와 같은 좋은 말은 법을 의지해서 하는 말이므로 허물이 없고 이치에 꼭 들어맞는다. 이러한 말을 하거나 이런 말을 잘 들으면, 마음이 열리고 깨달음을 스스로 얻게 되어 열반의 기쁨을 얻게 된다.

∴ 129

說如佛言者 是吉得滅度　설여불언자 시길득멸도
爲能作浩際 是謂言中上　위능작호제 시위언중상

【譯】
부처님 하신 말씀과 같은 말을 하는 자는 경사로이 멸도를 얻고
능히 기쁨의 극치를 이루나니, 그것이 곧 말 중에 최상이라 이른다.

【註】
浩際(호제)……극치(極致)와 같음. 더할 수 없는 경지.

【解說】
부처님이 설하신 말을 전하는 사람은 길하고 상서로우며, 많은 복을 받는다. 그런 사람은 이 세상 모든 고난을 멸하고 피안(彼岸)에 이르며, 열반의 고요한 기쁨을 얻게 된다. 그러므로 말 중에 가장 으뜸인 말은 바로 부처님의 법을 설하는 말이다.

제 9 장 쌍요품(雙要品)

이 세상의 모든 이치는 서로 대립되고 상반되는 한 쌍의 개념으로 이루어져 있다. 선이 있으면 악이 있고 생(生)이 있으면 사(死)가 있고, 만남이 있으면 헤어짐이 있다. 상대적인 근본 이치를 바로 이해하면 선과 악이 둘이 아니듯이 이 세상 모든 것의 근원은 모두 하나라는 것을 알 수 있으리라.

∴ 130

雙要品者 兩兩雙明　　쌍요품자 양양쌍명
善惡有對 擧義不單　　선악유대 거의부단

【譯】
쌍요품(雙要品)이란 둘씩 서로 이치를 밝히고
선과 악이 서로 대가 되어 이치를 말하되 홀로 하지 않는다.

∴ 131

心爲法本 心尊心使　　심위법본 심존심사
中心念惡 卽言卽行　　중심념악 즉언즉행
罪苦自追 車轢于轍　　죄고자추 차력우철

【譯】
마음은 모든 것의 근본이니 모든 일은 마음에서 일어난다.

마음속에 악한 생각 일어나면 말과 행동도 또한 그러하나니,
그 때문에 죄와 괴로움 스스로 따르리, 마치 수레를 따르는 수레바퀴같이.

【解說】
선한 일이든 악한 일이든 모두 자기 자신의 마음속에서 일어난다. 어리석은 사람은 악한 마음에 사로잡혀 자기도 모르는 사이에 죄를 짓는 사람이 되고 만다. 그러나 현명한 사람은 마음을 거울같이 맑게 하여 죄에 빠지지 않는다.

∴ 132

心爲法本 心尊心使　　심위법본 심존심사
中心念善 卽言卽行　　중심념선 즉언즉행
福樂自追 如影隨形　　복락자추 여영수형

【譯】
마음은 모든 것의 근본이니 모든 일은 마음에서 일어난다.
마음속에 착한 생각 일어나면 말과 행동도 또한 그러하나니
그 때문에 복락 스스로 따르리, 마치 몸을 따르는 그림자처럼.

【解說】
착한 마음으로 착하게 살면 그림자가 나를 따르듯 복락은 스스로 다가온다. 기쁘고 슬픈 일 모두가 마음의 거울에 비치는 그림자이니, 마음이 맑으면 비치는 그림자도 또한 맑다.

133

隨亂意行 拘愚入冥　　수란의행 구우입명
自大無法 何解善言　　자대무법 하해선언

【譯】
혼란한 마음이 행하는 대로 따르고 어리석음에 잡혀 어둠에 들어가며,
스스로 큰 체하여 법이 없으면 어떻게 선한 말을 이해할 수 있으리.

【解說】
혼란한 마음으로 행하고 어리석은 생각에 잘난 체하며, 우매한 행동을 하면서도 가장 잘났다고 생각하는 사람은 선한 말과 진리를 알 수 없다.

134

隨正意行 開解淸明　　수정의행 개해청명
不爲妬嫉 敏達善言　　불위투질 민달선언

【譯】
바른 마음이 행하는 대로 따르고 맑고 밝게 알고 이해하여
미워하거나 질투하지 않으면 선한 말을 빨리 이해하리라.

【解說】
올바른 생각을 갖고 바르게 행동하며, 사물의 도리를 밝고 맑게 깨달아 남을 미워하거나 시기하지 않으며, 스스로 만족할 줄 알면 도리에 밝아서 선한 이치나 선한 말을 빨리 깨달을 수가 있다.

∴ 135

行見身淨 不攝諸根　　행견신정 불섭제근
飮食不節 慢墮怯弱　　음식부절 만타겁약
爲邪所制 如風靡草　　위사소제 여풍미초

【譯】
몸은 편한 것만 쫓아서 좋아하고 모든 감각기관을 다스리지 않으며
음식을 절제하지 않고 마음이 태만하고 겁이 많으면
삿된 생각이 그를 사로잡아 넘어트리니, 마치 바람이 약한 풀을 휩쓰는 것같이.

【解說】
긴장을 풀고 관능이 즐기는 대로 몸을 내맡기면 마음은 스스로 병이 들어 마침내 바람 앞에 쓰러지는 잡초와 같이 무참히 넘어지고 만다. 그러므로 사람은 언제나 마음과 행동을 절제 있게 하며, 늘 반성하며 살아야 한다.

∴ 136

觀身不淨 能攝諸根　　관신부정 능섭제근
食知節道 常樂精進　　식지절도 상락정진
不爲邪動 如風大山　　불위사동 여풍대산

【譯】
몸 편안한 것만 구하지 않고 모든 감관(感官)을 잘 다스리며,
먹고 마심에도 절도를 지키고 항상 정진함을 즐거워하면,

삿된 것이 그대를 범하지 못하리니, 마치 바람 앞에 우뚝 선 큰산과 같이.

【解說】
몸이 편안한 것만 구하지 말고 모든 관능적인 향락을 절제하고 다스리며, 항상 마음을 맑게 닦는 공부를 즐겁게 행하면 바람이 산 앞에 무력하듯이 모든 괴로움도 스스로 사라지고 만다.

137

不吐毒態 欲心馳騁　　불토독태 욕심치빙
未能自調 不應法衣　　미능자조 불응법의

【譯】
마음속에 독한 것 버리지 못하고 욕심 따라 이리저리 달려가면서
능히 자기를 다스리지 못하는 자는 법의를 입기에 온당치 못하다.

【註】
毒態(독태)……마음속에 독한 태도.
馳騁(치빙)……내키는 대로 이리저리 달리다.
自調(자조)……자기를 잘 조절하다.

【解說】
번뇌에서 오는 독한 태도를 버릴 줄 알고, 자기 마음을 잘 조절할 줄 알며, 욕심을 버리고 자기를 다스릴 줄 아는 사람이 아니면 법의(法衣)를 입을 자격이 없다.

∵ 138

能吐毒態 戒意安靜　　능토독태 계의안정
降心己調 此應法衣　　항심기조 차응법의

【譯】
마음속에 독한 것 모두 쏟아 버리고 조용히 모든 계율 생각하면서
자기 마음 항복받아 스스로 다스리면 이런 사람 법의(法衣) 입어 마땅하리라.

【解說】
　마음속에 오욕락에서 오는 모든 나쁜 것 다 쏟아 버리고, 조용히 부처님이 설하신 모든 계율 생각하며 실천하는 수행자는 마음속에 나쁜 생각이 없고, 항상 선을 위해 기쁘게 정진하는 사람이다. 이러한 사람이라야 법의(法衣)를 입어 마땅하다.

∵ 139

以眞爲僞 以僞爲眞　　이진위위 이위위진
是爲邪戒 不得眞利　　시위사계 부득진리

【譯】
진실한 것을 진실 아니라 하고 진실 아닌 것을 진실이라 한다면
그와 같은 그릇된 소견으로는 끝내 참된 이득 얻지 못하리.

【解說】
　진실을 보고 진실이라고 알고, 진실 아닌 것을 보고 진실 아닌 것이라

고 아는 솔직한 마음이 우리를 깨달음의 세계로 인도해 준다. 진실은 평범한 데 있으며, 그 열매는 매우 소중하지만 거짓은 끝내 아무 이득도 우리에게 안겨주지 못한다.

∴ 140

知眞爲眞　見僞知僞　　지진위진 견위지위
是爲正計　必得眞利　　시위정계 필득진리

【譯】
진실을 알아 진실이라 생각하고 거짓을 보고 거짓이라는 것을 알면
이야말로 바른 견해이니 반드시 참다운 이익 얻을 수 있으리.

【解說】
있는 그대로 보고 느끼고 솔직하게 받아들이는 가운데 진리의 문은 활짝 열린다. 진리는 진리이고, 진리 아닌 것은 아닌 것이라고 솔직히 긍정하고 인정하는 정직한 마음이 도로 향하는 사람의 바른 마음가짐이다.

∴ 141

鄙夫染人　如近臭物　　비부염인 여근취물
漸迷習非　不覺成惡　　점미습비 불각성악

【譯】
비천한 사람은 남을 물들이니, 마치 가까이 있는 오물같이.

점점 미혹되어 그 그릇됨을 익혀 자기도 모르게 악해지도다.

【註】
臭物(취물)……냄새 나는 더러운 물건.
漸迷(점미)……점점 미혹된다.
習非(습비)……옳지 못한 것을 익힘.

【解說】
비천하고 악한 사람은 남도 비천하고 악하게 물들이는 것이 마치 오물 가까이 있는 것과 마찬가지이다. 처음에는 나쁜 냄새가 나지만 점점 그 냄새도 코에 배어 드디어 나쁜 냄새인지 모르는 것과 같이, 자기도 모르는 사이에 악이 몸에 배어 점점 악한 사람이 되고 만다.

∴ 142

賢夫染人 如近香熏　　현부염인 여근향훈
進智習善 行成潔芳　　진지습선 행성결방

【譯】
어진 사람은 사람을 물들이는 것이 마치 향 연기 가까이 있는 것과 같다.
지혜는 깊어지고 선을 익혀 마침내 깨끗하고 꽃다움을 이룬다.

【註】
賢夫(현부)……어진 사람.

【解說】
착하고 어진 사람은 다른 사람을 감화하고 깨우치는 것이 마치 향 연기 가까이 있으면 자신도 모르는 사이에 옷에 향내가 배는 것과 같다. 어진 사람을 가까이하면 지혜는 깊어지고 선을 익혀 마침내 자신도 선해지고, 어진 사람을 닮아 깨끗하고 착한 사람이 된다.

143

造憂後憂 行惡兩憂　　조우후우 행악양우
被憂惟懼 見罪心懅　　피우유구 견죄심거

【譯】
걱정을 만들어서 걱정을 하고 이승과 저승에서 걱정을 하네.
이것도 걱정이요, 저것은 두려움. 지은 죄 바라보며 마음은 괴롭다네.

【解說】
본래 고요한 마음엔 기쁨도 근심도 없는 것. 걱정도 내가 만들고 기쁨도 또한 내가 스스로 만드는 것. 그러므로 근심의 원인을 내가 만들지 않으면, 내가 겪을 근심 또한 없는 것이다. 인과의 법칙은 준엄하여 한 치의 어김도 없는 것이다.

144

造喜後喜 行善後喜　　조희후희 행선후희
被喜惟歡 見福心安　　피희유환 견복심안

【譯】
기쁨을 만들어서 기뻐하고 이승과 저승에서 기뻐하네.
이것도 기쁨이요, 저것도 기쁨. 지은 복 바라보니 마음은 편하네.

【解說】

기쁜 일 만들면 마음이 기쁘고, 마음이 기쁘면 스스로 착한 일을 하게 된다. 세상에 모든 것은 오직 마음에서 생겨나니, 마음이 기쁘면 곧 세상이 기뻐지고, 극락을 바로 이 세상에서 만나게 된다.

∴ 145

今悔後悔 爲惡兩惡　　금회후회 위악양악
厥爲自殃 受罪熱惱　　궐위자앙 수죄열뇌

【譯】

이승에서 뉘우치고 저승에서 뉘우치고 악한 일 행한 사람 두 곳에서 뉘우치네.
자기가 행한 악으로 스스로 화를 입어 극심한 고통의 죄과 받게 된다네.

【解說】

한 번 지은 죄는 내 몸에서 영원히 지울 수 없고 절대로 떨어지지 않는 업(業)이 되어 항상 나를 따라다니며 나를 괴롭힌다. 내가 지은 죄의 대가는 내가 꼭 치러야 하고, 이승에서 치르지 못하면 저승에서라도 꼭 치러야 하는 필연의 소산이다. 그러므로 우리는 죄에 빠지지 않도록 힘쓰며 살아야 한다.

∴ 146

今歡後歡 爲善兩歡　　금환후환 위선양환
厥爲自祐 受福悅豫　　궐위자우 수복열예

【譯】
이승에서 기뻐하고 저승에서 기뻐하고 선을 행한 사람 두 곳에서 기뻐하네.
자기가 지은 선이 스스로 자기를 도와 복을 받아 기뻐하고 즐거워하네.

【註】
悅豫(열예)……열락(悅樂)과 같음. 기뻐하고 즐거워함.

【解說】
착한 일을 한 사람의 마음은 항상 잔잔한 호수같이 평화롭고 고요하여 늘 평화로운 기쁨만이 넘쳐흐른다. 내가 지은 선업은 반드시 내게 돌아오므로, 선을 행하는 사람은 선행(善行)으로 즐겁고 선행(善行)의 과보(果報)로 또한 즐겁다. 그 기쁨은 이승에 한한 것이 아니고 저승에까지 이어지는 영원한 것이다.

147

巧言多求 放蕩無戒　교언다구 방탕무계
懷婬怒癡 不惟止觀　회음노치 불유지관
聚如群牛 非佛弟子　취여군우 비불제자

【譯】
교묘한 말을 많이 구사하고 함부로 방탕하고 계를 지키지 않으며,
음탕한 생각과 성냄을 일삼고 지관(止觀)을 생각지 아니하면
그것은 소의 무리가 모인 것 같은 것, 진정한 부처님의 제자가 아니로다.

【解說】
교묘한 말을 많이 하며 감언이설로 남을 현혹하고, 방탕한 생활을 하며

계율을 지키지 아니하고, 마음에 삼독(三毒)을 지닌 채 음탕한 생각과 어리석음과 성냄을 일삼고, 지관(止觀)을 생각지 아니하면 그것은 마치 소의 무리가 모인 것 같은 것이며, 청정하고 거룩한 부처님의 제자가 아니다.

148

```
時言少求 行道如法    시언소구 행도여법
除姪怒癡 覺正意解    제음노치 각정의해
見對不起 是佛弟子    견대불기 시불제자
```

【譯】
경전을 조금밖에 외우지 못해도 바른 도리를 알아 실천을 한다면
어리석음과 성냄과 탐욕에서 벗어나 깨달음과 해탈을 바로 얻어
이승과 저승에 얽매이지 않는 진실한 불제자가 되리라.

【解說】
경전을 조금밖에 외우지 못해도 계를 실천하는 사람은 진실로 깨달음을 얻어 해탈에 이를 수 있는 수행자이다. 불교는 머리로 배우는 것이 아니라 몸으로 행하는 종교이다. 그러므로 많은 경전을 외우고 그것을 실천하지 않는 사람보다, 비록 경전을 조금밖에 외우지 못해도 그것을 잘 실행하는 사람이 더 큰 공덕을 닦는 수행자이다.

제10장 방일품(放逸品)

방일품(放逸品)이란 욕정을 억제하고 계율을 잘 지켜, 행동을 경계하고 사악함에 물들지 않도록 항상 마음을 다짐하는 것을 말한다. 그리하여 사람을 악에서 구제하고 미혹에 빠지지 않게 하며, 선한 길로 인도하여 바른 깨달음을 이루게 하는 것이다.

∴ 149

放逸品者 引律戒情　　방일품자 인율계정
防邪撿失 以道勸賢　　방사검실 이도권현

【譯】
방일품(放逸品)이란 계율을 인용하여 욕정을 경계하고, 사악함을 막고 정도를 잃지 않게 하며 도(道)로써 현명하게 되기를 권하는 것이다.

【註】
放逸(방일)……제멋대로 하며 함부로 놂.

∴ 150

戒爲甘露道 放逸爲死徑　　계위감로도 방일위사경
不貪則不死 失道爲自喪　　불빈즉불사 실도위자상

【譯】
계를 지킴은 감로(甘露)의 길이요, 방일(放逸)함은 죽음의 길이로다.
탐욕을 버리면 죽지 아니하고 도를 잃으면 스스로 자멸한다.

【註】
甘露(감로)……태평성대에 하늘이 내린다는 단 이슬.
死徑(사경)……죽음으로 이르는 지름길.
自喪(자상)……스스로 죽음, 자멸을 뜻함.

【解說】
생사는 육체의 죽음만을 뜻하는 것이 아니다. 몸은 살아 있어도 마음이 죽으면 그 사람은 온전히 살아 있다고 말하기 어렵다. 방일한 사람은 마음이 곧 죽음의 길로 치닫는 사람이니 살아 있어도 죽은 사람과 다름이 없다. 그러므로 탐욕을 버리고 모든 번뇌를 끊으면 생사를 초월한 열반의 경지에 도달하게 되는 것이다.

∴ 151

慧知守道勝　終不爲放逸　　혜지수도승　종불위방일
不貪致歡喜　從是得道樂　　불빈치환희　종시득도락

【譯】
이런 이치 잘 알아 바른 도리 지키며 마침내 방일하지 않는 사람은
탐하지 않는 속에 기쁨을 얻어 끝내 성자의 경지에 도달하리라.

【解說】
탐욕을 부리는 사람은 마음의 평안을 얻을 수 없다. 흔들리는 그릇 속에 물이 잔잔할 수 없듯이 마음이 움직이면 화평은 있을 수 없다.

∴ 152

常當惟念道 自強守正行　상당유념도 자강수정행
健者得度世 古祥無有上　건자득도세 고상무유상

【譯】
항상 도를 생각하고 스스로 바른 도리 잘 지키며,
건실하게 세상을 살아간다면 위 없는 좋은 일 모두 얻으리.

【註】
強守(강수)……굳게 지키다.
正行(정행)……마음을 닦는 바른 행실.

【解說】
복은 스스로 심어야 거둘 수 있다. 바른 마음으로 성실하게 선을 행하는 사람은 반드시 복을 받게 된다. 그러므로 항상 도를 닦는 수행자의 마음으로 열심히 살아가면 이 세상에서 극락을 만나 무한한 복락을 누리며 살 수 있을 것이다.

∴ 153

正念常興起 行淨惡易滅　정념상흥기 행정악역멸
自制以法壽 不犯善名增　자제이법수 불범선명증

【譯】
항상 바른 생각 간직하고 모든 나쁜 마음 쓸어 버리며
자신을 억제하여 법대로 살면 그런 사람 이름은 어긋나지 않으리.

【註】
興起(흥기)……감동하여 떨쳐 일어남.
名增(명증)……이름을 사방에 드날리다.

【解說】
도리 지키며 바르게 사는 사람에게는 아무런 두려움이 없다. 하루를 가장 잘 산 사람이란 하루 일과를 무사히 마치고 자리에 들었을 때, 아무 근심 걱정 없이 네 활개를 펴고 편히 잘 잘 수 있는 그러한 사람이다.

·· 154

發行不放逸 約以自調心　발행불방일 약이자조심
慧能作定明 不返冥淵中　혜능작정명 불반명연중

【譯】
방일하지 않는 행동으로 스스로 마음을 다스려
지혜롭게 안식처를 만들면 사나운 파도에도 밀리지 않는다.

【解說】
마음은 들떠서 흔들리기 쉽고, 조용히 머물러 안정되기 어렵다. 그것은 마치 물결치는 파도와 같이 잠시도 바다를 가만두지 않는 것과 같다.

·· 155

莫貪莫好諍 亦莫嗜欲樂　막탐막호쟁 역막기욕락
思心不放逸 可以獲大安　사심불방일 가이획대안

【譯】
탐하지 말라. 다투지 말라. 탐욕의 유혹에 빠지지 말라.
조용히 생각하고 방일하지 않으면 반드시 큰 즐거움 얻게 되느니.

【解說】
선한 사람의 마음은 거울과 같이 맑다. 그처럼 선한 사람의 마음은 안정되고 편안하고 조용하며 한결같다.

∴ 156

放逸如自禁 能却之爲賢　방일여자금 능각지위현
已昇智慧閣 去危爲卽安　이승지혜각 거위위즉안

【譯】
스스로 방일한 마음 금하고 탐욕을 물리친 현명한 사람은
지혜의 높은 집에 이미 올라 두려움 없는 안락을 얻는다.

【解說】
어진 사람은 이미 지혜의 전당에 올라 안락한 행복을 누리고 있다. 그러나 어리석은 사람은 도탄의 늪에서 헤어날 줄 모르고 뒹굴고 있다.

∴ 157

明智觀於愚 譬如山與地　명지관어우 비여산여지
居亂而身正 彼爲獨覺悟　거란이신정 피위독각오
是力過師子 棄惡爲大智　시력과사자 기악위대지

【譯】
밝은 지혜로 어리석은 사람 내려다보면 비유컨대 산이 땅 바라보듯
어지러움 속에서도 몸 바르게 가지면 그는 홀로 깨달은 사람되나니
그의 힘 사자보다 더하여 악을 버리고 큰 지혜 얻는다.

【解說】
밝은 지혜는 높은 산과 같고 어리석음은 낮은 땅과도 같다. 어지러운 세상에 살면서도 악에 물들지 않고, 행신(行身)을 바르게 하면 마치 높은 산 위에 홀로 푸르고, 고상한 소나무와 같이 모든 사람이 우러러보는 귀한 존재가 된다.

158

守戒福致善 犯戒有懼心　수계복치선 범계유구심
能斷三界漏 此乃近泥洹　능단삼계루 차내근니원

【譯】
계율의 복을 지키면 선을 이루고 계율을 어기면 두려운 마음 일어난다.
능히 삼계(三界)의 번뇌를 끊어 버리면 이는 곧 열반에 가깝게 다가간 것이다.

【解說】
즐거운 마음으로 계율을 지키면 선한 사람이 되어 마음은 늘 편안하다. 그러나 계율을 범하는 생활을 하면 마음은 늘 두려움에 떨고 항상 불안한 마음으로 쫓기며 산다. 계율을 지켜 선행을 하는 사람은 능히 삼계의 모든 고통을 여의고 즐거운 열반의 경지에 이를 수 있다.

∴ 159

若前放逸　後能自禁　　약전방일 후능자금
是炤世間　念定其宣　　시소세간 염정기선

【譯】
만일 전에는 방일하였더라도 뒤에 가서 스스로 고치면
이는 세상을 밝게 비추리니, 그 생각 마땅하기 때문일세.

【解說】
비록 옛날 행동이 방일했다 해도 마음을 고쳐먹고 모든 방일한 행동을 억제한다면, 이는 역시 세상 사람들의 모범이 될 만한 일이다. 옛날을 반성하고 옛날의 허물을 없앤다면 역시 세상을 밝히는 밝은 등불이 된다.

∴ 160

過失爲惡　追覆以善　　과실위악 추복이선
是炤世間　念善其宜　　시소세간 염선기의

【譯】
잘못된 허물로 악을 저질렀어도 다음에 반성하고 선으로 이것을 덮으면,
이는 세상을 밝게 비추리니 선을 생각하는 마음이 마땅하기 때문이다.

【解說】
실수로 과실(過失)을 저질렀어도 이를 반성하고 허물을 고치며, 많은 선을 행하여 악의 죄값을 모두 갚으면, 이것도 세상 사람의 거울이 될 만한 일이다. 그러므로 한 번 악에 물들었다고 자포자기하지 말고 마음을

고쳐먹고 선을 행하면, 그 선은 더욱 확고한 선이 되는 것이다.

161

```
小壯捨家 盛修佛敎    소장사가 성수불교
是炤世間 如月雲消    시소세간 여월운소
```

【譯】
젊을 때 집을 버리고 부처님의 가르침을 힘써 닦으면
이는 세상을 밝게 비추리니 마치 달에 구름이 사라지는 것 같으니라.

【解說】
젊을 때 출가해서 사문(沙門)에 들어가 열심히 불도를 닦는 것은 세상 사람의 모범이 될 만한 일이다. 그것은 마치 밝은 달이 하늘의 먹구름을 걷고, 밝게 밤하늘을 비추는 것과도 같다. 어리석은 중생은 이러한 사문의 깨우침으로 미혹에서 벗어나서 보리를 얻을 수 있기 때문이다.

162

```
人前爲惡 後止不犯    인전위악 후지불범
是炤世間 如月雲消    시소세간 여월운소
```

【譯】
사람이 이전에 악을 행하였더라도 뒤에 그치고 또 범하지 않으면
이는 세상을 밝게 비추리니, 마치 달로 인해 구름이 사라지는 것같이……

【解說】

　사람은 완전한 인격체가 아니므로 가끔 실수를 범하거나 악을 저지를 수도 있다. 그러나 그 허물을 고치지 않고 계속 악에 머물면 그 사람은 구제받을 가망이 없는 사람이다. 자기의 행악(行惡)을 반성하고, 두 번 다시 그런데 휘말리지 않으면 그런 사람도 역시 세상에서 모범이 되는 사람이며, 먹구름을 쫓아 버리는 달과 같은 사람이다.

∴ 163

生不施惱　死而不感　　생불시뇌　사이불감
是見道悍　應中勿憂　　시견도한　응중물우

【譯】

살아서 남에게 괴로움 끼치지 아니하고 죽음을 근심하지 않으면
이는 도를 아주 잘 본 것이며 중도에 맞으니, 걱정 근심 없어라.

【註】

施惱(시뇌)……남에게 고뇌를 끼침.

【解說】

　살아 있는 동안에 수행을 못하고 보시를 못하였다고 후회하지 아니하고, 평생 동안 선을 행하고 남을 괴롭히거나 해치지 않으며, 널리 선과 자비를 베풀었다면 죽음을 당해도 후회하는 일이 없을 것이다. 이렇게 한 세상을 산 사람은 부처님의 가르침대로 잘 산 사람이니, 후세에 길이 빛을 남기리라.

164

斷濁黑法 學惟淸白　　단탁흑법 학유청백
度淵不反 棄猗行止　　도연불반 기의행지
不復染樂 欲斷無憂　　불복염락 욕단무우

【譯】
더럽고 나쁜 법(法)을 끊고 오로지 맑고 깨끗한 것을 배워
깊은 연못 건너서 돌아오지 않고 의지함을 버리고 행함을 그쳐
다시는 쾌락에 물들지 않으면 욕심이 끊어져 근심이 없어지리.

【註】
濁黑法(탁흑법)……더럽고 나쁜 법.
淸白(청백)……청렴하고 결백하다.
度淵(도연)……고해(苦海)를 건너는 것을 뜻함.

【解說】
　흐리고 더러운 삿된 법을 버리고 부처님의 밝고 맑은 정법만 배워야 하며, 오욕락으로 더럽혀진 고뇌의 바다를 건너뛰어 다시 되돌아오지 말아야 한다. 인생은 유한하며 해야 할 일이 너무나 많은데, 어리석게도 탐욕과 관능적 욕락에 파묻혀 일생을 헛되이 보내서는 아니 된다. 이 생을 다하면 다시 또 어느 생에서 사람의 몸을 받을 수 있을지 모르니, 이 때에 힘써 정진해서 도를 이루어야 한다.

제11장 심의품(心意品)

뜻을 사량(思量)하는 마음의 작용을 불가(佛家)에서는 세 가지로 나누어서 분석하고 공부한다. 즉, 심(心)·식(識)·의(意)가 그것이다. 여기서는 마음 그 자체는 형상이 없으나 그 작용은 실로 무한한 힘을 갖고 있으며, 우주 만물을 만들어낼 수 있는 한량없는 공덕을 말하고 있다.

165

心意品者 說意精神　　심의품자 설의정신
雖空無形 造作無竭　　수공무형 조작무갈

【譯】
심의품(心意品)이란 뜻과 정신이 비록 비어서 형상이 없으나
조작(造作)이 다함이 없음을 말한 것이다.

166

意使作狗 難護難禁　　의사작구 난호란금
慧正其本 高明乃大　　혜정기본 고명내대

【譯】
뜻을 개와 같이 하면 보호하기도 어렵고 금하기도 어렵다.
지혜로 그 근본을 바르게 해야만 높고 맑음은 크게 되리라.

【解說】
사람의 진실한 참 실체는 마음이다. 이 마음 높게 가지지 못하고 천박하게 갖거나 개처럼 하면, 자신을 고상하게 보호할 수도 없고 또한 삿된 행동을 금지할 수도 없다. 그러므로 마음을 맑고 바르게 가져야 비로소 그 진가를 발휘할 수 있다.

∴ 167

輕躁難持 唯欲是從　　경조란지 유욕시종
制意爲善 自調則寧　　제의위선 자조즉녕

【譯】
가볍고 조급하면 붙잡기 어렵고 오직 욕심만이 따른다.
뜻을 제어하여 선을 행하고 스스로 다스리면 평안을 얻는다.

【解說】
조급하고 경망하면 바른 판단과 바른 행동을 하지 못하고 오직 욕심에만 따르게 된다. 그러므로 방종한 뜻을 억제하여 선을 행하고 착한 마음을 갖도록 늘 자신의 마음을 조절(調節)하도록 힘써야만 평안과 행복을 얻을 수 있다.

∴ 168

意微難見 隨欲而行　　의미란견 수욕이행
慧常自護 能守卽安　　혜상자호 능수즉안

【譯】
마음은 미묘하여 보기 어렵고 욕심을 따라 행하기 쉽지만,
지혜로운 마음으로 항상 자신을 보호하라. 그렇게 지키면 편안하게 된다.

【解說】
뜻이란 미묘해서 눈으로 볼 수 없고, 오관으로 감지하기 어렵다. 그래서 이를 다스리지 않고 그냥 버려 두면 감각의 욕구대로 흘러 사악(邪惡)한 곳으로 빠져들게 된다. 그러므로 밝은 지혜로 스스로를 바로잡아 잘 지켜야만 행복과 평안을 얻을 수 있다.

·· 169

獨行遠逝 覆藏無形　　독행원서 복장무형
損意近道 魔繫乃解　　손의근도 마계내해

【譯】
혼자서 멀리 갈지라도 덮고 감추어져 형상이 없나니
마음을 줄여 도(道)에 가까이 하면 악마의 속박도 곧 풀린다.

【解說】
사람의 마음은 눈에 보이지 않는 형이상학적인 존재이다. 형상도 색깔도 모양도 크기도 없다. 그러나 그러한 마음이지만 시간과 공간을 초월해서 자유자재하다. 그러므로 우리는 이 마음을 도(道)에 근접시켜 바르게 닦아 나가야 한다. 탐욕을 버리고 선을 행하면 비록 큰 힘을 가진 마귀라도 이런 마음을 가진 사람을 범하지 못한다.

∴ 170

心無住息 亦不知法　　심무주식 역부지법
迷於世事 無有正智　　미어세사 무유정지

【譯】
마음이 멈추어 쉼이 없으면 또한 법(法)을 알지 못하고
세상일에 미혹(迷惑)되어 바른 지혜가 없게 된다.

【解說】
마음이 흔들리면 생각이 흔들리고 바른 판단을 할 수 없다. 그래서 마음은 반드시 안주할 곳이 있어야 하며, 그 안주할 곳은 바로 도(道)이다. 그러면 바른 법을 얻어 세상일에 미혹되지 않고 바른 지혜를 얻는다.

∴ 171

念無適止 不絶無邊　　염무적지 부절무변
福能遏惡 覺者爲賢　　복능알악 각자위현

【譯】
생각은 적당히 멈추지 않으면 그치지 아니하여 끝이 없다.
복을 지어 능히 악을 막으니 깨달은 자를 현명하다 이른다.

【解說】
생각이 바른 도리에 이르면 생각을 멈추어야 한다. 마음은 자재(自在)하여, 멈추지 않으면 끝없이 방황해서 생각이 끝없이 많이 일어난다. 현명한 사람은 생각이 도(道)에 이르면 거기에 머물러 모든 악을 물리친다.

172

> 佛說心法 雖微非眞　　불설심법 수미비진
> 當覺逸意 莫隨放心　　당각일의 막수방심

【譯】
부처님 말씀하시기를 마음의 법이란 비록 미묘하나 진실이 아니다.
마땅히 숨은 뜻을 깨달아 방일(放逸)한 마음을 따르지 말라.

【解說】
부처님께서 말씀하시기를 마음이 비록 미묘하기는 하지만 그것은 진실이 아니라고 하셨다. 마음은 항상 외부의 상에 유혹을 받아 망념(妄念)에 사로잡히기 쉬운 것이니, 이를 잘 알고 항상 마음을 살펴 악에 빠지지 않도록 조심하고 방종과 나태에 사로잡히지 않도록 힘써야 한다고 하셨다.

173

> 有身不久 皆當歸土　　유신불구 개당귀토
> 形壞神去 寄住何貪　　형괴신거 기주하탐

【譯】
몸이 있다 하나 그것은 오래지 않아 모두 흙으로 돌아가나니
형상은 허물어지고 정신이 떠나거든 잠깐 머무는 것 무엇을 탐하랴.

【解說】
우리에게 몸이 있다 하나 그것은 사대(四大)의 인연결합으로 생긴 일시적인 것에 불과하며, 오래지 않아 모두 흙으로 돌아가는 불완전한 것이다.

육신의 형상이 허물어지고, 육신이 죽으면 정신도 떠나 버리는 때, 어리석은 사람은 영원하다고 믿고 있다. 인생의 실상은 이러하거늘, 잠깐 머물다 가는 우리 인생 무엇을 탐하고 무엇을 가지려고 헛되이 애쓰랴.

∴ 174

心豫造處 往來無端　　심예조처 왕래무단
念多邪僻 自爲招惡　　염다사벽 자위초악

【譯】
마음에 미리 만들어 내는 곳은 왕래가 끝이 없다.
생각에 사악함과 편벽됨이 많으면 스스로 악을 부른다.

【解說】
사람에게는 선입감이 있어서, 미리 만들어 놓은 생각을 항상 바르다고 믿고 좀처럼 고치지 못한다. 그 선입감이 바른 판단으로 만들어졌다면 다행인데, 그렇지 못하고 사악함과 편벽한 마음으로 만들어진 선입감이라면 자신을 불행하게 만들고 죄를 짓게 한다. 그러므로 수행자는 항상 배워서 바른 견해를 얻어 사물을 바로 볼 수 있는 힘을 길러야 한다.

∴ 175

藏六如龜 防意如城　　장륙여귀 방의여성
慧與魔戰 勝則無患　　혜여마전 승즉무환

【譯】
육근(六根)을 갖추기를 거북과 같이 하고 뜻을 지키기를 성(城)같이 하라.
지혜로 마귀와 싸워 이기면 근심이 없을 것이다.

【解說】
거북이 두터운 껍질로 그 몸을 보호하고 감추듯이, 육근(六根)을 단속하고 뜻을 굳게 가져 악을 막기를 성(城)같이 하여 수행(修行)을 열심히 쌓으면 지혜가 밝아지고 마음이 열린다. 이 밝은 지혜로 탐욕과 망념의 악마를 물리친다면 일체의 번뇌를 끊어 평안을 얻어 행복하게 살 수 있게 된다.

제12장 화향품(華香品)

화향품(華香品)에서는 세상의 모든 일들이 인과관계로 이루어진다는 사실을 알리고 있다. 그래서 지금까지 배운 것을 선하게 행함으로써 거기에 마땅한 복을 받을 수 있음을 밝히고, 거짓의 삶을 진실한 삶으로 돌릴 것을 권하고 있다.

∴ 176

華香品者 明學當行　　화향품자 명학당행
因華見實 使僞反眞　　인화견실 사위반진

【譯】
화향품(華香品)이란 잘 배워서 배움을 행함에
꽃으로 인(因)하여 열매를 보고 거짓을 진실로 돌림을 밝힌 것이다.

∴ 177

孰能擇地 捨鑑取天　　숙능택지 습감취천
誰設法句 如擇善華　　수설법구 여택선화

【譯】
그 누가 능히 땅을 가려 경계할 곳을 버리고 하늘을 취할 것인가?
누가 능히 법구를 설하되 좋은 꽃을 고르는 것같이 할 수 있을까?

【解說】

　사람은 모두 행복을 추구한다. 그런데 사람마다 바라는 그 행복은 그저 오는 것이 아니고 자기의 노력에 달려 있다. 누가 능히 살 땅을 악도(惡道)로 하고자 하겠는가? 악도를 버리고 극락(極樂)을 취하여 거기 안주하려면 많은 선업을 쌓고 덕을 쌓아야 한다.

∴ 178

學者擇地　習鑑取天　　학자택지　습감취천
善說法句　能採德華　　선설법구　능채덕화

【譯】
배운 사람은 살 땅을 가리되, 경계할 곳을 버리고 하늘을 취하며
법구를 잘 설명하여 능히 공덕의 꽃을 딴다.

【解說】

　잘 배운 사람은 자신이 살 땅을 고르되, 악도(惡道)를 버리고 천국을 택한다. 천국과 악도는 내세에만 있는 것이 아니라 내가 먹고 마시고 잠자고 숨쉬는 현세에도 있다. 배운 사람은 현세에서 천국을 택하여 부처님이 말씀하신 법구(法句)를 잘 설명하며 항상 공덕의 꽃을 피우고 산다.

∴ 179

知世杯喩　幻法忽有　　지세배유　환법홀유
斷魔華散　不覩生死　　단마화산　부도생사

【譯】
세상이 질그릇 같다는 걸 알면 법은 모두 허깨비의 법일 것이고
악마의 꽃피움을 끊어 버리면 생사를 보지 않을 것이다.

【註】
杯喩(배유)……질그릇에 비유한 말.

【解說】
인간은 연약하여 백 년도 못 사는 약체이며, 질그릇처럼 깨어지기 쉽다. 반드시 한 번은 죽게 마련인데도 어느 때 죽을지 그 죽는 순간도 모르고 산다. 그래서 인간의 삶은 마치 환상과도 같고 허깨비와도 같은 존재이며, 늘 불안과 환멸을 느끼며 산다. 그러나 계율을 잘 지켜, 수행과 공덕을 쌓아서 마음속에 도사리고 있는 탐욕의 악마를 끊어 버리면, 태어남도 죽음도 없는 열반의 고요한 세계로 가서 평안을 누리며 잘 살 수 있다.

180

見身如沫 幻法自然　견신여말 환법자연
斷魔華敷 不覩生死　단마화부 부도생사

【譯】
이 몸을 물거품 같다고 보면 환상과 같은 법이 자연스럽다.
악마가 꽃피움을 끊으면 나고 죽음을 보지 않을 것이다.

【解說】
덧없는 것이 사람의 삶이다. 막 세상에 태어났는가 하면 벌써 늙고 병들고 그리고 사라지고 만다. 한 치 앞도 내다보지 못하고, 어디서 왔는지 어디로 가는지 도무지 알 수 없는 것이 인생이다. 그러므로 모든 법칙은

환상과 같은 것이다. 그러나 그러한 사람이 능히 마음속에 탐의 악마를 끊어 버리고 도를 닦으면 생사가 없는 열반의 안락을 얻게 되는 것이다.

∴ 181

身病則萎 若華零落　　신병즉위 약화영락
死命來至 如水湍驟　　사명래지 여수단취

【譯】
몸에 병이 들면 사그라지는 것이, 꽃이 시들어 떨어짐과 같고
목숨에 죽음이 닥치는 것은 물이 여울에서 빨리 달림과 같다.

【註】
湍驟(단취)……빨리 달리는 여울물.

【解說】
　영원히 싱싱할 것처럼 젊고 아름답던 인간의 육체가 눈 깜박할 사이에 늙고 병들어 시드는 것이 마치 아침에 피었다가 저녁에 지는 나팔꽃과도 같다. 죽음은 마치 빨리 흐르는 여울물처럼 잠시도 쉬지 않고 우리를 향해 달려오고 있다. 인생이 이렇게 무상한데도 사람들은 그것을 잘 모른다.

∴ 182

貪慾無厭 消散人念　　탐욕무염 소산인념
邪致之財 爲自侵欺　　사치지재 위자침기

【譯】
탐욕을 싫어하여 놓아 버림 없으면 사람의 생각을 흩어 버리고
사악한 방법으로 이룬 재물은 스스로를 침노하고 속이느니라.

【解說】
탐욕이 많아 과욕에서 벗어날 줄 모르는 사람은 망념에 사로잡혀 인간이 지켜야 할 바른 도리를 망각하고 사악과 방종을 일삼으며 죄를 짓는다. 양심을 버리고 부정한 방법으로 재물을 모으면, 양심의 가책을 받아 그 모은 재산이 자신의 마음을 항상 괴롭게 만든다.

183

如可意華 色好無香　　여가의화 색호무향
工語如是 不行無得　　공어여시 불행무득

【譯】
마음에 드는 저 꽃이 빛깔만 좋고 향기가 없는 것처럼
공교로운 말도 그와 같아서 행하지 않으면 얻는 것이 없느니라.

【註】
工語(공어)……재치 있고 교묘함.

【解說】
꽃은 색깔이 아무리 좋아도 모양과 크기와 향기가 적당하지 못하면 그 꽃은 별로 볼품이 없다. 마찬가지로 아무리 선하고 진실되고 듣기 좋은 말을 하더라도 그 말을 실천하지 않으면, 그렇게 좋은 말을 하는 사람은 별로 존경받을 만한 인물이 못된다. 차라리 좋은 말은 안 해도 착한 행동을 실천하는 사람만 못하다.

∴ 184

如可意華 色美且香　　여가의화 색미차향
工語有行 必得其福　　공어유행 필득기복

【譯】
마음에 드는 꽃이 빛깔도 아름답고 또 향기가 좋은 것같이
재치 있는 말에 행함이 있으면 반드시 그 복을 얻게 되나니.

【解說】
꽃이 색도 아름답고 향기도 맑으며 모양도 잘 생겼다면, 그것은 참으로 아름답고 보기 좋은 꽃이다. 마찬가지로 말이 슬기롭고 도리에 맞으며, 사람의 마음에 감동을 줄 뿐 아니라, 말하는 사람이 그 말대로 실천하는 사람이라면, 그런 사람은 행실이 바르고 남에게 존경을 받을 만한 훌륭한 사람이다.

∴ 185

多作寶花 結步搖綺　　다작보화 결보요기
廣積德者 所生轉好　　광적덕자 소생전호

【譯】
보배로운 꽃을 많이 만들면 걸음 옮길 때마다 비단이 움직이는 듯하고,
널리 덕을 쌓은 자는 태어나는 곳마다 좋은 곳이리라.

【註】
結步(결보)……걸음을 옮기다.

【解說】
　정원에 아름다운 꽃을 많이 심어 예쁜 꽃밭을 만들고 그 속을 걸어가면, 걸음을 옮길 때마다 고운 비단 물결이 일 것이다. 그와 마찬가지로 전생에 착한 일을 많이 하고 좋은 공덕을 많이 쌓으면 태어나는 세상마다 많은 복을 받아 즐겁고 행복한 삶을 누릴 수 있을 것이다.

∴ 186

奇草芳花　不逆風熏　　기초방화 불역풍훈
近道敷開　德人逼香　　근도부개 덕인핍향

【譯】
기이한 풀과 향기로운 꽃도 바람을 거스르면 향기를 풍기지 못한다.
도인이 널린 베푸는 덕의 향기는 사람에게 가까이 다가든다.

【解說】
　풀과 꽃이 향기롭더라도 바람을 거스르는 곳에 있으면 그 좋은 냄새를 맡을 수 없다. 마찬가지로 도를 닦아 높은 경지에 이르렀다면 사람들이 가까이할 수 있는 곳에서 도를 펼쳐야 사람들이 감화를 받을 수 있다. 그러므로 성자는 중생이 사는 사바세계에 나타나 교화를 하는 것이다.

∴ 187

戒具成就　行無放逸　　계구성취 행무방일
定意度脫　長離魔道　　정의도탈 장리마도

【譯】
계율을 모두 성취하고 행동에 방일이 없으면
마음을 닦아 번뇌를 벗어나서 길이 마도(魔道)에서 떠나리라.

【解說】
계율을 모두 잘 지켜 마음에 안정을 얻고 방일한 행동을 하지 않으면 어떠한 유혹에도 빠지지 않아 정도를 가게 된다. 그리하여 사악한 악마의 유혹과 악도에서 벗어나 행복하고 평화롭게 잘 살 수 있다.

188

如作田溝　近于大道　　　여작전구 근우대도
中生蓮華　香潔可意　　　중생련화 향결가의

【譯】
마치 밭에 도랑을 만들 때 그것이 큰길과 가깝더라도
그 가운데에 연꽃이 피어 향기롭고 깨끗함이 마음에 드는 것처럼.

【註】
香潔(향결)……향기롭고 깨끗함.
可意(가의)……마음에 듦.

【解說】
아름답고 감동적인 것은 멀리만 있는 것이 아니다. 큰길가 밭도랑에 핀 연꽃에서도 향기가 나고 아름다운 것처럼, 우리 주변의 아주 가까운 곳에도 도를 이룬 훌륭한 사람이 있다는 사실을 알아야 한다.

·: 189

有生死然 凡夫處邊　　유생사연 범부처변
慧者樂出 爲佛弟子　　혜자락출 위불제자

【譯】
생사에 있어서도 그러함이니 범부가 사는 평범한 곳에서
지혜로운 자는 나오기 즐기나니, 그리하여 부처님의 제자가 된다.

【解說】
　속세에 태어나 우리와 만가지로 함께 먹고 마시는 평범한 사람 가운데도 지혜가 있는 사람은 실상(實相)을 바로 보고 도를 닦아 부처님의 제자가 되어 생사의 고해를 건너 열반의 즐거움을 누리고 사는 사람이 있다.

제13장 우암품(愚闇品)

우암품(愚闇品)이란 어리석고 어두운 사람은 그 행할 바른 길을 알지 못하기 때문에 정도에서 벗어나 미혹한 세계에서 방황한다. 그러므로 이를 지적하여 그 어리석고 어두움을 깨우치기 위한 내용이다.

190

愚闇品者 將以開曚　　우암품자 장이개몽
故陳其態 欲使闚明　　고진기태 욕사규명

【譯】
우암품(愚闇品)이란 몽매함을 열어 주기 위하여
일부러 그 모습을 펴서 밝음을 엿보게 하려는 것이다.

191

不寐夜長 疲倦道長　　불매야장 피권도장
愚生死長 莫知正法　　우생사장 막지정법

【譯】
잠 못 이루면 밤이 길고 피곤하고 게으르면 길이 멀고
어리석은 사람에겐 생사가 길다. 그것은 바른 법을 모르기 때문이다.

【解說】

쉽게 잠을 이루지 못하는 사람에게는 밤이 무척 길고, 피로가 많이 쌓인 사람에게는 같은 길이라도 더욱 멀다고 생각된다. 어리석어서 할 일이 없고 행할 바를 모르는 사람에게는 시간이 무료해서 한 평생이 고달프고 길기만 하다. 그것은 모두 정법을 모르기 때문이다. 바른 법을 안다면 수행해야 할 너무나 많은 일이 쌓여 있기에 무료한 일생을 보내지 않는다.

∴ 192

癡意常冥 逝如流水　　치의상명 서여류수
在一行彊 獨而無偶　　재일행강 독이무우

【譯】

어리석은 마음은 항상 어두워 가는 것이 흐르는 물과 같아
혼자서 행함이 강하니 그들과 더불어 짝하지 말라.

【解說】

마음이 어두운 어리석은 사람은 아무 생각 없이 그저 물결치는 대로 바람 부는 대로 살아간다. 그러므로 이런 사람과 짝하여도 아무런 소득이 없다. 차라리 혼자서 열심히 수행하며 살며, 그들과 짝하지 않음이 더 좋다. 그들과 어울리면 그들의 어리석음에 자신도 물들어 버리기 때문이다.

∴ 193

有子有財 愚惟汲汲　　유자유재 우유급급
我且非我 何憂子財　　아차비아 하우자재

【譯】
 자식이 있고 재물이 있어도 어리석은 사람은 오직 급하지만
 나도 또한 내가 아니니 무엇을 자식이라 재물이라 근심하랴.

【解說】
 어리석은 사람은 자식 걱정, 재산 걱정으로 편안한 날이 없다. 그러나 잘 생각해 보라. 나 자신이 무엇인지도 잘 알 수 없는 것이 우리네 인생이 아닌가? 사대(四大)의 인연결합으로 잠시 생겼다가 사라지는 물거품 같은 일시적인 것이 난데, 나의 실체도 잘 모르는 처지에 나 이외에 다른 것들을 염려하고 걱정한들 그것은 모두 헛된 일이 아니겠는가?

·· 194

暑當止此 寒當止此　　서당지차 한당지차
愚多務慮 莫知來變　　우다무려 막지래변

【譯】
 더울 때는 더운 대로 추울 때는 추운 대로 그런 대로 살라.
 어리석은 사람은 염려도 많아 앞일도 모르면서 걱정만 한다.

【譯】
 더울 때는 더위에 적응해서 살고, 추울 때는 추위에 적응해서 그런 대로 마음 편안히 살아라. 여름은 으레 더운 때이고, 겨울은 반드시 추운 때이니, 여름이 덥다고 원망하고 겨울이 춥다고 한탄한다 하면 이는 자연의 순리에 어긋나는 것이니, 아무런 의미가 없는 어리석은 짓이다. 한 치의 앞일도 모르면서 사사건건 불평만 하고 살면 한시도 마음의 평안을 이룰 수 없는 것이다.

195

> 愚曚愚極　自謂我智　　우몽우극 자위아지
> 愚而勝智　是謂極愚　　우이승지 시위극우

【譯】
지극히 어리석고 몽매하면서도 스스로 자기는 지혜롭다고 한다.
어리석으면서 지혜로움을 이기려는 것, 이것을 일컬어 지극히 어리석다 하느니라.

【註】
勝智(승지)……지혜로움을 이기려 하는 것.

【解說】
어리석고 어두운 사람은 너무 어리석어 자기 자신을 모르기 때문에 자기가 현명한 줄 착각하고 있다. 뿐만 아니라 진실로 현명한 사람보다 자기가 더 현명하다고 생각하고, 현인(賢人)의 말을 들으려 하지도 않고 오히려 그들을 이기려고 한다. 그러므로 이러한 사람은 정도를 벗어나 사도(邪道)에 빠져 고통의 바다에서 헤매게 된다.

196

> 頑闇近智　如瓢斟味　　완암근지 여표짐미
> 雖久狎習　猶不知法　　수구압습 유부지법

【譯】
완고하고 어리석은 사람이 현명한 이 곁에 있어도 표주박이 술맛을 모르듯 비록 오래도록 친하고 익힌다 하더라도 그래도 바른 법을 알지 못한다.

【解說】
완고하고 어리석은 사람은 마음의 문이 좁아서 남의 의견이나 장점을 받아들일 줄 모른다. 그러므로 그들은 비록 현인들 사이에 함께 살고 있어도 현인들의 바른 법을 받아들일 줄 모르고 자기의 옹고집 속에 파묻혀 어리석음의 탈을 벗어나지 못한다. 그래서 많은 중생들은 만나기 힘든 부처님의 말씀을 만나고도 그 거룩함과 고마움을 모르고 감화를 받지 못하며, 망상의 바다를 끝없이 유랑하는 것이다.

197

開達近智 如舌嘗味　　개달근지 여설상미
雖須臾習 卽解道要　　수수유습 즉해도요

【譯】
총명한 사람이 어진 사람 가까이 가면 마치 혀가 맛을 알듯
비록 잠깐 사이에 익히고 배워, 곧 도(道)의 요점을 깨닫게 된다.

【註】
開達(개달)……지혜가 열려 사리에 통달한 사람.

【解說】
사리에 밝은 현명한 사람이 성인(聖人) 가까이 가면, 마치 혀가 음식의 맛을 잘 알듯 성인의 마음과 뜻을 곧 알아서, 그들이 지닌 심오한 도의 근본을 곧 배우게 된다. 그러므로 도를 이룩하려면 먼저 자신의 어리석음부터 먼저 버려서, 마음속의 무명을 밝게 해야 하는 것이다.

198

> 愚憃作惡　不能自解　　우준작악 불능자해
> 殃追自焚　罪成熾燃　　앙추자분 죄성치연

【譯】
어리석은 사람은 악을 행하면서도 스스로 깨닫지 못하며,
재앙이 쫓아와 스스로를 불태워 그 죄는 불길처럼 왕성하게 된다.

【註】
熾燃(치연)……불길이 왕성하게 타오름.

【解說】
어리석은 사람은 자신이 저지르는 악이, 악이 아닌 줄 안다. 그러므로 점점 더 큰 악을 지어 드디어 구제받을 수 없는 지옥고를 당하게 된다.

199

> 愚好美食　月月滋甚　　우호미식 월월자심
> 於十六分　未一思法　　어십육분 미일사법

【譯】
어리석은 사람은 맛좋은 음식을 좋아하여 다달이 점점 더
심해지면서도 16분의 1도 법은 생각하지 않는다.

【解說】
어리석은 사람은 몸만 살찌우기에 힘쓰고, 늘 맛있는 음식에만 관심을

갖는다. 그리고 날이 가고 달이 갈수록 점점 더 음식만 탐하고 욕심을 낸다. 그러면서도 바른 법에 대해서는 조금도 관심을 갖지 않고 생각지도 않으며, 도를 닦을 마음은 조금도 내지 않는다.

200

愚生念慮 至終無理　　우생념려 지종무리
自招刀杖 報有印章　　자초도장 보유인장

【譯】
어리석은 사람은 아무리 생각해도 끝까지 이익됨이 없고
스스로 칼과 몽둥이를 불러 그 갚음에 반드시 표가 있느니라.

【解說】
어리석은 사람은 항상 악한 일만을 생각하기 때문에, 그 생각이 악으로 흘러 선하고 이익됨이 없다. 그리하여 결국 죄를 지어 칼과 몽둥이를 몸에 이르게 하고 심한 벌을 받아 몸과 마음에 상처를 입게 된다.

201

觀處知其愚 不施而廣求　　관처지기우 불시이광구
所墮無道智 往往有惡行　　소타무도지 왕왕유악행

【譯】
처(處)하는 곳을 보면 당장 그 어리석음을 아나니, 베풀지도 아니하고,
널리 구하다가 도(道) 없는 지혜에 떨어지고 가끔은 나쁜 행에 빠지게 된다.

【解說】
사람의 처세하는 바를 보면 그 사람이 현명한가 혹은 어리석은가를 잘 알 수 있다. 자기는 남에게 아무런 덕도 베풀지도 않고, 오직 보답만을 구하는 사람은 무지한 사람이고 또한 악을 행하기 쉬운 사람이다.

∴ 202

遠道近欲者 爲食在學名　원도근욕자 위식재학명
貪猗家居故 多取供異姓　탐의가거고 다취공리성

【譯】
도를 멀리하고 욕심을 가까이하는 사람은 먹는 것을 위해 배우는 사람이다.
집 살림에 탐하는 까닭에 많이 취하여 다른 성(姓)에게 공양(供養)한다.

【解說】
욕심이 많은 사람은 도를 구하기가 어렵다. 그런 사람이 도를 구한다는 것은 허울 좋은 이름뿐이고, 실제로는 일신의 안락과 먹는 것을 구하고 있을 뿐이다. 그리고 가정생활의 즐거움에 빠져서 여러 사람들과 어울려 놀기나 하고, 그들과 더불어 헛되이 세월만 보내고 있다.

∴ 203

學莫墮二望 莫作家沙門　학막타이망 막작가사문
貪家違聖教 爲後自匱乏　탐가위성교 위후자궤핍

【譯】
배움에 있어서 두 가지 욕망을 갖지 말고, 집 가진 중이 되지 말라.
집을 탐하면 성인의 가르침을 어겨서 뒤에 스스로 가난하게 된다.

【註】
二望(이망)……두 가지 욕망.

【解說】
배움은 도(道)로 이루어야지 다른 욕망으로 이어져서는 안 된다. 그리고 가정을 가진 대처승이 되어서도 안 된다. 수행자는 반드시 집을 떠나서 수도생활을 해야 하며, 가정생활의 즐거움에 빠져들면 진정한 도를 이룰 수 없고, 오욕락의 번뇌에서 벗어날 수 없다.

204

此行與愚同 但令欲慢增　차행여우동 단령욕만증
利求之願異 求道意亦異　이구지원이 구도의역이

【譯】
이런 행동은 어리석은 사람과 같이 다만 욕심과 교만을 더할 뿐,
이익을 구하는 소원이 다르고 도를 구하는 원도 역시 다르다.

【解說】
이와 같은 행동, 즉 가정에 애착을 갖는다거나 배움이 명예와 이익을 구하기 위한 방편이 된다거나 하는 것은 모두 어리석은 자가 취하는 행동이다. 도를 닦아 성불하는 길과 이익을 구하여 세속에서 잘 사는 길과는 근본적으로 다르다. 그러므로 수행자는 오로지 도를 구하기 위해 정진해야 한다.

·: 205

是以有識者　出爲佛弟子　시이유식자 출위불제자
棄愛捨世習　終不墮生死　기애사세습 종불타생사

【譯】
그래서 식견(識見)이 있는 사람은 집을 나와 부처님의 제자가 되어
애욕을 버리고 세속의 습관을 버려 마침내 생사에 굴레에 떨어지지 아니한다.

【解說】
　식견이 있는 사람은 세속의 모든 것을 버리고 용감하게 집을 나와 불문(佛門)에 귀의해서 부처님의 제자가 된다. 그리하여 모든 세속적인 욕망을 버리고, 속세와의 인연을 끊고 오직 수도(修道)에 전념한다. 그렇게 해서 마침내 윤회의 사슬에서 벗어나 생사의 무상(無常)한 고통에 떨어지지 않고 일체의 번뇌를 끊어 고요한 열반의 안락(安樂)을 얻게 된다.

제14장 명철품(明哲品)

명철품(明哲品)에서는 지혜로운 사람이 수행하여 도(道)로 나가고 법을 밝은 거울처럼 받들어 수행을 쌓으며, 깨달음을 통해 생사윤회의 고해를 벗어날 것을 권하고 있다.

∴ 206

明哲品者 擧智行者　　명철품자 거지행자
修福進道 法爲明鏡　　수복진도 법위명경

【譯】
명철품(明哲品)이란 행자의 지혜를 높여 복을 닦고 도에 나가게 하여,
법(法)을 밝은 거울로 삼을 것을 권한 것이다.

【解說】
지혜 있는 수행자에게 열심히 복과 덕을 쌓아 바른 도에 나아가고, 부처님의 법을 자신의 이상으로 삼아 수행을 쌓을 것을 권하는 장이다.

∴ 207

深觀善惡 心知畏忌　　심관선악 심지외기
畏而不犯 終吉無憂　　외이불범 종길무우

【譯】
선과 악을 깊이 관찰하여 마음으로 그 두렵고 꺼려할 바를 알아라.
그리하여 두려워할 바를 범하지 않으면 마침내 길하고 근심이 없으리라.

【解說】
선악에 대해서 깊이 살펴보면, 그 가운데 취할 것이 있고 또한 버릴 것이 있다. 두려움과 근심의 원인이 될 만한 것들을 모두 버리면 악을 범하는 일이 없어, 결국 평안하고 행복한 삶을 살 수 있게 된다.

∴ 208

故世有福 念思紹行　고세유복 염사소행
善致其願 福祿轉勝　선치기원 복록전승

【譯】
그러므로 세상에 복 있는 자는 선을 생각하고 선을 따르니
그 소원은 잘 이룩되고 복록은 더욱 두터워진다.

【註】
紹行(소행)……선한 사람의 행동을 그대로 따름.

【解說】
악을 버리고 선한 사람의 행동을 본받아 나도 선하게 살면, 온갖 복락이 다 내게 다가온다. 이것은 우연으로 얻어지는 것이 아니고, 준엄한 인과의 법칙에 의해서 얻어지는 필연적 결과인 것이다.

∴ 209

信善作福 積行不厭　　신선작복 적행불염
信知陰德 久而必彰　　신지음덕 구이필창

【譯】
선행은 복을 만드니 선행하기를 싫어하지 않으며,
음덕(陰德)을 믿고 알면 오랜 뒤에는 반드시 나타나리라.

【解說】
 선행을 하면 반드시 행복이 온다는 것을 굳게 믿어라. 그리고 선행하기를 싫어하지 말아라. 남이 알든 모르든 숨은 가운데 착실히 선을 행하면, 그 결과는 당장 나타나지 않더라도 선에 대한 복락의 과보는 반드시 다가오는 것이다.

∴ 210

常避無義 不親愚人　　상피무의 불친우인
思從賢友 狎附上士　　사종현우 압부상사

【譯】
의리 없는 사람을 항상 피하고 어리석은 사람과 친하지 말며,
어진 벗을 생각해 따르고 좋은 사람과 가까이 하고 사귀라.

【註】
上士(상사)……훌륭한 사람.

【解說】
 의리가 없는 소인배를 항상 피하고, 어리석은 사람을 가까이 하지 말라. 그들의 어리석음이 나의 어리석음이 되고, 그의 옹졸한 생각이 나의 옹졸한 생각이 되고 만다. 그러므로 수행자는 항상 어질고 현명한 사람 가까이 가며, 현명한 사람과 친하고 함께 해야 한다.

∴ 211

喜法臥安　心悅意淸　　희법와안　심열의청
聖人演法　慧常樂行　　성인연법　혜상락행

【譯】
법을 좋아하면 몸이 편안하고 마음이 기쁘고 뜻이 맑으니
성인의 설법을 들어 항상 지혜롭게 즐거이 행하라.

【註】
喜法(희법)……들어서 기쁜 진리의 법.
臥安(와안)……지극히 편안함.

【解說】
 진리의 법을 좋아하는 사람은 삿된 행동을 하지 않고 어리석음을 범하지 않으므로, 악에 빠지지 않아 몸과 마음이 항상 편안하다. 그리고 기회 있을 때마다 성인의 설법을 즐겨 듣고, 지혜롭게 그 법을 실천하므로 모든 악의 유혹에서 벗어나 청정하게 살 수 있다.

∴ 212

仁人智者 齋戒奉道　　인인지자 재계봉도
如星中月 照明世間　　여성중월 조명세간

【譯】
어진 사람과 지혜로운 사람은 계율을 지키고 도를 받들어
마치 별들 속의 달처럼 세상을 밝게 비친다.

【解說】
 어질고 지혜로운 사람은 악에 흐르지 않고 항상 성인의 말씀과 계율을 잘 지키며, 도를 닦아 세상 사람의 모범이 된다. 그들의 덕의 빛은 하늘에 무수히 많은 별들 가운데 홀로 밝게 빛을 발하는 둥근 달과도 같다.

∴ 213

弓工調角 水人調船　　궁공조각 수인조선
材匠調木 智者調身　　재장조목 지자조신

【譯】
활을 만드는 사람은 뿔을 다루며 물 사람은 배를 다루고
목수는 나무를 다루나 지혜로운 사람은 자기 몸을 다룬다.

【註】
弓工(궁공)……활을 만드는 장인.
調角(조각)……뿔을 다듬는 것.

【解說】
활을 만드는 장인은 뿔을 잘 다루고, 뱃사람은 배를 잘 운전할 줄 알며. 목수는 나무를 잘 다듬을 줄 안다. 그러나 진실로 지혜로운 사람은 자기의 몸을 잘 다스릴 줄 안다. 그것은 이 세상의 그 어떤 것보다도 자기 몸 다루기가 더 중요하면서도 또한 어렵기 때문이다.

∴ 214

譬如厚石 風不能移　　비여후석 풍불능이
智者意重 毀譽不傾　　지자의중 훼예불경

【譯】
비유컨대 단단한 큰돌을 바람이 능히 옮기지 못하는 것처럼
지혜로운 자의 뜻은 무거워 헐뜯거나 칭찬해도 기울지 않는다.

【解說】
큰산이나 장엄한 바위가 아무리 거센 바람이 불어닥쳐도 조금도 움직이지 않는 것처럼, 덕이 높고 지혜 있는 사람은 사소한 일에 마음을 움직이지 아니한다. 간사한 유혹에도 듣기 좋은 칭찬에도 태산같이 무거우며, 한결같이 조용하게 선을 행할 뿐이다.

∴ 215

大人體無欲 在所照然明　　대인체무욕 재소조연명
雖或遭苦樂 不高現其智　　수혹조고락 불고현기지

【譯】
대인은 몸에 욕심이 없어 가는 곳마다 세상을 밝게 비춘다.
비록 괴로움과 즐거움을 만나도 잘난 체하며 그 지혜를 나타내지 않는다.

【解說】
덕이 높고 수양이 쌓인 큰 사람은 자신을 위한 사욕이 없다. 그리고 남을 위하고 사회를 위해 성실히 희생하고 봉사하므로, 늘 그들이 가는 곳에는 인정과 자비의 빛이 넘쳐흐른다. 비록 기쁜 일이나 괴로운 일을 만나도 사사로운 감정에 흐르지 않고, 잘난 체하며 자기의 삿된 생각과 감정을 앞세우지 아니한다.

216

世皆沒淵 鮮克度安　　세개몰연 선극도안
如或有人 欲度必奔　　여혹유인 욕도필분

【譯】
세상 사람들은 모두 깊은 못에 빠져 저 언덕에 이르기가 어렵다.
혹 어떤 사람이 있어도 건너가기 위해서 반드시 애를 쓴다.

【註】
沒淵(몰연)……번뇌의 바다에 빠짐.

【解說】
생사고해를 넘어 열반의 피안으로 건너가기란 쉬운 일이 아니다. 수많은 사람들이 이를 위해 노력하였지만 목적지에 도달한 사람은 불과 몇 사람밖에 되지 않는다. 그래서 지금도 많은 사람들이 피안을 향해 헤매고 있다.

217

> 誠貪道者 覽受正敎　　성람도자 남수정교
> 此近彼岸 脫死爲上　　차근피안 탈사위상

【譯】
성실하게 도를 구하는 사람은 바른 가르침을 받아들인다.
이와 같이 피안에 가까이 가서 생사를 해탈하고 최상을 이룩한다.

【解說】
진실로 도를 구하기 힘쓰는 사람은 부처님의 바른 가르침을 배우고 실천해서, 안락한 열반의 피안에 도달한다. 그리하여 생사를 초월한 최상의 경지에 이르는 것이다.

218

> 斷五陰法 靜思智慧　　단오음법 정사지혜
> 不反入淵 棄猗其明　　불반입연 기의기명

【譯】
오음(五陰)의 법을 끊고 고요히 지혜를 생각하면
다시 연못으로 빠져 들어가지 아니하여 그 밝음을 잃지 않는다.

【註】
五陰(오음)……생멸 변화하는 것을 종류별로 나눈 다섯 가지. 색온(色蘊), 수온(受蘊), 상온(想蘊), 행온(行蘊), 식온(識蘊).

不反(불반)……들어가지 않는다. 여기서는 세속에 빠지지 않음을 뜻함.

【解說】
세속적인 생활에 따르는 오음(五陰)의 법을 버리고 고요히 근본지를 생각하며 마음을 맑게 닦아 수행을 지속하면, 다시는 깊은 번뇌의 연못에 빠지지 않고 청정한 마음을 밝게 지닐 수 있다.

219

抑制情欲 絶樂無爲　　억제정욕 절락무위
能自拯濟 使意爲慧　　능자증제 사의위혜

【譯】
정욕을 억제하고 무위(無爲) 끊음을 즐기고
능히 스스로 자신을 구제하던 모든 번뇌를 지혜로 만드는 거다.

【解說】
마음에 끓어오르는 모든 정욕을 억제하고 세속의 모든 번뇌를 끊어서 자기 자신을 스스로 제도하면, 모든 번뇌가 변해서 지혜가 된다.

220

學取正智 意惟正道　　학취정지 의유정도
一心受諦 不起爲樂　　일심수체 불기위락
漏盡習除 是得度世　　누진습제 시득도세

【譯】

배워서 바른 지혜를 얻고 뜻은 오직 바른 도를 생각하며,
한 마음으로 진리를 받들어 사악한 마음 일어나지 않음을 즐거움으로 삼으면,
번뇌가 끊어지고 습업(習業)을 없애서 이 세상을 건널 수 있느니라.

【解說】

 모든 사악한 것을 버리고 오직 바른 지혜를 배워서 익히고, 항상 바른 도를 생각하며 일념으로 진리를 구하면, 마음속에 모든 탐욕이 사라지고 번뇌가 스스로 소멸된다. 그리하여 모든 사람들이 바라는 고요하고 평화로운 피안에 이룰 수 있다.

제15장　나한품(羅漢品)

나한품(羅漢品)의 내용을 설명하고 있다. 나한이란 진리를 깨달은 성인을 뜻한다. 진리를 깨달아 도를 이룬 사람은 삿된 욕심이 없고 번뇌가 없기 때문에 그 마음은 언제나 조용하고 맑으며 흔들림이 없다.

∴ 221

羅漢品者 言眞人性　　나한품자 언진인성
脫欲無著 心不渝變　　탈욕무저 심불투변

【譯】
나한품(羅漢品)이란 진인(眞人)의 성품을 말함인데,
욕심을 벗어나 집착이 없으며, 마음이 변하지 아니함을 말한 것이다.

∴ 222

去離憂患 脫於一切　　거리우환 탈어일절
縛結己解 冷而無煖　　박결기해 냉이무난

【譯】
근심과 걱정에서 멀리 떠나고 모든 것에서 벗어나서
번뇌의 속박이 풀리면 차고 더움을 초월하게 된다.

【解說】
모든 근심과 걱정을 버리고 일체의 구속과 속박에서 벗어나서 고요한 열반의 경지에 이르면, 마음에 아무런 집착이나 괴로움이 없다.

∴ 223

心淨得念 無所貪樂   심정득념 무소탐락
已度癡淵 如雁棄池   기도치연 여안기지

【譯】
마음에 깨끗한 생각을 가졌으면 탐욕을 즐거워하지 아니하고,
어리석은 연못을 건너는 것이 마치 기러기가 연못을 버리는 것 같이하네.

【註】
癡淵(치연)……어리석은 연못, 즉 미혹의 세계.

【解說】
생각이 깨끗하고 마음이 맑은 사람은 탐욕이나 쾌락에 뜻을 두지 아니하고, 화탕은 번뇌의 연못에서 벗어나 해탈의 경지에 다다른다. 마치 기러기가 더러운 물가를 떠나듯이…….

∴ 224

量腹而食 無所藏積   양복이식 무소장적
心空無想 度衆行地   심공무상 도중행지

【譯】
양껏 음식을 먹어도 간직하고 쌓아둔 것이 없으며,
마음이 비어서 잡된 생각 없으면 그는 온갖 행(行)의 땅을 이미 지나 왔도다.

【解說】
별도로 재물을 탐하여 쌓아두는 것이 아니라, 배고프면 먹고 목마르면 마시고, 있으면 취하고 없으면 참으면서 탐욕을 버리고 번뇌를 끊으면, 마음은 가을 하늘과 같이 맑게 비어서 아무런 잡념도 없게 된다. 그리하여 인연 따라 생멸하는 모든 중생계의 번다함을 벗어나 고요한 열반의 기쁨을 얻게 되는 것이다.

∴ 225

虛心無患 已到脫虛   허심무환 이도탈허
譬如飛鳥 暫下軋逝   비여비조 잠하궤서

【譯】
마음을 비우며 근심이 없으니 이는 이미 해탈의 경지에 도달한 것이로다.
비유컨대 나는 새가 잠시 내려왔다가 곧 가는 것과 같다네.

【解說】
번뇌로 가득 찬 삿된 생각을 버리고 마음을 비우면 근심이 없어진다. 그렇게 되면 그것은 이미 해탈의 경지에 도달한 것이니, 마음은 고요한 피안에 안주하여 무엇에도 흔들림이 없다. 그것은 나는 새가 잠시 물가에 내려왔다가 다시 하늘로 날아가는 것과 같이, 번뇌의 세상을 떠나 천상으로 가는 것이다.

∴ 226

制根從止 如馬調御　　제근종지 여마조어
捨憍慢習 爲天所敬　　사교만습 위천소경

【譯】
근(根)을 다스려 조용하게 함이 마치 말을 조련하듯 하여
교만과 나쁜 버릇을 버리면 그것은 하늘이 공경하는 바 된다.

【註】
根(근)……육근(六根)을 말함.

【解說】
　마치 마부가 거친 말을 다스리는 것같이, 마음속에 야생마처럼 날뛰는 육근(六根)을 잘 다스려 교만과 나쁜 습성을 버리면, 이는 하늘이 기뻐하고 공경하는 성인이 되는 것이다.

∴ 227

不怒如地 不動如山　　불노여지 부동여산
眞人無垢 生死世絶　　진인무구 생사세절

【譯】
노하지 않음이 땅과 같고 움직이지 않음이 산과 같으니
진인(眞人)은 허물이 없어 생사의 세계에서 벗어나도다.

【解說】

모든 번뇌를 끊고 진리를 깨달은 아라한은 성냄도 미워함도 없으며, 어떠한 일에도 마음이 흔들리는 일이 없다. 그리하여 생사가 엇갈리는 사바 세계의 모든 일에 얽매임이 없다.

∴ 228

心已休息 言行亦正　　심이휴식 언행역정
從正解脫 寂然歸滅　　종정해탈 적연귀멸

【譯】

마음은 이미 고요하고 말과 행실이 또한 발라서
정도를 좇아 해탈하면 조용하게 멸(滅)로 돌아간다.

【註】

寂然(적연)……조용하고 고요하다.

【解說】

깨달은 사람의 마음은 고요하고 언행은 항상 바르다. 그리하여 부처님의 바른 가르침에 따라 해탈을 하면, 조용한 열반의 안락을 얻을 수 있다.

∴ 229

棄欲無着 缺三界障　　기욕무착 결삼계장
望意己絶 是謂上人　　망의기절 시위상인

【譯】
욕심을 버리고 집착을 없애며 삼계의 장애를 깨어 버리고
바라는 마음 이미 끊어졌다면 이를 일컬어 상인(上人)이라 하네.

【解說】
세속 일에 욕심을 버리고 집착하지 않으며, 삼계(三界)의 모든 장애를 벗어나 고요한 열반을 얻었다면 이런 사람을 일러 상인(上人)이라 한다.

∴ 230

彼樂空閑　衆人不能　　피락공한 중인불능
快哉無望　無所欲求　　쾌재무망 무소욕구

【譯】
그가 텅 비고 고요한 곳을 좋아하는 것은 많은 사람들은 할 수 없는 일이로다.
아! 바라는 것이 없으니 구하고자 하는 것도 또한 없네.

【註】
空閑(공한)……마음에 아무런 욕심이 없는 것.

【解說】
깨달음 얻어 모든 번뇌를 끊은 사람은 한가하고 고요한 곳을 좋아한다. 거기에는 번뇌 망상이 없고 인과에 얽힌 고뇌도 없다. 그러나 그러한 조용한 곳에는 아무나 갈 수 있는 것은 아니다.

제16장 술천품(述千品)

글이나 경전의 말을 천 마디, 만 마디 읽더라도 그 뜻을 알지 못하고 그냥 외우면, 그것은 그 뜻을 잘 알고 실천하는 한 마디의 글보다도 더 나을 것이 없다.

∴ 231

述千品者 示學者經　　술천품자 시학자경
多而不要 不如約明　　다이불요 불여약명

【譯】
술천품(述千品)이란 배우는 자가 경(經)을 많이 봐도
요점을 얻지 못하면 확실하게 조금 아는 것만 같지 못하다.

∴ 232

雖誦千言 句義不正　　수송천언 구의부정
不如一要 聞可滅意　　불여일요 문가멸의

【譯】
비록 천 마디 말을 외워도 글의 뜻을 바르게 알지 못하면
한 가지 이치를 잘 들어 마음을 멸함만 못하도다.

【解說】
글을 읽은 목적은 그 글의 내용이 주는 바른 뜻을 잘 알고 실천해서 마

음을 맑게 함에 있다. 그러므로 내용도 모르고 천 마디 만 마디의 글을 그냥 줄줄 외우는 것보다, 한 구절이라도 그 뜻을 바로 알고 실천해서 모든 번뇌 망상에서 벗어나는 것이 더 좋다.

233

雖誦千章 不義何益　수송천장 불의하익
不如一義 聞行可度　불여일의 문행가도

【譯】
비록 천 마디를 외워도 뜻을 모르면 무슨 이익 있으리오.
단 한 가지라도 그 뜻을 바로 알고 듣고 행하여 구제받음만 못하도다.

【解說】
아무리 많은 경전을 외운다 하더라도 그 바른 뜻을 모르고 그냥 외운다면 아무 소용없다. 단 한 마디라도 바른 이치와 분명한 뜻을 알고 외우며, 그 외운 내용을 실천하여 번뇌 망상의 고해에서 구제받은 것만 못하다.

234

雖多誦經 不解何益　수다송경 불해하익
解一法句 行可得道　해일법구 행가득도

【譯】
비록 많은 경전을 외워도 그 뜻을 모르면 무슨 이익 있으리오.

한 마디 법구(法句)라도 바로 알고 행하면 가히 도를 얻으리.

【解說】
아무리 많은 경전을 줄줄 외워도 그 속에 적힌 진실한 뜻을 모르고 그냥 문자만 외우면 아무 덕이 없다. 단 한 구절이라도 그 바른 뜻을 알고, 배운 내용을 실천하며 공부하면 결국 도를 이루어 깨달음을 얻게 된다.

∴ 235

千千爲敵 一夫勝之　　천천위적 일부승지
未若自勝 爲戰中上　　미약자승 위전중상

【譯】
수천 명을 적으로 삼아 한 사람이 이길지라도
만일 자기를 이기지 못한다면 전사 중에 으뜸이라 말할 수 없다.

【解說】
백만 명의 적과 싸워 이기는 용맹스러운 장수라도 자신과의 싸움에서 진다면 전사(戰士) 중에 으뜸이라고 할 수 없다. 진실로 위대하고 용맹스런 장수는 자기의 마음을 조복받고, 자신과의 싸움에서 승리한 자이다.

∴ 236

自勝最賢 故曰人雄　　자승최현 고왈인웅
護意調身 自損至終　　호의조신 자손지종

【譯】
자신을 이기는 것이 가장 현명한 것이므로 그런 사람 일컬어 영웅이라 하나니,
마음을 지키고 몸을 보호하며 스스로 허물을 버리고 끝가지 간다.

【註】
自勝(자승)……자신과의 싸움에서 승리하는 것.
人雄(인웅)……사람 가운데 으뜸인 영웅.

【解說】
싸움 중에 가장 힘든 싸움이 자신과의 싸움이다. 그리고 자신을 이기는 사람이 또한 가장 현명한 사람이다. 그러므로 진실한 영웅은 탐욕에서 양심을 지키고, 욕락(欲樂)에서 몸을 보호해서 자신을 훼손하는 일없이 조용한 열반의 경지에 이르게 되는 것이다.

∴ 237

能善行禮節 常敬長老者　능선행례절 상경장로자
四福自然增 色力壽而安　사복자연증 색력수이안

【譯】
능히 예절과 선을 잘 행하고 항상 노인과 어른을 공경하면
사복(四福)이 자연히 불어나서 몸과 힘과 수명이 편안해진다.

【註】
四福(사복)……용모(色), 건강(力), 수명(壽), 평안(安).

【解說】
예절을 잘 지키고 선을 행하며, 노인을 공경하고 어른을 받들어 모시면

네 가지 복을 자연스럽게 받게 된다. 그리하여 몸은 건강하고, 기력은 왕성하며, 마음은 평안하고, 오래도록 장수한다.

∴ 238

若人壽百歲 遠正不持戒　약인수백세 원정부지계
不如生一日 守戒正意禪　불여생일일 수계정의선

【譯】
만일 사람이 백 살을 살아도 정도를 멀리하고 계율을 지키지 아니하면
하루는 사는 것만 못하나니 계율을 지키며 선정을 하면서…….

【解說】
계율을 어기고 방탕한 생활을 하면서 백 살을 산다면, 그러한 인생은 별로 의미 있는 삶이 아니다. 참으로 가치 있는 보람된 삶은 단 하루를 살아도 계율을 잘 지키고 정도를 벗어나지 않으며, 마음을 고요히 갖고 참선을 하면서 사는 그러한 삶이다.

∴ 239

若人壽百歲 邪偽無有智　약인수백세 사위무유지
不如生一日 一心學正智　불여생일일 일심학정지

【譯】
만일 사람이 백 살을 살더라도 삿되고 거짓되고 지혜 없이 산다면

하루를 살더라도 진심으로 바른 지혜를 배우면서 사는 것만 못하다.

【解說】
사악한 마음과 거짓된 행동으로 무지(無智)하게 백 년을 사는 것보다 열심히 정도를 배우면서 바른 마음으로 단 하루를 사는 것이 오히려 낫다.

∴ 240

若人壽百歲 不知大道義　약인수백세 부지대도의
不如生一日 學推佛法要　불여생일일 학추불법요

【譯】
사람이 백 살을 살아도 큰 도의 뜻을 모른다면
단 하루를 살더라도 불법의 요점을 알면서 사는 것만 못하다.

【註】
法要(법요)······부처님의 가르침 중 요긴하고 주요한 점.

【解說】
사람이 단 하루를 살아도 부처님 법의 묘미(妙味)한 요점을 알면서 산다면, 그것을 모르고 헛되이 백 년을 사는 것보다 낫다.

제17장 악행품(惡行品)

　악행품(惡行品)에서는 악한 사람과 사귀게 되면 자기도 모르는 사이에 악하게 된다는 것을 말하고 있다. 악행을 하면 늘 근심이 따르지만, 악행을 하지 않으면 아무런 근심도 없다는 것을 잘 설하고 있다.

∴ 241

惡行品者　感切惡人　　악행품자　감절악인
動有罪報　不行無患　　동유죄보　불행무환

【譯】
악행품(惡行品)이란 악한 사람에게 감화되어 절실하면,
움직임마다 죄의 과보를 받고 그렇게 하지 않으면 근심이 없음을 말한 것이다.

【註】
感切(감절)……감화되어 절실해지다. 즉 물든다는 뜻.
動有(동유)……움직일 때마다.
無患(무환)……근심이 없다.

∴ 242

見善不從　反隨惡心　　견선부종　반수악심
求福不正　反樂邪婬　　구복부정　반락사음

【譯】
선을 보고도 따르지 않고 반대로 나쁜 마음에 따르며
복을 구하면서도 부정을 일삼으며 도리어 삿된 음욕을 즐거워하네.

【註】
隨惡心(수악심)……나쁜 마음을 따르다.

【解說】
어리석은 사람은 선을 보고도 따르지 않고, 오히려 나쁜 마음을 내어 악행을 저지르며, 복을 구하면서도 정의로운 일을 하지 않고 오히려 삿된 음욕을 즐긴다. 이러한 사람은 결국 근심과 고통 속에서 괴로워하게 된다.

∴ 243

凡人爲惡 不能自覺　　범인위악 불능자각
愚痴快意 今後鬱毒　　우치쾌의 금후울독

【譯】
무릇 사람들은 악을 행하고도 그것이 나쁜 것인 줄 모른다.
어리석은 자의 마음을 기쁘게 하면 결국 뒤에 독이 쌓여 고통받는다.

【註】
鬱毒(울독)……악독이 쌓임.

【解說】
많은 사람들은 스스로 악에 물들기 쉽다. 그리고 악에 물들고 있으면서도 그것이 악인 줄 모르고 있다. 악한 사람의 마음을 기쁘게 하면, 악을 저지르는 일이 되므로 뒤에 가서 결국 고민하고 후회하게 된다.

244

吉人行德 相隨積增
甘心爲之 福應自然

길인행덕 상수적증
감심위지 복응자연

【譯】
길한 사람이 덕을 행하고 덕을 따라 적선을 더욱 더하며
따스한 마음으로 그렇게 행하니 복은 자연히 따라온다.

【註】
吉人(길인)……선행을 하는 길한 사람.

【解說】
　마음이 착하고 선한 사람이 덕을 행한다. 덕을 행함으로써 적선을 더욱 많이 하게 되고, 그래서 자비로운 마음으로 복을 받으며 행복하게 산다.

245

妖孼見福 其惡未熟
至其惡熟 自受罪虐

요얼견복 기악미숙
지기악숙 자수죄학

【譯】
악한 사람이 복을 받는 것은 그 악이 아직 무르익지 않기 때문이며,
만일 악이 익게 되면 반드시 그 죄의 벌을 받게 된다.

【註】
妖孼(요얼)……요망스러운 첩의 자식, 즉 악한 사람.

【解說】
악한 일을 하는데도 벌을 받지 않는 것은 아직 그 악이 무르익지 않았기 때문이며, 악이 더 커지면 결국 큰 죄를 받아 끝없는 번뇌의 바다에서 벗어나지 못한다.

∴ 246

貞祥見禍 其善未熟　정상견화 기선미숙
至其善熟 必受其福　지기선숙 필수기복

【譯】
착한 사람이 화를 당하는 것은 그 선이 아직 무르익지 않았기 때문이며, 결국 그 선이 다 익으면 반드시 복을 받게 된다.

【註】
貞祥(정상)······마음이 곧고 착한 것.

【解說】
착한 일을 하는 사람이 복을 받지 못하는 것은 아직 그의 선이 무르익지 않았기 때문이다. 계속 선행을 해서 그의 선행이 다 무르익으면 반드시 복을 많이 받아 행복하게 살게 된다.

∴ 247

擊人得擊 行怨得怨　격인득격 행원득원
罵人得罵 施怒得怒　매인득매 시노득노

【譯】
남을 때리면 남도 나를 때리고 남을 원망하면 남도 나를 원망하고
남을 욕하면 남도 나를 욕하고 남에게 성내면 남도 내게 성을 낸다.

【解說】
 세상은 거울과 같으며, 거울 속의 형상은 내가 하는 대로 따라한다. 내가 남을 때리고 원망하고 노하면 어김없이 남도 내게 성내고 원망하고 나를 때린다. 그러므로 현명한 사람은 항상 편안한 마음으로 세상 사람들을 자비와 사랑으로 대하며 성내지 아니한다.

248

世人無聞 不知正法　세인무문 부지정법
生此壽少 何宜爲惡　생차수소 하의위악

【譯】
세상 사람들은 들음이 없어 정법(正法)을 알지 못한다
이승에서 수명도 짧은데 어찌 마땅히 악을 행하랴.

【註】
無聞(무문)……부처님의 말씀을 들음이 없다.

【解說】
 이 세상 사람들은 부처님의 가르침을 듣지 못하여 바른 삶의 길을 알지 못하고, 미혹과 번뇌에 사로잡혀 방황하고 있다. 이승에서 받은 수명은 백 년이 못 되는 짧은 생(生)인데, 어찌 선을 행하지 않고 악만 행하며 일생을 헛되이 보내겠는가?

249

莫輕小惡　以爲無殃　　막경소악 이위무앙
水滴雖微　漸盈大器　　수적수미 점영대기
凡罪充滿　從小積成　　범죄충만 종소적성

【譯】
작은 악이라고 가벼이 여기지 말라. 그것이 재앙을 가져오지 않지만
비록 물방울이 작아도 모이면 큰그릇에 넘치듯
모든 죄가 충만해지는 것은 작은 것이 쌓여서 이루어지느니라.

【解說】
죄가 작다고 가볍게 생각해서는 안 된다. 처음부터 큰 죄가 있는 것이 아니라 작은 것이 모여 큰 죄가 되는 것이다. 미량의 물 한 방울이 모여 강이 되고, 호수가 되고, 바다가 되는 것과 같은 이치이다.

250

莫輕小善　以爲無福　　막경소선 이위무복
水滴雖微　漸盈大器　　수적수미 점영대기
凡福充滿　從纖纖積　　범복충만 종섬섬적

【譯】
작은 선이라고 가벼이 여기지 말라. 그것이 복을 가져오지 않지만
비록 물방울이 작아도 모이면 큰그릇에 넘치듯
모든 복이 충만해지는 것은 극히 미세한 것이 쌓여서 이루어지느니라.

【解說】
　작은 선행이라고 가볍게 생각해서는 안 된다. 작은 선행 하나만으로는 복을 받을 수 없겠지만 그 작은 선행이 모이고 쌓이면 큰 선행이 되고, 따라서 많은 복락을 받을 수 있다. 그러므로 지혜로운 사람은 작은 선(善)도 결코 가볍게 생각하지 않는다.

∴ 251

惡不卽時 如搆牛乳　　악부즉시 여구우유
罪在陰祠 如灰覆火　　죄재음사 여회복화

【譯】
　악의 갚음이 당장 나타나지 않는 것은 마치 우유를 짜는 것과 같으며,
　죄가 그늘에 숨어 있는 것은 마치 재로 숯불덩이를 덮은 것과 같네.

【解說】
　젖소 관리를 소홀히 하면 당장은 아무 변화가 없겠지만 점차 우유의 양과 질에 변화가 생기는 것처럼, 악을 행하면 그 악의 과보도 후에 점차적으로 나타난다. 화로의 숯불을 재로 덮어도 불씨는 살아 움직이는 것과 같이 지은 죄의 씨앗은 숨어서 움직이며, 때가 되면 큰 불길을 이룬다.

∴ 252

戲笑爲惡 以作身行　　희소위악 이작신행
號泣受報 隨行罪至　　호읍수보 수행죄지

제17장 악행품(惡行品)

【譯】
희롱하는 웃음은 악이 되니 그렇게 제 몸으로 행하면
슬픈 울음의 갚음을 받게 되고 그 행동만큼 죄과를 받는다.

【註】
戱笑(희소)……희롱하고 우스갯소리를 하는 것.

【解說】
 남을 비웃고 남을 희롱하는 것은 큰 죄가 된다. 남의 약점을 찌르고 남의 아픈 곳을 건드리는 사람은 남의 가슴에 깊은 상처를 주어 남을 슬픔의 경지에 몰아 넣는 행동이기 때문이다. 이런 사람은 언젠가 자기도 슬픔을 겪게 되고 죄의 늪에 빠지게 된다.

∴ 253

作惡不覆 如兵所截　작악불복 여병소절
牽往乃知 已墮惡行　견왕내지 이타악행
後受苦報 如前所習　후수고보 여전소습

【譯】
악을 행하거든 덮어두지 말기를 마치 병기(兵器)에 몸을 베인 것처럼
끌려가서 비로소 알지만 이미 악행(惡行)에 떨어져
뒤에 가서 고통의 갚음을 받는 것이 전에 익힌 습관과 같으니라.

【解說】
 악을 행하고도 그 악을 몰래 숨겨두려는 사람은 마치 전쟁터에 나가서 병기에 몸을 다치고도 그냥 숨기고 있는 것과 같다. 악을 행하고도 반성

하고 사과하지 않고 그냥 숨기고 있는 것은 또 한 번 죄를 짓는 것이 된다.

254

> 如毒摩瘡 船人泂渡　　여독마창 선인회복
> 惡行流衍 靡不傷尅　　악행류연 미불상극

【譯】
마치 독물로 상처를 문지르는 것처럼, 배가 소용돌이를 거슬러 올라가는 것처럼, 악행이 흘러 퍼지면 다치지 않는 것 하나도 없다.

【解說】
독물로 상처를 문지르면 독이 점점 퍼져 결국 죽게 된다. 배가 소용돌이 속에 휘말리면 결국 침몰하고 만다. 그와 마찬가지로 악한 것에 물들게 되면 몸과 마음 어느 하나 온전한 것 없이 결국 시들어서 죽고 만다.

255

> 加惡誣罔人 清白猶不污　　가악무망인 청백유불오
> 愚殃反自及 如塵逆風坌　　우앙반자급 여진역풍분

【譯】
악을 더하여 무고한 사람을 속이고 괴롭혀도, 맑고 깨끗함은 결코 더럽히지 못하나니,

어리석은 재앙은 오히려 자기에게 미치고, 역풍에 날아오는 먼지같이 제 몸을 덮친다.

【註】
愚殃(우앙)……어리석은 사람이 저지른 재앙.

【解說】
악한 사람이 남을 괴롭히고 상하게 하려 해도, 진실로 깨끗하고 맑은 것은 절대로 더럽히지 못한다. 그리고 악한 사람이 저지르는 어리석은 죄의 과보는 역풍에 날아오는 먼지처럼 자기 몸에 덮쳐서, 결국 끝없는 번뇌의 바다에 빠지고 만다.

256

過失犯非惡 能追悔爲善　과실범비악 능추회위선
是明照世間 如日無雲瞖　시명조세간 여일무운에

【譯】
잘못으로 좋지 못한 악을 범해도 곧 뉘우치면 선이 되는 것이니
이렇게 하면 밝게 세상을 비추어서 마치 해가 구름에 가려지지 않은 것과 같은 것이다.

【註】
非惡(비오)……비리와 악.

【解說】
사람은 누구나 완전한 인격체가 아니므로 실수로 죄를 범할 수도 있다. 그러나 그 실수와 죄를 뉘우치고 다시 죄를 범하지 않으면 이는 또한 세

상을 밝게 만드는 것이니, 마치 해가 구름을 뚫고 나오는 것과 같은 것이다.

∴ 257

夫士所以行　然後身自見　부사소이행 연후신자견
爲善則得善　爲惡則得惡　위선즉득선 위악즉득악

【譯】
대개 사람이 무슨 일을 행하면 그 뒤에 그것을 제 몸에서 보나니,
선을 행하면 선의 응보를 받고 악을 행하면 악의 응보를 받는다.

【解說】
사람이 무슨 일을 행하면 반드시 그 행동의 결과를 자신의 신상에서 찾아 볼 수 있는데, 착한 일을 하면 선과(善果)를 받아 복을 받고 악한 일을 행했으면 반드시 악한 과보를 받아서 괴로움을 받게 된다.

∴ 258

非空非海中　非隱山石間　비공비해중 비은산석간
莫能於此處　避免宿惡殃　막능어차처 피면숙악앙

【譯】
허공도 아니고 바다 속도 아니며 깊은 산 바위 사이에 숨는 것도 아니로다.
능히 이런 곳에도 숨을 수 없으니 묵은 악의 재앙을 피하거나 면할 수 없도다.

【解說】

하늘의 그물은 촘촘하고 밝아서 지은 죄를 벗어날 길이 없다. 허공에 숨어도, 바다 가운데 숨어도, 또한 깊은 산 바위 사이에 숨어도, 그 어느 곳에도 지은 죄를 감추기 위해 숨을 만한 곳은 없다.

∴ 259

衆生有苦惱 不得免老死　중생유고뇌 부득면로사
唯有仁智者 不念人非惡　유유인지자 부념인비악

【譯】

중생은 고뇌가 있으며, 늙고 죽음을 면할 수 없다.
오직 어질고 지혜 있는 자만이 사람의 나쁜 악을 생각하지 않는다.

【解說】

사람은 이 세상에 살면서 여러 가지 죄를 짓는데, 그 죄값으로 늙고 병들어 죽는 과보를 받는다. 그 죄를 용서하고 사면해 줄 수 있는 분은 오직 자비로우며, 완전한 인격자인 부처님밖에 없다. 그러므로 사람들은 항상 마음에 부처님을 모시고 늘 부처님의 명호를 열심히 부르며, 성실하게 살아야 하겠다.

제18장 도장품(刀杖品)

사람들에게 자비로움과 어진 마음의 좋은 점을 가르쳐, 남을 해치거나 괴롭히는 일 없이 착하게 살도록 인도하는 장이다.

∴ 260

刀杖品者 敎習慈仁　　도장품자 교습자인
無行刀杖 賊害衆生　　무행도장 적해중생

【譯】
도장품(刀杖品)이란 자비와 어짊을 가르쳐 칼과 매를 버리고
중생을 해치지 않음을 가르치는 장이니라.

【註】
刀杖(도장)……칼과 형벌에 쓰이는 몽둥이.

∴ 261

一切皆懼死 莫不畏杖痛　　일절개구사 막불외장통
恕己可爲譬 勿殺勿行杖　　서기가위비 물살물행장

【譯】
모든 것은 다 죽음을 두려워하며, 매의 아픔을 겁내지 않는 자 없다.

내 자신을 용서하는 것처럼 남을 죽이지 말고 매질하지 말라.

【註】
杖痛(장통)……몽둥이로 매질하는 아픔.

【解說】
이 세상에 생명이 있는 모든 것들은 모두 다 죽음을 두려워한다. 그리고 매맞기를 겁내지 않는 이 없다. 그러므로 내가 나를 용서하듯 남을 용서하고 남의 생명을 중히 여기며, 남을 해치거나 죽이지 말아야 한다.

∴ 262

能常安群生　不加諸楚毒　능상안군생　불가제초독
現世不逢害　後世長安隱　현세불봉해　후세장안은

【譯】
능히 모든 사람을 편안케 하며 어떤 괴로움도 가하지 않으면
현세에서 남의 박해를 받지 않고 후세에서도 길이 안온하리라.

【註】
楚毒(초독)……쓰라린 독.
安隱(안은)……조용하고 편안함.

【解說】
자비로운 마음으로 선을 베풀어 모든 사람을 편안하게 하고 어떠한 해로움도 끼치지 아니하면, 현세에서도 남에게 해침을 받지 않고 내세에서도 극락 왕생하여 행복하고 편안한 생활을 할 수 있다.

∴ 263

出言以善 如叩鐘磬　　출언이선 여고종경
身無論議 度世則易　　신무론의 도세즉역

【譯】
말을 착하게 하되 마치 종소리나 경(磬)소리와 같이 하면
신상에 말썽이 없고 세상 살기가 편안하리라.

∴ 264

歐杖良善 妄讒無罪　　구장량선 망참무죄
其殃十培 災迅無赦　　기앙십배 재신무사

【譯】
어질고 착한 이를 매질하고 거짓으로 죄 없는 이를 참소하면
그 재앙이 열 갑절이나 되고 그 화가 빨리 닥쳐서 용서가 없다.

【註】
無赦(무사)……용서가 없다. 즉, 용서받을 수 없다.

【解說】
 아무 죄가 없는 사람을 죄인으로 몰아 형벌을 주고, 거짓으로 남을 참소하여 착한 이를 괴롭히면, 그 죄가 열 배나 되어 엄청난 재앙이 빨리 닥치며, 절대로 용서받을 수 없는 무서운 지옥에 떨어지게 된다.

·· 265

生受酷痛　形體毀折　　생수혹통 형체훼절
自然惱病　失意恍惚　　자연뇌병 실의황홀

【譯】
살아서는 혹독한 고통을 받아 몸이 허물어지고 부수어져 자연히 괴로운 병에 걸리고 실망에 빠져 멍청하게 된다.

【註】
酷痛(혹통)……혹독한 고통.

【解說】
선량한 사람을 모함하고 참소하고 매질하는 죄를 지으면, 자기도 혹독한 고통을 받게 되어 건강을 잃고 몸이 허물어지고 실의에 빠져 의욕이 없어지고 멍청해진다.

·· 266

人所誣咎　或縣官厄　　인소무구 혹현관액
財産耗盡　親戚離別　　재산모진 친척이별

【譯】
혹은 사람들이 무고한 허물을 입거나 또는 관청의 액을 당하며, 재산이 모두 없어지고 친척과도 이별하게 된다.

【註】
縣官厄(관헌액)……관가에서 받는 액운.

【解說】
착한 사람을 무고하거나 괴롭히면 자기도 또한 다른 사람에게 무고 당하며, 관가에 끌려가 많은 고통을 받게 되고, 재산은 다 없어지고, 믿었던 친척들도 모두 곁을 떠나 버리고 만다.

267

舍宅所有 災火焚燒　　사택소유 재화분소
死入地獄 如是爲十　　사입지옥 여시위십

【譯】
집에 있는 물건은 화재로 모두 타 버리고
죽으면 지옥에 들어가며, 이같이 벌이 열 가지가 된다.

【解說】
착한 사람을 무고하게 괴롭히는 죄는 매우 무겁다. 그러한 죄를 지은 사람은 집이 화재로 불타 버리고, 죽으면 어김없이 지옥에 떨어져서 끝없는 고통을 받게 되는데, 그 받을 벌이 열 가지나 된다.

268

雖倮剪髮 長服草衣　　수라전발 장복초의
沐浴踞石 奈癡結何　　목욕거석 내치결하

【譯】
비록 알몸으로 머리를 깎고, 긴 풀옷을 입고
목욕하고 돌 위에 걸터앉았더라도 어리석음의 번뇌를 어찌하리오.

【註】
草衣(초의)······속세를 떠나 숨어사는 사람의 의복.

【解說】
 머리를 깎고 몸을 풀로 가리고 흐르는 산 계곡 물에 목욕을 하고, 바위에 올라앉아 눈을 감고 참선을 하며, 속세를 떠난 사람의 차림을 하더라도 그 사람의 마음속의 번뇌 망상을 버리지 못하면 속세에 사는 것과 아무런 차이가 없다.

∴ 269

不伐殺燒 亦不求勝　　불벌살소 역불구승
人愛天下 所適無怨　　인애천하 소적무원

【譯】
치고 죽이고 불태우지 않고 또한 남을 이기려 하지 않으며,
천하의 모든 사람을 사랑한다면 이르는 곳마다 원망이 없다.

【註】
不伐(불벌)······공격하여 쳐부수지 않음.

【解說】
 남을 공격해서 치고 죽이고, 결코 남을 정복하고 이기는 것은 죄악이다. 싸우지 말고 함께 평화롭게 잘 사는 것이 진실한 행복의 길이다. 세상 사

람들을 모두 사랑하고, 많은 사람들에게 자비를 베풀면 누구와도 원수 맺을 일이 없고, 어디를 가나 원망을 사는 일이 없다.

∴ 270

人有信戒 定意精進　　인유신계 정의정진
受道慧成 便滅衆苦　　수도혜성 편멸중고

【譯】
믿음이 있고 계율을 있는 사람이 마음을 정하고 정진하여
도를 받들어 지혜가 성취되면 온갖 괴로움을 없앨 수 있다.

【解說】
부처님의 가르침을 진실이라고 굳게 믿고 단단히 결심하고 불도(佛道)를 열심히 닦으면, 도를 이루고 지혜가 밝아져 모든 번뇌를 끊어서 영원히 변치 않고 평화로운 열반의 경지에 도달하게 된다.

∴ 271

自嚴以修法 滅損受淨行　　자엄이수법 멸손수정행
杖不加群生 是沙門道人　　장불가군생 시사문도인

【譯】
스스로 엄하게 법을 닦음으로서 번뇌를 멸하고 깨끗한 행 받들어
중생에게 매 가하지 않으면 이가 바로 사문(沙門)과 도인이다.

【解說】

도를 닦는 것은 자기와의 싸움이다. 자기 마음속에 온갖 번뇌 망상을 모두 끊고 스스로 자신에게 엄하게 하며, 법을 닦음으로써 밝은 지혜의 혜안을 얻을 수 있는 것이다. 그리하여 자비로운 마음으로 중생을 제도하고 그들을 자비로 대하며, 벌을 가하지 않는 사람이 바로 사문이고 도인이다.

∴ 272

無害於天下 終身不遇害　　무해어천하 종신불우해
常慈於一切 孰能與爲怨　　상자어일절 숙능여위원

【譯】

천하에 해를 끼침이 없으면 평생토록 해로움을 만나지 않고,
항상 모든 것에 자비로우면 누가 능히 그의 원수가 되랴.

【解說】

이 세상 모든 것을 내가 해침이 없으면 한 평생 자기를 해하려는 사람을 만나지 않는다. 항상 자비로운 마음으로 남을 위해 보시하며 살면 감히 누가 그런 사람을 원망하고 박해를 가하려 하겠는가? 부처님의 법을 진실로 실천하는 불제자(佛弟子)는 바로 이런 사람이다.

제19장 노모품(老耗品)

노모품(老耗品)에서는 인생은 무상함과 덧없음을 말하고 있다. 어제의 소년이 어느새 어른이 되어 늙고, 병들어 죽게 되는 것이 인생이다. 꿈같이 지나는, 화살같이 지나가는 것이 인생인데, 한 치의 시간도 아껴서 열심히 도를 닦아 바른 깨달음을 얻어 해탈에 이르도록 힘써야 됨을 가르쳐 주고 있다.

∴ 273

老耗品者 誨人懃仡　　노모품자 회인근륵
不與命競 老悔何益　　불여명경 노회하익

【譯】
노모품(老耗品)이란 사람에게 은근히 권하되,
목숨과 다투어 쓰지 않으면 늙어서 뉘우쳐도 소용이 없다는 것을 말한 것이다.

∴ 274

何喜何笑 命常熾然　　하희하소 명상치연
深蔽幽冥 如不求錠　　심폐유명 여불구정

【譯】
무엇을 기뻐하고 무엇을 웃으랴. 목숨은 항상 불타고 있으며,
깊이 그윽한 어둠 속에 덮여 있으니 촛불을 구함만 같이 못하네.

【解說】

잘 생각해 보면, 기뻐할 일도 웃을 일도 없다. 숨을 한 번 쉬는 순간에도 생명은 소진되고, 인생은 죽음을 행해 한 걸음 더 앞으로 전진하고 있다. 세상의 모든 것은 모두 무상한데, 그 가운데 무엇을 원하고 바라겠는가? 오직 무명을 밝히는 도를 닦아 영원히 변하지 않는 안락한 열반을 이루어야 인생의 참 삶을 사는 것이라 할 것이다.

∴ 275

見身形範　倚以爲安　　견신형범 의이위안
多想致病　豈知非眞　　다상치병 개지비진

【譯】

몸의 형상을 보고 그것을 의지해 편안하다 하지만
많은 생각은 병을 이루니 그것이 진실 아님을 어찌 알랴.

【解說】

사람들은 자신의 건강을 믿고, 그 몸이 천년 만년 유지될 것이라고 착각하고 있다. 망상과 잡념이 많은 사람은 병에 걸리기 쉬우니, 진실한 도를 구하여 수행해서 해탈해야만 길이 평안하게 살 수 있을 것이다.

∴ 276

老則色衰　病無光澤　　노즉색쇠 병무광택
皮緩肌縮　死命近促　　피완기축 사명근촉

【譯】
늙으면 몸도 쇠하고 병들면 광택이 없어진다.
피부는 늘어지고 살은 쭈그러져, 죽음이 목숨을 가까이 재촉한다.

【解說】
항상 젊을 것만 같던 인생은 눈 깜박 할 사이에 늙고 병들어 얼굴은 주름투성이가 되고, 피부는 늘어지고 근육은 오그라들어 광택이 없어진다. 그리고 죽음의 검은 그림자는 항상 가까이 다가와서 나를 무너뜨릴 기회만 노리고 있다.

∴ 277

身死神徒 如御棄車　신사신도 여어기차
肉消骨散 身何可怙　육소골산 신하가호

【譯】
몸이 죽고 정신이 떠나면 마치 수레를 버리는 것 같도다.
살은 썩고 뼈가 흩어지니 몸을 어떻게 믿으리오.

【註】
神徒(신도)……정신이 떠나 버림.

【解說】
몸은 사대(四大)가 잠시 모인 허망한 허깨비처럼 실체가 없는 것에 불과하다. 생명이 다하면 마치 헌 수레를 버리는 것처럼, 몸도 또한 구덩이 속에 버리는 것이니, 꽃다움을 자랑할 몸이 어디 있겠는가? 그러므로 몸을 너무 믿지 말고 몸의 노예가 되어서는 안 되며, 몸은 영원한 것이 아니라는 것을 알아야 한다.

∴ 278

身爲如城　骨幹肉塗　　신위여성　골간육도
生至老死　但藏恚慢　　생지로사　단장에만

【譯】
몸은 성(城)과 같아서 뼈의 줄기에 살을 바른 것이다.
태어나 늙어 죽기까지 다만 성냄과 교만을 간직했을 뿐이로다.

【註】
恚慢(에만)……성냄과 교만함.

【解說】
　사람의 몸은 뼈 위에 살을 발라 이루어진 것이, 마치 돌 위에 흙을 쌓아서 만든 성과도 같다. 이 보잘것없는 가죽포대 안에 단지 있다는 것은 교만과 성냄과 번뇌와 망상뿐이다. 그런데 사람들은 이 불완전한 가죽포대가 영원할 것이라고 생각하고, 거기에 연연하며 헛되이 세월을 보내다가 늙고 병들어 죽음에 이르러서야 무상함을 안다.

∴ 279

老則形變　喩如故車　　노즉형변　유여고차
法能除苦　宜以仂學　　법능제고　의이륵학

【譯】
몸은 늙으면 모양이 변하여 마치 낡은 수레와 같다는데,
법만이 능히 괴로움을 없애니 마땅히 힘써 배워야 한다.

【註】
故車(고차)……헌 수레.
勤學(늑학)……배움에 힘쓰다.

【解說】
 사람이 늙으면 몸은 마치 헌 수레와 같이 낡고 헐어서 모든 부품(기관)이 하나하나 고장이 나서 쓸모 없게 된다. 그래서 육체에만 애착을 갖던 사람들은 실의에 빠진다. 그렇지만 진실한 행복을 안겨주는 것은 불멸의 법(法)이다. 그러므로 열심히 배우고 익혀 도를 이루어야 한다.

280

人之無聞 老若特牛   인지무문 노약특우
但長肌肥 無有福慧   단장기비 무유복혜

【譯】
사람이 진리의 말을 듣지 않으면 늙어서 황소와 같이 되나니
다만 자라서 살이 찔 뿐 복이나 지혜는 없도다.

【註】
無聞(무문)……진리의 말을 듣지 않음.

【解說】
 사람은 밥으로만 사는 하등 동물이 아니다. 육체를 살찌우는 밥만큼이

나 정신을 살찌우는 진리의 말씀이 필요하다. 인격을 닦고 마음을 밝히는 진리의 말씀을 듣고 배우지 않는 사람은 짐승보다 더 나을 것이 없는 일생을 살다가 허망하게 가는 것이다.

281

慧以見苦 是故棄身　　혜이견고 시고기신
滅意斷行 愛盡無生　　멸의단행 애진무생

【譯】
지혜로써 고(苦)를 보고 그리하여 육신을 버리며,
마음을 멸하고 행을 끊으며 애욕이 다하면 생사는 없어진다.

【解說】
지혜로운 사람은 인생이 고(苦)라는 것을 안다. 이 고(苦)의 원리를 잘 알면 육신에 대해 집착을 버리고, 고요한 멸(滅)의 원리를 실천하기 위해 팔정도(八正道)를 수행한다. 그리하면 애착을 여의고 생사 윤회에서 벗어나 열반의 기쁨을 얻을 수 있다.

282

不修梵行 又不富財　　불수범행 우불부재
老如白鷺 守伺空池　　노여백로 수사공지

【譯】
범행(梵行)을 닦지 않고 또 부귀와 재산도 모으지 아니하면
늙어서는 마치 백로처럼 빈 연못을 노리며 엿보는 것과 같다.

【註】
梵行(범행)……음욕을 끊은 맑고 깨끗한 행실.

【解說】
젊을 때 열심히 부처님의 깨끗한 법을 잘 배우고 닦아야 한다. 만일 젊은 시절을 하는 일 없이 허송세월을 하면 늙어서는 마치 백로가 자기가 살 임자 없는 연못을 기웃거리는 것과 같이 의지할 곳 없는 불쌍한 사람이 되고 만다.

283

旣不守戒 又不積財　　기불수계 우부적재
老羸氣竭 思故何逮　　노리기갈 사고하체

【譯】
이미 계율도 지키지 않았고 또 재물도 모으지 못하였으면
늙고 쇠약하여 기운이 다하면 옛일을 생각한들 어찌 미치리오.

【註】
老羸(노리)……늙고 쇠약함.
氣竭(기갈)……기운이 다함.

【解說】
방탕한 생활을 하며 계율도 지키지 않고 노후를 위해 저축도 하지 않는

사람은 늙고 병들고 기운이 쇠진했을 때 후회하게 된다. 그리고 나서 뒤돌아보았을 이미 때는 늦었고, 아무 것도 돌이킬 수 없다.

∴ 284

老如秋葉 何穢鑑錄　　노여추엽 하예감록
命疾脫至 亦用後悔　　명질탈지 역용후회

【譯】
늙으면 마치 가을의 나뭇잎과 같아서 어찌 그 더럽고 이지러짐을 형용하리오.
목숨은 병들어 곧 떠나게 되리니, 또한 후회한들 무엇하리오.

【註】
鑑錄(감록)……밝게 기록함.
疾脫(질탈)……병들어 벗어나다. 즉, 죽다.

【解說】
사람은 늙으면 겉모양이 흉하고 보기 싫게 된다. 그리고 죽음의 그림자가 가까이 다가와서 늘 따라다닌다. 그때서야 젊을 때 열심히 도를 닦으며 수행하지 않았던 것을 후회한들 이미 때는 늦어 아무런 소용이 없다.

∴ 285

命欲日夜盡 及時可懃力　　명욕일야진 급시가근력
世間諦非常 莫惑墮冥中　　세간체비상 막혹타명중

【譯】
목숨을 주야로 끊어지려 하나니 미칠 때 은근히 힘씀이 옳도다.
세상 살펴보면 항상 함 없으니, 혹하여 어둠 속에 떨어지지 말라.

【解說】
영원히 살 것만 같은 인간의 목숨은 바람 앞에 서 있는 촛불과 같아서 언제 꺼질지 모르는 불완전한 것이다. 그러므로 때가 이를 때 열심히 공부하고 마음을 닦아서 이 세상의 모든 것이 무상하다는 것을 깨달아 허황한 욕망을 버리고 슬기롭고 행복하게 살아야 한다.

286

當學燃意燈　自練求智慧　　당학연의등 자연구지혜
離垢勿染汚　執燭觀道地　　이구물염오 집촉관도지

【譯】
마땅히 마음의 등불 켜기를 배워서 스스로 지혜를 구하기를 익히고
더러움에 물들지 말 것이며, 촛불을 들고 도(道)의 땅을 살펴보아라.

【解說】
사람은 젊어서부터 마땅히 바른 도(道)를 닦아 마음의 등불을 밝혀, 부처님의 거룩한 가르침을 받아들여야 한다. 그리하여 인과의 법칙과 우주 인생의 실상을 알고 모든 악과 탐욕의 유혹에 빠지지 말며, 정의롭게 한 평생을 잘 살아야 한다.

제20장 애신품(愛身品)

진실로 자신의 몸을 사랑하고 아끼는 사람은 부처님의 가르침을 배워서 죄를 멸하고, 모든 번뇌 망상에서 벗어나 복을 얻는 사람이다. 애신품(愛身品)에서는 그러한 도리를 설하고 있다.

∴ 287

愛身品者 所以勸學 애신품자 소이권학
終有益己 滅罪興福 종유익기 멸죄흥복

【譯】
애신품(愛身品)이란 배우기를 권하는 까닭이
마침내 자기에게 이익이 있고 죄를 멸하고 복이 일어남을 말하는 것이다.

∴ 288

自愛身者 愼護所守 자애신자 신호소수
悕望欲解 學正不寐 희망욕해 학정불매

【譯】
제 몸을 사랑하는 자는 지켜야 할 바를 삼가 지키며,
깨달음을 바라는 자는 바른 도를 배워 쉬지 않는다.

【解說】
진실로 자기를 사랑하는 사람은 보약을 먹거나 영양가가 많은 좋은 음식을 먹는 것이 아니라, 사람이 지켜야 할 바른 도리를 잘 지키고, 부처님의 정법을 열심히 배워 게으름을 피우지 않으며, 바른 도리를 행하는 사람이다.

289

爲身第一 常自勉學　　위신제일 상자면학
利乃誨人 不倦則智　　이내회인 불권즉지

【譯】
내 몸을 으뜸으로 위하려면 항상 스스로 힘써 배우고
남을 가르치는 것을 즐겁게 생각한다.

【解說】
진실로 나를 위하는 최선의 길은 항상 열심히 배우고 내가 깨우친 바를 많은 사람들에게 즐거운 마음으로 가르쳐 주는 것이다. 그렇게 하면 자연 내게도 더 큰 지혜가 생겨 생사의 고해서 해탈할 수 있게 된다.

290

學先自正 然後正人　　학선자정 연후정인
調身入慧 必遷爲上　　조신입혜 필천위상

【譯】
배움은 먼저 자신을 바르게 하고 그런 뒤에 남을 바르게 인도한다.
내 몸을 닦아 지혜의 문으로 들어가면 반드시 최상의 자리로 옮겨질 것이다.

【註】
自正(자정)……자기를 바르게 함.

【解說】
 자기 자신을 바르게 닦고 자기의 인격을 완성시킨 다음 남을 가르치고 남의 인격을 도야(陶冶)하도록 한다. 자기도 부족하면서 남을 가르친다고 허둥대는 것은 어리석은 일이다. 스스로 수행을 쌓아 바른 지혜를 얻으면, 자연히 혜안이 열려 번뇌 망상에서 벗어나 고요한 열반을 얻을 수 있다.

∴ 291

身不能利 安能利人　　신불능리 안능리인
心調體正 何願不至　　심조체정 하원부지

【譯】
자기 자신을 이롭게 하지 못하고 어찌 다른 사람을 이롭게 하리.
마음을 닦고 몸을 바르게 하면 무슨 소원인들 이루지 못하리.

【解說】
 세상에는 자기 몸을 희생하고 남을 돕는 사람도 있지만 그것은 극히 드물고 어려운 일이다. 자신의 이로움을 충분히 챙기고 남을 돕는 경우가 보통이며, 또한 그것이 순리(順理)이다. 그러므로 우선 자기 마음을 닦고 자기 행실을 바르게 한 다음에 남을 돕고 남을 위해 봉사해도 많은 복을 받을 수 있다.

∴ 292

本我所造　後我自受　　본아소조　후아자수
爲惡自更　如剛鑽珠　　위악자갱　여강찬주

【譯】
본래 내가 지은 대로 뒤에 내가 돌려 받나니
악을 행하면 내가 다시 금강석(金剛石) 구슬을 자르듯 벌을 받는다.

【解說】
인연의 법칙은 준엄하여 한 치의 오차도 없다. 내가 지은 대로 반드시 내가 돌려 받게 되는 것은 분명한 일이다. 그러므로 내가 만일 악업(惡業)을 지으면 그 과보는 반드시 엄한 벌로써 내게 돌아오며, 무서운 형벌을 절대로 면치 못한다. 마치 금강석 구슬이 다른 구슬을 자르듯 자르고 잘리는 불행이 반복될 것이다.

∴ 293

如眞人敎　以道法身　　여진인교　이도법신
愚者疾之　見而爲惡　　우자질지　견이위악

【譯】
진인(眞人)의 가르침과 같이 도법(道法)으로 몸을 삼으면
어리석은 사람은 이를 미워해서 보고 난 후 악이라 말한다.

【註】
道法(도법)……깨달음에 이르는 바른 법, 즉 불법(佛法).

【解說】
  도를 깨친 사람의 가르침대로 선을 행하며 살면 어리석은 사람은 이를 미워하고 시기한다. 자기들과 함께 행동하지 않는다고 그들을 모함한다.

∴ 294

行惡得惡 如種苦種　　행악득악 여종고종
惡自受罪 善自受福　　악자수죄 선자수복
亦各須熟 彼不自代　　역각수숙 피부자대

【譯】
  악을 행하면 악을 얻나니 마치 괴로움의 종자를 심는 것 같다.
  악은 스스로 죄를 받고, 선은 스스로 복을 받으며
  둘은 서로 익어 가는 것 서로 대신하고 바꿀 수도 없는 것.

【解說】
  내가 심은 대로 내가 거둔다. 악의 종자를 심으면 악의 열매를 거두고, 선의 종자를 심으면 선의 열매를 얻는다. 내가 행하는 선도 커가고 악도 커가며, 그 업은 더욱 성숙해 가는 것이다.

∴ 295

習善得善 亦如種甛　　습선득선 역여종첨
自利利人 益而不費　　자리리인 익이불비
欲知利身 戒聞爲最　　욕지리신 계문위최

【譯】
선을 익히면 선을 얻는 것이 마치 달콤한 종자를 심는 것과 같도다.
자기도 남도 이롭게 하는 것은 서로 이익이 될 뿐 손해가 아니니
자신을 이롭게 하는 것을 알고자 하거든 계율을 들음이 으뜸이로다.

【註】
不費(불비)……손해가 나지 않다.

【解說】
콩을 심으면 콩을 얻고 팥을 심으면 팥을 거두는 것처럼 선을 행하면 선과(善果)를 얻고, 악을 저지르면 악과(惡果)를 얻는다. 선은 자기뿐만 아니라 남도 이롭게 하고, 또한 남을 해치거나 상하게 하는 것이 아니니 힘써 선을 행하면서 사는 것이 인생을 보람있고 유익하게 사는 길이다.

∴ 296

如有自憂 欲生天上　여유자우 욕생천상
敬樂聞法 當念佛敎　경락문법 당념불교

【譯】
만일 자기가 근심스런 일이 있어 천상에 태어나고자 하거든
즐거이 법을 듣고 공경하고 부처님의 가르침을 생각해야 한다.

【解說】
죽음이 두렵고 사후의 세상이 불안하면 천상에 태어난다는 확신을 갖고 부처님에게 귀의하라. 그리하여 불법(佛法) 듣기를 기뻐하고 공경하며, 항상 마음에 부처님을 받아들여 부처님의 법 안에서 살도록 하라.

297

夫治事之士　能至終成利　부치사지사 능지종성리
眞見身應行　如是得所欲　진견신응행 여시득소욕

【譯】
일을 잘 다스리는 사람은 결국 끝에 가서 능히 이(利)를 이룬다.
참된 견해로 몸으로 행하니 이같이 하면 원하는 바를 얻게 된다.

【註】
治事(치사)……일을 잘 처리한다.
眞見(진견)……진실하고 참된 견해.

【解說】
진실로 자신을 반성하고 허물이 없나 늘 조심하며 부처님의 가르침을 가슴에 깊이 새겨 추호도 어긋남이 없이 선행을 하면 결국 나중에 바라던 모든 것을 얻어 행복하게 살 수 있다.

제 21 장   세속품(世俗品)

우리가 사는 세상은 항상 변화하고 천류(遷流)하는 무상한 곳이다. 무엇 하나 변하지 않는 것은 없고, 영원한 것이라고는 도무지 없다. 꿈과 같고 환상과 같은 이 세상을 사는 우리들로서는 그와 같은 허상(虛像)을 실상이라고 착각해서는 안 된다. 바른 견해와 바른 생각으로 바른 도를 닦아, 무상한 삶을 뜻 있고 알찬 삶으로 바꾸어 나가야겠다.

298

世俗品者 說世幻夢　　세속품자 설세환몽
當捨浮華 勉修道用　　당사부화 면수도용

【譯】
세속품(世俗品)이란 세상의 꿈이 환상과 같다는 것을 설하고
마땅히 뜬구름 같은 영화를 버리고, 힘써 도를 닦으라는 것을 설하고 있다.

【註】
浮華(부화)……실속 없이 겉만 화려함.

299

如車行道 捨平大途　　여차행도 사평대도
從邪徑敗 生折軸憂　　종사경패 생절축우

【譯】
마치 수레가 길을 갈 때 평탄한 큰길을 버리고
그릇된 길을 따라가면 차축(車軸)을 부러뜨릴 근심이 생기는 것처럼…….

【解說】
수레는 평탄한 큰길을 달릴 때 안전하고 아무런 문제가 없다. 만일 가파른 길이나 좁은 길이나, 길 아닌 곳을 달리면 차 축이 부러져 달리지 못하게 된다. 그와 같이 사람도 바른 길로 나아가야지, 삿된 길을 택하면 죄에 빠져 몸을 망친다.

∴ 300

離法如是　從非法增　　이법여시 종비법증
愚守至死　亦有折患　　우수지사 역유절환

【譯】
법을 떠나는 것도 그와 같아서 법 아님을 많이 따르면
어리석음은 죽음에 이르고 역시 여기에도 부러지는 근심이 있다.

【註】
折患(절환)……부러지는 근심.

【解說】
수레가 평탄한 큰길을 버리고 좁은 길을 가면 사고가 나는 것처럼, 사람도 정도(正道)를 버리고 법 아닌 삿된 길을 택하면 그대로 죽음에 이르게 되어 끝없는 고통을 받게 된다.

∴ 301

> 順行正道 勿隨邪業　　순행정도 물수사업
> 行往臥安 世世無患　　행왕와안 세세무환

【譯】
정도를 순순히 행하고 사악한 업에 따르지 아니하면
가거나 머물거나 누웠거나 모두 편안하고 어느 세상에서나 근심이 없으리.

【解說】
정도를 따르고 악업을 짓지 않으면, 길을 가거나 머물러 쉬거나 자리에 누워 잠을 자거나 어디를 가더라도 마음이 편안하다. 이승에서뿐만 아니라 저승에 가서도 역시 마음 편하기는 마찬가지이다.

∴ 302

> 萬物如泡 意如野馬　　만물여포 의여야마
> 居世若幻 奈何樂此　　거세약환 내하락차

【譯】
만물은 물거품 같고 마음은 아지랑이 같으며,
세상에 사는 것은 마치 환상과 같으니 어떻게 이것을 즐거워하는가?

【解說】
무상한 이 세상은 마치 물거품처럼 만사 만물이 잠시 일어났다가는 덧없이 사라지며, 마음 역시 아득한 들판에 가물거리는 아지랑이 같다. 세상살이가 모두 환상과 같고 허깨비 같으니, 어찌 이 세상이 즐겁다고 허둥대기만 하겠는가? 빨리 마음을 가다듬고 바른 도리를 배워 실상을 깨달아야 하겠다.

303

若能斷此 伐其樹根　　약능단차 벌기수근
日夜如是 必至于定　　일야여시 필지우정

【譯】
　만약 능히 이것을 끊어버리고, 그 나무 뿌리를 잘라서
　밤이나 낮이나 이와 같이 하면 반드시 선정에 이르게 되리.

【解說】
　무상한 이 세상에서 만일 욕정을 끊어버리고 무명(無明)을 뿌리째 뽑아버리면 마음은 밝고 지혜가 생긴다. 이와 같이 밤낮으로 수행하면 반드시 고요한 선정(禪定)에 들어가 행복한 삶을 살 수 있다.

304

世俗無眼 莫見道眞　　세속무안 막견도진
如少見明 當養善意　　여소견명 당양선의

【譯】
　세속의 사람들은 밝은 눈이 없어 진실한 도(道)를 보지 못한다.

조금이라도 밝음을 보려고 한다면 마땅히 선한 마음을 길러야 한다.

【註】
無眼(무안)……진리를 보는 눈이 없음.

【解說】
　세상 사람들은 미혹하여 참된 진리를 바로 보지 못하고 무명(無名) 속에서 살고 있다. 만일 바른 진리를 조금이라도 보고자 한다면 마땅히 마음속에 자리잡은 번뇌 망상을 끊고, 마음을 맑게 해서 수행을 해야 할 것이다.

∴ 305

如雁將群　避羅高翔　　여안장군 피나고상
明人導世　度脫邪衆　　명인도세 도탈사중

【譯】
마치 기러기가 무리를 이끌고 그물을 피해서 높이 나는 것처럼
밝은 사람은 세상을 인도하여 사악한 무리들을 제도해 준다.

【解說】
　대장 기러기가 무리를 이끌고 그물을 피해 하늘 높이 날아가는 것처럼, 지혜가 밝고 깨달은 사람은 어리석은 세상 사람들을 잘 깨우쳐 진리의 문으로 인도해 준다. 그러므로 우리들은 선현(先賢)의 말씀을 가슴에 잘 간직하고 바르게 살아야 한다.

∴ 306

世皆有死 三界無安　　세개유사 삼계무안
諸天雖樂 福盡亦喪　　제천수락 복진역상

【譯】
세상에는 모두 죽음이 있으니, 삼계(三界)에는 평안함이 없도다.
제천(諸天)은 비록 즐겁다 하나 복이 다하면 역시 죽는다.

【解說】
생명이 있는 모든 중생은 결코 죽음을 면하지 못한다. 그러므로 중생이 윤회하는 삼계는 어디를 가도 편안한 곳이 없다. 비록 제천(諸天)이 즐거움을 얻어 편안한 것 같지만, 지은 복이 다하면 다시 불행한 죽음을 맞게 된다. 그러므로 모든 사람은 진실로 자기를 사랑하거든 열심히 정법을 수행하여 생사고락을 초월한 열반을 얻어야 한다.

∴ 307

觀諸世間 無生不終　　관제세간 무생부종
欲離生死 當行道眞　　욕리생사 당행도진

【譯】
모든 세간을 관찰해 보면 낳아서 죽지 않음이 없다.
생사를 여의고자 한다면, 마땅히 도의 진실을 행해야 한다.

【解說】
　세상을 잘 관찰해 보면 태어난 것은 반드시 늙고 병들어서 죽게 마련이다. 오늘의 아름다운 꽃도 내일이면 반드시 시들고 만다. 그러나 이러한 생사윤회의 범주를 벗어나 영원한 생명을 얻으려면 도의 진실한 것, 즉 불도를 수행해서 생사(生死)가 없는 열반의 경지에 도달해야 한다.

∴ 308

癡覆天下 貪令不見　　치복천하 탐령불견
邪疑却道 苦愚從是　　사의각도 고우종시

【譯】
어리석음이 천하를 덮고 탐욕은 도를 보지 못하게 하며,
삿된 의심이 도를 물리치니, 괴로움과 어리석음은 이 때문에 생긴다.

【解說】
　사람들이 실상(實相)을 모르고 일없이 번뇌 망상에서 허덕이는 것은 어리석음이 천하를 덮고 있기 때문이고, 탐욕이 눈을 가려 진실을 보지 못하게 하기 때문이다. 그래서 사악한 의심이 도(道)로 나가는 것을 가로막고 어리석음과 고통이 끝없이 일어나는 악순환을 반복하는 것이다.

∴ 309

一法脫過 謂妄語人　　일법탈과 위망어인
不免後世 靡惡不更　　불면후세 미악불갱

【譯】
한 번 법을 벗어나고 지나쳐서 망령된 말을 하는 사람은
뒷세상을 면치 못하나니 악함을 고치지 않을 수 없으리.

【解說】
한 번 길을 잘못 들어 정법을 벗어난 사람은 하는 말마다 헛된 말만 해서 복을 감한다. 그리하여 끝없이 윤회하는 번뇌에 바다에 빠져, 다시 다음 생을 받아 그 과보를 받게 된다. 그러므로 현명한 사람은 바른 도를 닦고, 말을 조심하며 항상 선업을 닦는다.

∴ 310

不善像如善　愛如似無愛　　불선상여선　애여사무애
以苦爲樂像　狂夫爲所厭　　이고위락상　광부위소염

【譯】
선하지 못하면서 선한 체하고 애착 있으면서 애착 없는 것같이 하며,
괴로우면서도 애써 즐거운 모습을 짓는 것은 미친 사람 짓이며 싫은 일이다.

【解說】
악한 행동을 하면서도 선한 체하고 모든 것에 탐탁하여 애착이 깊으면서도 마치 애착이 없는 것처럼 하고, 고통 속에 신음하면서도 거짓으로 즐거운 체하는 위선자는 어리석은 자가 하는 짓이다. 현명한 사람은 슬프면 슬픈 대로 기쁘면 기쁜 대로 그대로 받아들이고 행동하며, 모든 것에 집착이 없으니, 슬픔이나 기쁨이 마음에 오래 머물지 않는다. 마치 물에 돌을 던지면 그 파문이 곧 잔잔해지듯……

제22장 술불품(述佛品)

술불품(述佛品)에서는 부처님의 위대하고 전능한 공덕과 한량없는 자비심을 말해 주고 있다. 완전한 인격을 소지한 부처님께서는 중생을 이롭게 하고, 번뇌 망상의 고해에서 생멸을 계속하는 중생을 제도하여, 안락한 열반의 세계로 인도하는 큰 공덕을 찬탄하고 있다.

∴ 311

述佛品者 道佛神德　　술불품자 도불신덕
無不利度 明爲世則　　무불리도 명위세즉

【譯】
술불품(述佛品)이란 부처님의 도(道)와 신령한 덕(德)은
중생을 이롭게 제도하지 않음이 없어 분명 세상의 밝은 법칙이 됨을 말한다.

∴ 312

己勝不受惡 一切勝世間　　기승불수악 일절승세간
叡智廓無疆 開曚令入道　　예지확무강 개몽령입도

【譯】
자기를 이겨 악을 받아들이지 아니하고 이 세상 모든 것을 이겼으니
예지(叡智)가 끝없이 열려 도(道)에 들어 몽매(蒙昧)함을 열게 되도다.

【解說】
부처님은 자기 자신을 극복한 위대하신 분이다. 자신을 이기고 이 세간의 모든 것을 이김으로써, 지혜가 활짝 열리고 몽매한 망상이 사라져서 우주 만물의 진리를 깨닫게 되었다.

∴ 313

勇健立一心 出家日夜滅　용건립일심 출가일야멸
根斷無欲意 學正念淸明　근단무욕의 학정념청명

【譯】
과감하고 굳은 한 뜻을 세우고 출가하여 밤낮으로 멸하며,
근(根)을 끊어 욕심이 없으니 바른 배움으로 뜻이 맑고 밝으셨네.

【解說】
부처님은 한 나라의 왕자의 지리를 버리고, 오직 진리를 구하고자 하는 일념으로 출가하였다. 그리하여 각고의 노력으로 수도하여 모든 욕심과 번뇌 망상에서 벗어나 진리를 깨달아서 마음이 맑고 밝게 되셨다.

∴ 314

得生人道難 生壽亦難得　득생인도란 생수역난득
世間有佛難 佛法難得聞　세간유불난 불법난득문

【譯】
사람 몸을 받아 태어나기 어렵고 태어나서 오래 살기 또한 어려우며,

세상에 부처님이 나시기도 어려우니 불법을 얻어듣기 더욱 어렵다네.

【解說】
억겁으로 두고 윤회하는 가운데, 악도(惡道)에 빠지지 않고 사람으로 태어나기란 정말로 어려운 일이다. 어렵게 사람으로 태어나서도 건강하게 잘 산다는 것은 더욱 어려운 일이다. 그것보다 더 어려운 일은 내가 사는 이 세상에 부처님이 오시는 일이다. 그러므로 부처님의 설법을 듣는 것이 얼마나 어렵고 귀한 것이라는 것을 알아야 한다. 이제부터라도 우리는 마음을 맑게 하고 생각을 모아, 항상 부처님의 청정한 말씀을 가슴에 담도록 힘써야 하겠다.

315

我旣無歸保 亦獨無伴侶　아기무귀보 역독무반려
積一行得佛 自然通聖道　적일행득불 자연통성도

【譯】
나 이미 돌아가 쉴 곳도 없고 또한 혼자인 이 몸 짝할 이도 없으니,
일념으로 행을 쌓아 부처가 되어 자연히 거룩한 도를 통했도다.

【註】
無伴侶(무반려)……배우자가 없다. 혹은 인생을 같이할 사람이 없다는 말.
行得佛(행득불)……몸소 실천하여 불도를 터득하다.

【解說】
수행자는 돌아갈 곳도 쉴 곳도 없으며 오직 성불을 위한 정진만이 있을 뿐이다. 그러므로 부처님께서는 일념으로 도를 닦아 성불하셨다. 성불을 하니, 자연히 우주자연의 도를 모두 통하여 성인의 도에 다다르게 되었다.

316

船師能渡水 精進爲橋梁 선사능도수 정진위교량
人以種姓繫 度者爲健雄 인이종성계 도자위건웅

【譯】
뱃사공은 능히 물을 건너고 정진은 교량이 된다.
사람은 여러 가지 종성(種姓)에 얽매이지만 건너는 자는 씩씩한 대장부다.

【註】
船師(선사)……뱃사공을 말함.

【解說】
배를 부리는 뱃사공은 항상 배를 부리며, 힘써 노력해서 사람들을 건너게 하는 교량이 된다. 사람들은 대개 자기의 가문과 신분, 재산 등에 집착하여 세속에 안주하지만, 참된 깨달음을 구하는 자는 그러한 모든 것을 초월하고 오직 부처님의 법에 귀의하여 정진하는 사람이다. 그런 사람이 바로 진실한 의미의 대장부이다.

317

壞惡度爲佛 止地爲梵志 괴악도위불 지지위범지
除饉爲學法 斷種爲弟子 제근위학법 단종위제자

【譯】
악을 부수어 건넌 사람을 부처라 하고, 멈추는 자리를 범지(梵志)라 한다.
제근(除饉)을 법을 배우는 이라 하고, 종자를 끊음을 제자(弟子)라 한다.

【註】
止地(지지)······마음이 한 자리에 멈추어 번뇌 망상을 끊어 버리고 진리를 증득(證得)함을 말함. 지(止)는 선정(禪定)을 뜻한다.
除饉(제근)······불교에 귀의해서 승려가 된 사람.
斷種(단종)······혼인하지 아니하여 자손을 두지 않음.

【解說】
세상의 모든 악을 없애고 번뇌 망상을 끊은 사람을 부처라 한다. 선정에 머물러 마음을 깨끗이 한 사람을 바라문이라 한다. 불문에 귀의하여 부처님의 법을 열심히 배우고 도를 닦는 사람을 승려라 한다. 그리고 혼인을 하지 않고 자손을 두지 않으며, 오직 부처님 법만을 열심히 닦는 사람을 진실한 불제자(佛弟子)라 한다.

318

諸惡莫作 諸善奉行　제악막작 제선봉행
自淨其意 是諸佛教　자정기의 시제불교

【譯】
모든 악 짓지 말고 모든 선 받들어 행하며,
스스로 그 뜻을 깨끗이 하면 그것이 모든 부처님의 가르침이어라.

【解說】
부처님의 가르침은 어렵고 먼 데 있는 것이 아니다. 선을 행하고 악을 행하지 않으며, 스스로 그 마음을 깨끗하고 맑게 닦아나가라고 하신 것이 바로 부처님의 가르침인 것이다. 이 짧은 말씀 속에 불교의 참뜻이 모두 함축되어 있는 것이다.

319

佛爲尊貴 斷漏無婬　　불위존귀 단루무음
諸釋中雄 一群從心　　제석중웅 일군종심

【譯】
부처님은 높고 귀한 분이며 번뇌를 끊고 음욕을 없애어
모든 석씨(釋氏) 중에서 뛰어나시어 온 무리가 그 마음을 따랐네.

【註】
斷漏(단루)……번뇌 망상을 모두 끊음.

【解說】
　모든 번뇌 망상과 욕심을 끊은 부처님은 진실한 승자(勝者)이고 또한 완전한 인격자이며, 참된 영웅이시다. 그러므로 사람들은 진심으로 그를 따르고 그의 가르침을 받아들인다.

320

快哉福報 所願皆成　　쾌재복보 소원개성
敏於上寂 自致泥洹　　민어상적 자치니원

【譯】
기쁘도다, 복의 갚음이여! 원하는 바를 모두 이루고
최상의 고요함에 민첩하시어 스스로 열반을 이루셨네.

【解說】
　만일 사람들이 진심으로 부처님을 따르고 가르침을 행하면, 그 보답으로 행복은 스스로 다가오고 모든 소원은 다 이루어진다. 인과의 법칙은 준엄하며 절대로 어기는 법이 없다. 그러므로 고요한 곳에 살면서 열심히 정진하면, 번뇌 망상이 전혀 없는 열반의 경지에 이르게 된다.

∴ 321

如有自歸　佛法聖衆　　　여유자귀　불법성중
道德四諦　必見正慧　　　도덕사체　필견정혜

【譯】
　만일 스스로 귀의하기를 부처님 법과 성스러운 무리들에게 의지한다면
　도와 덕과 네 가지 진리로 반드시 바른 지혜를 얻게 되리라.

【解說】
　삿된 잡신에게 의지하지 말고 불법(佛法)과 여러 성자(聖者)들에게 귀의하며, 사성제(四聖諦)의 바른 도를 닦는다면 반드시 밝은 지혜를 얻어 마음의 안정을 얻고 고요한 열반의 경지에 다다르게 될 것이다.

∴ 322

生死極苦　從諦得度　　　생사극고　종체득도
度世八道　斯除衆苦　　　도세팔도　사제중고

【譯】
생사(生死)는 매우 괴로운 것이지만 진리를 따르면 건널 수 있나니
세상을 제도(濟度)하는 여덟 가지 길은 온갖 괴로움을 없애 준다.

【解說】
생사보다도 더 어렵고 중요한 일은 없다. 죽음 앞에 두렵지 않은 사람은 없고 죽음을 좋아하는 사람은 없다. 그러나 이러한 죽음을 건너는 길은 사제의 진리를 잘 배우고 익혀서 이를 따르면 생사를 건널 수 있다. 그리고 여덟 가지 바른 도를 수행하면 모든 고뇌에서 벗어나 평안히 살 수 있다.

∴ 323

自歸三尊 最吉最上　　자귀삼존 최길최상
唯獨有是 度一切苦　　유독유시 도일절고

【譯】
스스로 삼존에게 귀의하는 것이 가장 길하고 가장 좋다.
오직 이렇게 하는 길만이 모든 괴로움을 벗어날 수 있다.

【註】
自歸(자귀)……스스로 귀의하다. 스스로 따라나서다.

【解說】
나의 모든 것을 바쳐 부처님께 귀의하는 것이 신앙의 시초이다. 삼존불에게 귀의해서 일념으로 기도하면 마음의 안정을 얻고 평온을 찾아 행복한 삶을 살 수 있고, 생사의 고통에서 벗어날 수 있는 것이다.

∴ 324

士如中正　志道不慳　　사여중정 지도불간
利哉斯人　自歸佛者　　이재사인 자귀불자

【譯】
사람이 만일 중정(中正)을 하여 도에 뜻을 두고 열심히 나아가면
이런 사람은 이롭도다! 스스로 부처님께 귀의한 사람이네.

【解說】
　중정의 도를 지키며 바른 길을 닦아나가는 사람은 반드시 부처님의 가르침에 귀의하게 된다. 그리고 그러한 사람은 꼭 생사윤회의 괴로움에서 벗어나 해탈의 기쁨을 얻게 된다.

∴ 325

明人難値　亦不此有　　명인란치 역불차유
其所生處　族親蒙慶　　기소생처 족친몽경

【譯】
밝은 사람은 만나기 어렵고 또한 이런 사람은 흔히 있지도 않다.
그가 태어나 사는 곳에는 그 친족까지도 경사를 입는다.

【解說】
　지혜와 사리가 밝은 사람은 극히 드물어서 만나기 어렵다. 이런 사람이 태어난 곳에는 그 친족들까지도 모두 경사가 아닐 수 없다. 천 겁이 지나도 이 세상에 석가모니 부처님같이 현명한 사람은 다시 태어나기 힘들다.

우리는 그분의 가르침을 고맙게 배우고 잘 따르며 실천해야 한다.

∴ 326

諸佛興快 說經道快　　제불흥쾌 설경도쾌
衆聚和快 和則常安　　중취화쾌 화즉상안

【譯】
모든 부처님이 나오심이 반갑고 바른 도의 설법이 즐거우며,
중들이 모여 화합한 것이 기쁘니 화합하면 항상 편안함이 있도다.

【解說】
　부처님들이 세상에 나오신 것 무척 기쁘고, 바른 도리 설하심은 한없이 즐거우며, 부처님의 설법을 함께 듣는 여러 사람이 화합하여 함께 불도를 닦으면 마음은 한없이 편안하다.

제 23 장 안녕품(安寧品)

안녕품(安寧品)이란 편안함과 위태로움의 차이를 밝힌 것이니, 악을 버리고 선을 행하면 마음이 편안하고 행복하며, 어리석음에 떨어지지 않음을 설한 것이다.

∴ 327

安寧品者 差次安危　　안녕품자 차차안위
去惡卽善 快而不墮　　거악즉선 쾌이불타

【譯】
안녕품(安寧品)이란 편안함과 위태로움의 차이를 말한 것이니,
악을 버리고 선으로 나아가면 즐겁고 어리석음에 떨어지지 않는다는 것을 가르치고 있다.

∴ 328

我生已安 不慍於怨　　아생이안 불온어원
衆人有怨 我行無怨　　중인유원 아행무원

【譯】
나의 삶이 이미 편안하니 원망에도 성내지 않는다.
뭇 사람은 원망이 있지만 나는 원망 없는 행을 하리라.

【解說】
　나는 이미 수행을 쌓아 집착을 끊고 마음이 편안한 경지에 이르렀으므로, 남들이 나를 원망해도 그런 것에 마음 쓰지 않는다. 수행이 부족한 사람은 남에게 원망을 살 만한 일을 많이 하지만 나는 절대로 그와 같은 일을 저지르지 않는다.

∴ 329

我生已安　不病於病　　아생이안　불병어병
衆人有病　我行無病　　중인유병　아행무병

【譯】
나의 삶이 이미 편안하니 어떤 병에도 병들지 않는다.
뭇 사람은 병이 있어도 나의 행에는 병이 없다.

【解說】
　나는 이미 수행을 쌓아 집착을 끊고 마음이 편안한 경지에 이르렀으므로, 일체의 번민이 없어 마음과 몸에 병이 생기지 않는다. 사람들은 세상 명리에 집착되어 늘 괴로운 병에 시달리지만 나의 수행의 길에는 아무런 병이 없다.

∴ 330

我生已安　不感於憂　　아생이안　불척어우
衆人有憂　我行無憂　　중인유우　아행무우

【譯】
나의 삶이 이미 편안하니 근심을 걱정하지 않는다.
뭇 사람은 근심이 있으나 나의 행에는 근심이 없다.

【解說】
나는 이미 수행을 쌓아 집착을 끊고 마음이 편안한 경지에 이르렀으므로, 내게는 일체의 근심이 없다. 사람들은 근심이 생길 만한 일을 저지르고 자기가 만든 근심으로 괴로운 생활을 하고 있으나, 나는 근심이 없기 때문에 항상 행복한 생활을 즐기고 있다.

∴ 331

我生已安 澹泊無事　　아생이안 담박무사
彌薪國火 安能燒我　　미신국화 안능소아

【譯】
내 삶이 이미 편안하니 마음이 깨끗하여 아무 일이 없네.
온 나라에 가득한 섶나무 불인들 어찌 능히 나를 불태우리오.

【註】
澹泊(담박)……마음이 깨끗하고 욕심이 적다.

【解說】
나는 이미 수행을 쌓아 집착을 끊고 마음이 편안한 경지에 이르렀으므로 욕심이 사라져 마음이 깨끗하고 일이 없으니, 어떠한 번뇌의 불길도 나를 태울 수 없으며, 집채만한 번뇌의 섶불도 나를 태울 수 없다.

332

勝則生怨 負則自鄙　승즉생원 부즉자비
去勝負心 無爭自安　거승부심 무쟁자안

【譯】
이기면 원망이 생기고 지면 스스로 천해지는 것이니
승부의 마음을 버리고 다툼이 없으면 스스로 편안하리라.

【解說】
　남과 다투어서 이기면 남이 나를 원망하게 되고, 남과 다투어 내가 지면 내가 천박해진다. 그러므로 남과 다투려는 승부욕을 처음부터 버리고, 모든 사람과 사이좋게 지내며 싸우지 않으면 마음은 항상 편안하다.

333

熱無過婬 毒無過怒　열무과음 독무과노
苦無過身 樂無過滅　고무과신 낙무과멸

【譯】
뜨겁기는 음욕보다 더한 것이 없고, 독하기는 성냄보다 더한 것이 없고,
괴롭기는 몸보다 더한 것이 없으며, 즐겁기는 열반보다 더한 것이 없네.

【解說】
　음욕은 열화와 같아서 몸을 불태우고, 성냄은 고요한 마음을 교란시켜 이성을 잃게 한다. 괴로움의 근본은 바로 이 몸이며, 몸이 요구하는 여러

가지 탐욕은 사람으로 하여금 죄의 늪에 빠지게 한다. 모든 번뇌를 멸하여 완전한 즐거움을 얻는 길은 오직 열반에 이르는 길뿐이다.

∴ 334

無樂小樂 小辯小慧　　무락소락 소변소혜
觀求大者 乃獲大安　　관구대자 내획대안

【譯】
작은 즐거움을 즐기지 않고 작은 변재(辯才)와 작은 지혜도 즐기지 않고 마음으로 관하여 큰 것을 구하면 결국 큰 기쁨을 얻을 수 있으리.

【解說】
수행자는 공부를 해서 얻은 작은 기쁨과 작은 언변, 그리고 작은 지혜에 만족하여 안주하지 않는다. 더욱 열심히 공부하고 더 큰 것을 구하여 결국 사물의 근본 이치를 자세히 관찰한 다음, 무엇에도 비길 바 없이 크고 완전한 열반의 기쁨을 얻는다.

∴ 335

我爲世尊 長解無憂　　아위세존 장해무우
正度三有 獨降衆魔　　정도삼유 독강중마

【譯】
나는 세상에서 가장 존귀한 이 되었으니 길이 해탈하여 근심이 없고,

바르게 삼유(三有)를 제도하여 혼자서 많은 마귀를 항복받았네.

【註】
　　三有(삼유)……욕유(欲有)·색유(色有)·무색류(無色有)를 말하며, 색계(色界)·욕계(欲界)·무색계(無色界)의 삼계(三界)와 통하는 말.

【解說】
나(석가모니)는 해탈하여 모든 번뇌를 여의고 삼계(三界)의 모든 존재를 제도한 절대적인 존재이다. 모든 악마와 삿된 것을 이겨서 성불득도(成佛得道)한 성자(聖者)이며, 생사를 초월한 승자(勝者)이다. 그리하여 천상이나 천하를 막론하고 가장 존귀한 존재가 되었다.

∴ 336

見聖人快　得依附快　　견성인쾌　득의부쾌
得離愚人　爲善獨快　　득리우인　위선독쾌

【譯】
성인을 뵙는 것이 즐겁고 의지할 곳 얻는 것이 또한 즐겁네.
어리석은 사람을 떠날 수 있고 선을 홀로 행할 수 있어 즐거워라.

【解說】
부처님이 이 세상에 오시므로 성인을 뵈올 수 있어서 즐겁고, 의지할 곳이 생겨서 또한 즐겁고, 어리석은 사람을 떠나 진리를 배울 수 있는 현인(賢人)을 만난 것이 즐겁다. 그리하여 부처님께 귀의하여 선을 행할 수 있어서 더욱 즐겁다.

∴ 337

守正道快　工說法快　　수정도쾌 공설법쾌
與世無諍　戒具常快　　여세무쟁 계구상쾌

【譯】
바른 도리 지키는 것이 즐겁고 설법을 잘 하는 것이 또한 즐거우며,
세상 사람과 다투지 아니하고 계율을 지니는 것이 항상 즐거워라.

【註】
工說法(공설법)……설법을 잘 함. 공(工)은 잘 한다는 뜻.

【解說】
바른 도를 지켜 악에 빠지지 않는 것과 배우고 익힌 것을 중생에게 설법을 잘 하는 것은 매우 즐거운 일이다. 그리고 계율을 잘 지켜 남과 다투지 않고, 착하고 성실하게 사는 것 역시 또한 매우 즐거운 일이다.

∴ 338

壽命鮮少　而棄世多　　수명선소 이기세다
學當取要　令至老安　　학당취요 영지노안

【譯】
인간의 수명은 얼마 되지 않으니 세상의 많은 일 모두 버리고
부디 요점만을 잘 배우고 취하여 늙어서 편안함을 얻게 하여라.

【解說】
인간의 수명은 한없는 것이 아니고 여유가 많이 있는 것이 아니며, 무척 짧고 불완전한 존재이다. 그러므로 우리들이 꼭 해결해야 할 가장 시급한 문제부터 우선 먼저 해결해야 한다. 젊어서 열심히 배워 생사문제를 모두 해결하고, 늙어서 편안한 생활을 하도록 해야 한다.

∴ 339

諸欲得甘露　棄欲滅諦快　제욕득감로 기욕멸체쾌
欲度生死苦　當服甘露味　욕도생사고 당복감로미

【譯】
모든 사람이 감로(甘露)를 얻고자 한다면 욕심을 버리고 멸체(滅諦)의 진리를 즐겨라.
생사(生死)의 괴로움을 건너고자 한다면 마땅히 감로수 맛을 보아야 한다.

【註】
滅諦(멸체)……사체(四諦)의 하나. 열반을 뜻하기도 함.

【解說】
사람들이 만일 부처님의 법을 얻고자 한다면 마음을 맑게 하고 사성체의 가르침을 잘 닦아야 한다. 생사의 괴로움에서 벗어나려면 열심히 불법을 닦아 진리를 깨달아야 한다.

제24장 호희품(好喜品)

사람은 오관으로 얻어지는 여러 가지 어지러운 유혹 때문에 마음이 흔들리고 탐욕이 생기며, 죄에 빠져 번민하게 된다. 만일 그러한 것에 마음을 빼앗기지 않고 밝을 도를 닦으면 근심과 걱정이 있을 수 없다.

∴ 340

好喜品者 禁人多喜   호희품자 금인다희
能不貪欲 則無憂患   능불탐욕 즉무우환

【譯】
호희품(好喜品)이란 사람들에게 많은 기쁨을 금하고
능히 탐욕을 내지 않으면 근심과 걱정이 없음을 말한 것이다.

∴ 341

違道則自順 順道則自違   위도즉자순 순도즉자위
捨義取所好 是爲順愛欲   사의취소호 시위순애욕

【譯】
도를 어기면 자기를 따르게 되고, 도를 따르면 자기를 어기게 된다.
의(義)를 버리고 좋아하는 것을 취하면 이것은 곧 애욕을 따르는 것이 된다.

【註】
自順(자순)……자기 욕심에 따름.

【解說】
정도를 실천하려면 애욕을 버려야 하고, 애욕에 따르면 정도를 버려야 한다. 의리(義理)를 무시하고 내가 좋아하는 대로 먹고 마시고 행동하며 살면, 이는 욕정의 노예가 되어 죄의 깊은 함정에 빠져들게 되는 것이다.

∴ 342

不當趣所愛 亦莫有不愛　부당취소애 역막유불애
愛之不見憂 不愛見亦憂　애지불견우 불애견역우

【譯】
사랑하는 것을 마땅히 갖지도 말고, 또한 사랑하지 않음도 두지 말라.
사랑하는 것을 보지 못해도 근심하고, 사랑하지 않는 것을 보아도 또한 근심스럽다.

【解說】
애욕에 집착하지 말라. 사랑하는 것에 달려가지도 말고, 사랑하지 않는 것을 갖지도 말라. 사랑도 사랑하지 않음도 모두 아닌 중용에 머물러라. 사랑하는 사람을 보고 싶고, 만나고 싶고, 함께 있고 싶은 애절한 그리움은 가슴의 응어리가 질 것이다. 사랑하지도 않는 사람을 늘 만나야 하고, 함께 먹고 마시고 한 집에서 살아야 하는 괴로움은 살아 있는 이승에서 지옥을 맛보고 있는 것과 다름없다.

343

是以莫造愛　愛憎惡所由　시이막조애 애증악소유
已除縛結者　無愛無所憎　이제박결자 무애무소증

【譯】
그러므로 애욕을 짓지 말라. 애욕으로 말미암아 증오가 생기니
이미 결박에서 벗어난 자에게는 사랑할 것도 미워할 것도 다 없다.

【註】
縛結(박결)……결박(結縛). 어떤 사물을 자유롭지 않게 얽어 구속함.

【解說】
그런 까닭에 사랑을 하지 말라. 사랑 때문에 미워하고 시기하고 번민하는 마음이 생기기 때문이다. 사랑은 강한 독점의 욕구와 이기심을 야기시켜 사물을 판단하는 바른 눈을 어둡게 한다. 그러므로 애욕의 결박에서 벗어난 사람만이 완전한 자유인이며, 무엇에도 걸림이 없는 허허로운 마음으로 항상 편안하고 행복하게 살 수 있다.

344

愛喜生憂　愛喜生畏　애희생우 애희생외
無所愛喜　何憂何畏　무소애희 하우하외

【譯】
사랑과 기쁨 속에 근심 생기고 사랑과 기쁨 속에 두려움 생기니
사랑과 기쁨 없는 곳에 무슨 근심과 무슨 두려움이 있으리.

【解說】
　사랑하고 기뻐하는 가운데에 온갖 근심과 두려움이 생긴다. 사랑하고 기뻐함이 없다면 무슨 근심과 두려움이 있겠는가? 사람의 마음은 사랑하고 기뻐할 때 흔들리기 쉽고 움직이기 쉽다. 마음이 안정되지 못하고 흔들리면 안정을 얻을 수 없고 편안하지 못하다.

∴ 345

好樂生憂 好樂生畏　　호락생우 호락생외
無所好樂 何憂河畏　　무소호락 하우하외

【譯】
　좋아하고 즐거워하는 속에 근심 생기고, 좋아하고 즐거워하는 속에 두려움 생기니, 좋아하고 즐거워하는 것이 없는 곳에 무슨 근심과 무슨 두려움이 있으리.

【解說】
　방종한 마음으로 탐욕을 일으켜 허상을 좋아하고 즐거워하면, 이는 근심과 걱정을 만드는 원인이 된다. 세상에는 영원한 것이 없으니, 좋아하고 즐거워하는 것들도 일시적인 허상에 불과하다. 그러므로 그 허상에 집착해서 좋아하고 즐거워한다면 이는 마치 허깨비를 보고 박수를 보내는 것과 같은 것이니, 결국 근심과 괴로움이 뒤따르게 되는 것이다.

∴ 346

貪欲生憂 貪欲生畏　　탐욕생우 탐욕생외
解無貪欲 何憂何畏　　해무탐욕 하우하외

【譯】
탐욕 속에 근심이 생기고 탐욕 속에 두려움이 생기니
이를 벗어나 탐욕이 없는 곳에 무슨 근심과 무슨 두려움이 있으리.

【解說】
탐욕은 사람을 망치고 정도를 지키지 못하게 한다. 그 때문에 근심이 생기고 두려움도 생긴다. 마음속에 탐욕이 없다면 아무 걱정도 없다.

347

貪法戒成 至誠知慚　　탐법계성 지성지참
行身近道 爲衆所愛　　행신근도 위중소애

【譯】
법을 탐하여 계를 지키고 지극한 정성으로 부끄러움을 알아도
가까이 몸을 행하면 여러 사람의 사랑을 받으리라.

【解說】
부처님의 정법을 배우고 이를 열심히 실행하며, 행해서는 안 될 부끄러운 짓을 하지 않고, 오직 지성으로 도를 닦아 몸을 바로 지키면 모든 사람들로부터 존경받고 사랑받는 귀한 사람이 된다.

348

好行福者 從此到彼　　호행복자 종차도피
自受福祚 如親來喜　　자수복조 여친래희

【譯】
즐거이 복된 일을 행하는 자는 이를 따라 저 언덕에 이르러
스스로 복을 받음이 마치 어버이가 오신 기쁨과 같다.

【解說】
즐거운 마음으로 복된 일을 하는 사람은 번뇌의 깊은 강을 건너 행복한 피안(彼岸)에 도달하여 무한한 기쁨을 누리며 살 수 있게 된다. 비유컨대 마치 친어버이가 오신 것 같은 무한한 기쁨을 얻게 되는 것이다.

∴ 349

近與不近 所住者異　　근여불근 소주자리
近道昇天 不近墮獄　　근도승천 불근타옥

【譯】
도를 가까이하는 자와 가까이하지 않는 자는 사는 곳이 다르니
도를 가까이하는 자는 하늘에 오르고 도를 가까이하지 않는 자는 지옥에 떨어진다.

【解說】
도를 가까이하는 사람의 생활과 도를 멀리하는 사람의 생활은 근본적으로 다르다. 그러므로 같은 나라, 같은 고장에 살아도 그들이 사는 곳은 서로 다르다. 그리하여 결국 도를 행하는 사람은 하늘 나라로 올라가고, 도를 멀리하는 사람은 무서운 지옥에 떨어지게 된다.

제 25 장 분노품(忿怒品)

분노품(忿怒品)이란 성냄을 경계하는 품이다. 비록 남들이 내게 성내고 나를 욕하더라도 내가 너그럽게 대하고 그에게 성내고 욕하지 않으면 상대방도 자기의 잘못을 곧 뉘우치고 나를 사랑으로 대하게 된다. 뿐만 아니라 성내지 않는 착한 사람에게는 하늘이 복을 내리고 수명을 연장해 준다.

∴ 350

忿怒品者 見瞋恚害　　분노품자 견진에해
寬弘慈柔 天祐人愛　　관홍자유 천우인애

【譯】
분노품(忿怒品)이란 내게 성내고 해치려는 자를 보더라도
너그러이 용서하고 자비로 대하면, 하늘이 복을 주고 사람이 사랑을 줌을 말한다.

∴ 351

忿怒不見法 忿怒不知道　　분노불견법 분노부지도
能除忿怒者 福喜常隨身　　능제분노자 복희상수신

【譯】
성내는 사람은 법을 보지 못하고, 성내는 사람은 도를 알지 못한다.
능히 분노를 없앤 사람에게만 복과 기쁨이 항상 그를 따른다.

【解說】

성내는 사람은 마음이 흔들려 바른 법을 볼 수 없고 바른 도를 이룰 수 없으며, 악에 빠지게 된다. 비록 분하고 화가 나더라도 마음을 가라앉혀 성냄을 중지하고, 법과 도를 닦아야만 복과 기쁨을 얻을 수 있다.

∴ 352

貪婬不見法 愚癡意亦然　탐음불견법 우치의역연
除婬去癡者 其福第一尊　제음거치자 기복제일존

【譯】

음욕을 탐하면 바른 법은 볼 수 없고 마음이 어리석어도 역시 그러하나니,
음욕을 버리고 어리석음을 버린 자는 그 복이 가장 귀하고 존귀하니라.

【解說】

이성간의 색정에 깊게 빠져든 사람은 바른 법을 볼 수 없고, 마음이 어리석은 사람도 역시 그러하다. 그러므로 수행자는 색정을 멀리하고 늘 배우고 익혀 밝은 지혜를 갈고 닦아야 한다. 음욕을 버리고 어리석음을 버려야만 지혜가 밝아져서 번뇌 망상을 끊고 부처님의 바른 진리를 받들 수 있고, 도를 이루어 행복한 열반에 도달할 수 있다.

∴ 353

恚能自制 如止奔車　에능자제 여지분차
是爲善御 棄冥入明　시위선어 기명입명

【譯】
성냄을 스스로 억제하기를 마치 수레바퀴를 멈추는 것같이 하면
이는 잘 다스리는 것이 되어 어둠을 버리고 밝음에 들어가리.

【解說】
 사람이 성을 내면 이성을 잃고 바른 판단력을 상실하고 만다. 그리하여 폭주하는 차량처럼 방향 없이 아무 곳에나 달려가서 악에 빠지게 된다. 그러므로 마음을 안정시켜 성냄을 억제하면, 바른길을 갈 수 있어 어둠을 버리고 광명을 향해 나아가게 된다.

∴ 354

忍辱勝恚 善勝不善　　인욕승에 선승불선
勝者能施 至誠勝欺　　승자능시 지성승기

【譯】
 욕을 참고 성냄을 이기면 선은 불선(不善)을 이긴다.
이긴 자는 능히 보시하고 지극한 정성은 속임을 이긴다.

【解說】
 욕됨을 참고 분노를 가라앉히면 마음의 안정을 얻을 수 있다. 정의는 불의를 이기고 선은 반드시 불선(不善)을 이기니, 욕을 당해도 참고 분노를 가라앉혀 바른길로 나아가면, 결국 옳고 그름이 드러나게 된다. 그러므로 지극한 정성으로 성실한 생활을 하는 사람은 사악한 사람에게 이기게 되며, 복락을 누릴 수 있다.

∴ 355

不欺不怒 意不多求   불기불노 의부다구
如是三事 死則上天   여시삼사 사즉상천

【譯】
남을 속이지 않고 성내지 않고, 마음으로 많이 구하지 아니하는
이 같은 세 가지 일을 지키는 사람은 죽은 뒤에 곧 하늘 나라에 오르게 된다.

【註】
不多求(부다구)……많은 것을 바라지 않다.

【解說】
남과 자신을 속이지 않고 남에게 성내지도 아니하며, 욕심을 버리고 마음에 구함이 적은 사람은 이미 마음이 깨끗하고 고요한 경지에 이르렀으며, 번뇌 망상을 해탈한 사람이다. 그러한 사람은 이 세상의 수명이 다해서 죽으면 곧 하늘에 태어나 영원한 복락을 누리며 살 수 있다.

∴ 356

常自攝身 慈心不殺   상자섭신 자심불살
是生天上 到彼無憂   시생천상 도피무우

【譯】
항상 자신의 몸을 굳게 지키고 자비로운 마음을 잃지 않으면
이것이 천상에서 사는 것이며, 피안에 도달하여 근심이 없다.

【解說】
항상 자신의 몸을 소중히 간직하고 오욕락에 빠지지 않으며, 정도를 지켜 바르게 사는 사람은 많은 복을 짓는 사람이다. 그런 사람은 죽어서도 천상에 태어나고 생사를 초월한 안락한 생활을 하게 된다.

357

意常覺寤 明暮勤學　　의상각오 명모근학
漏盡意解 可致泥洹　　누진의해 가치이원

【譯】
마음이 항상 깨달아 있고 밤낮으로 부지런히 배우면
번뇌가 없어지고 마음이 해탈되어 가히 열반을 얻을 수 있다.

【註】
明暮(명모)……밝고 어두움. 여기서는 밤낮을 말한다.

【解說】
착실히 불법을 닦고 수행을 열심히 해서 마음이 맑고 밝으면, 생사의 괴로움에서 벗어나 열반의 경지에 이르게 된다.

358

欲意非聖 不能制中　　욕의비성 불능제중
一毁一譽 但爲利名　　일훼일예 단위리명

【譯】
욕심은 깨끗한 것이 못 되니 그를 억제하지 못하면
한 번 헐뜯고 한 번 칭찬하는 것, 단지 이익과 명리를 위한 것뿐이네.

【註】
制中(제중)……제어하여 중도에 이르도록 하는 것.

【解說】
탐욕은 반드시 없애야 한다. 마음속에 이기심과 탐욕을 없애지 않으면 남을 비방하고 칭찬하는 것이 모두 자신의 이익과 명예를 위해서 할뿐이고, 정도(正道)에서 벗어나 죄를 짓게 될 뿐이다.

∴ 359

明智所譽 唯稱是賢　　명지소예 유칭시현
慧人守戒 無所譏謗　　혜인수계 무소기방

【譯】
밝은 지혜를 칭찬하는 것 오직 그것을 현명하다 일컫나니
슬기로운 사람은 계율을 지키며 누구의 비방도 받지 않는다.

【註】
譏謗(기방)……비방.

【解說】
밝은 지혜를 갖고 정도를 행하는 사람은 모든 사람들로부터 현인이라고 추대받으며 존경받는다. 이런 사람은 계율을 지키며, 악에 빠지지 않으므로 누구의 비방이나 욕설도 받지 않는다.

∴ 360

常守愼身 以護瞋恚　　상수신신 이호진에
除身惡行 進修德行　　제신악행 진수덕행

【譯】
항상 삼가 몸을 지켜 성냄에서 보호하고
몸에서 악행(惡行)을 없애고 덕행을 닦아나가라.

【解說】
마음을 조용히 해서 성냄을 억제하고 몸을 삼가 보호하라. 성냄이 심하면 악을 범하게 되고 선한 행동을 할 수 없다. 악한 행동은 악한 과보를 받아 괴로움에 시달리게 되고, 선한 행동은 선한 과보를 받아 복되고 평화롭게 살 수 있다.

∴ 361

常守愼言 以護瞋恚　　상수신언 이호진에
除口惡言 誦習法言　　제구악언 송습법언

【譯】
항상 말을 신중히 함으로써 성냄을 억제하고
입에서 악한 말을 없애고 법의 말씀을 외우고 익혀라.

【解說】
말은 한 번 입에서 나오면 다시 담을 수 없다. 칼은 사람의 몸을 상하게 하지만 모진 말은 사람의 가슴에 깊은 상처를 준다. 그러므로 말을 삼가야 하고, 나쁜 말을 하지 않도록 늘 입을 조심해야 한다. 나쁜 말이 나오려 하면 염불을 하거나 법문을 외우고 익히도록 하는 것이 좋다.

∴ 362

常守愼心 以護瞋恚　　상수신심 이호진에
除心惡念 思惟念道　　제심악념 사유념도

【譯】
항상 마음을 신중히 가짐으로써 성냄을 억제하고
마음에서 악한 생각을 없애버리고 언제나 도를 생각하여라.

【解說】
성내는 마음을 억제하고 항상 고요하고 편안한 마음을 갖도록 노력하여라. 마음이 흔들리고 성내는 상태에서는 바른 사유와 바른 판단을 할 수 없어서 죄에 빠지기 쉽다. 그러므로 슬기로운 사람은 늘 마음에서 사악한 생각을 몰아내고 항상 정도를 생각하며 산다.

∴ 363

節身愼言 守攝其心　　절신신언 수섭기심
捨恚行道 忍辱最强　　사에행도 인욕최강

【譯】
몸을 절제하고 말을 삼가며 그 마음을 굳게 지켜
성냄을 버리고 도를 행하는 데는 욕됨을 참는 것이 가장 으뜸이니라.

【解說】
몸을 절제하고 말을 삼가며 그 마음이 악에 빠지지 않도록 굳게 지키며, 성내지 아니하고 도를 행하는 사람은 가장 참을성이 있는 사람이다. 참을성이 없는 사람은 쉽게 성내고 쉽게 포기하고 게을러서, 어떠한 큰일도 성취할 수 없다.

364

捨恚離慢 避諸愛會　　사에리만 피제애회
不著名色 無爲滅苦　　부저명색 무위멸고

【譯】
성내지 아니하고 교만하지 않으며 모든 사랑과 합함을 피하여
명예와 여색에 집착하지 않으면 행함 없어 괴로움 멸하게 된다.

【解說】
성내는 마음과 교만한 마음을 버리고 애욕과 탐욕을 버려 명예나 여색에 집착하지 않는다면 마음은 허허로우며 아무 것도 걸릴 것이 없다. 그리하여 어떤 번민도 괴로움도 다 사라져 버리며, 한없는 마음의 평화를 얻게 된다.

365

起而解怒 婬生自禁　　기이해노 음생자금
捨不明健 斯皆得安　　사불명건 사개득안

【譯】
성이 나면 그것을 풀고 음욕이 생기면 스스로 금하여
밝지 못한 것을 과감히 버리면 이것이 다 편안함을 얻는 길이다.

【解說】
노여움이 생기면 이를 참아 마음을 가라앉히고, 음욕이 생기면 스스로 자제하여 이를 이겨나가라. 그렇지 않고 성나는 대로 욕하고 싸우고 방종하게 행동하며, 음란한 생각이 나는 대로 절제하지 못하면 몸에 큰 화를 입게 된다. 어리석은 생각을 지워 버리고 현명하게 행동하면 반드시 복이 다가온다.

∴ 366

同志相近 詳爲作惡　　동지상근 상위작악
後別餘患 火自燒惱　　후별여에 화자소뇌

【譯】
뜻을 같이하는 자들이 서로 가까이 모여 자세히 악을 지으면
떠난 뒤에는 환란이 남아 번뇌의 불이 스스로를 불사른다.

【解說】
바른 도리를 행하는 사람들의 모임은 이별 후에도 좋은 뒷말이 남지만, 사악한 생각으로 모인 사람들의 모임은 그들이 떠난 뒤에도 그들을 괴롭히는 번뇌의 불길이 그들은 뒤따른다. 남을 속이거나 모함하는 따위의 사기행각을 하면 그들이 지은 죄악의 과보가 반드시 그들을 따라다니며 괴롭히기 때문이다.

∴ 367

不知慚愧 無戒有怒　　부지참괴 무계유노
爲怒所牽 不厭有務　　위노소견 불염유무

【譯】
부끄러움을 알지 못하면 계율이 없어 성냄이 있다.
마음이 성냄에 이끌려 다니면서 잡된 일을 싫어하지 아니한다.

【解說】
사람의 마음속에 양심과 부끄러움을 아는 수치심이 없으면 악을 지어도 뉘우치고 반성할 줄 모르며, 악이 악인 줄도 모른다. 이런 사람은 지킬 계율도 없으므로, 늘 성내고 방종하며 짐승과 다를 바 없는 생활을 하며, 온갖 잡된 일을 서슴지 않는다.

∴ 368

有力近兵 無力近軟　　유력근병 무력근연
夫忍爲上 宜常忍羸　　부인위상 의상인리

【譯】
힘이 있으면 거친 병사에 가깝고 힘이 없으면 부드러움에
가까우니 대저 참은 것이 으뜸이며 항상 지고 참아라.

【註】
近兵(근병)……병기에 가깝다.

【解說】
　수양이 부족한 사람은 힘이 있으면 만용을 부려 성질이 거칠어지고 남을 지배하고 남에게 군림하려 하고, 힘이 없으면 강한 사람에게 아첨하고 복종한다. 그러나 군자는 힘이 있어도 뽐내지 아니하고, 힘이 없어도 비굴하지 않다. 남을 이기는 것보다 더 중요한 것은 져주는 아량이다.

·· 369

舉衆輕之　有力者忍　　거중경지　유력자인
夫忍爲上　宜常忍嬴　　부인위상　의상인리

【譯】
　모든 사람들이 업신여기더라도 힘있는 사람은 그것을 참는다.
　대저 참은 것이 으뜸이며 마땅히 항상 지는 것을 참아라.

【解說】
　모든 사람들이 나를 무시하고 업신여기더라도 진실로 수양이 쌓인 사람은 그것을 마음에 두지 않는다. 세상의 부귀나 명리 따위에는 애당초 뜻을 두지 않았으니 아무 것도 마음 쓸 것이 없다. 수행자가 진실로 마음을 두는 것은 모든 번뇌를 끊고 최상의 열반을 얻는 것 바로 그것이다.

·· 370

自我與彼　大畏有三　　자아여피　대외유삼
如知彼作　宜滅己中　　여지피작　의멸기중

【譯】
내가 어떤 사람을 대할 때 큰 두려움이 세 번이나 있으니
만일 그 하는 짓 알 수 있거든 마땅히 내 마음에서 사라지게 하라.

【註】
彼作(피작)……그가 하는 것, 즉 상대방이 하는 것.
己中(기중)……내 마음 속.

【解說】
남에게 양보하며 산다는 것은 매우 힘든 일이다. 그러나 내가 먼저 양보하면 남도 또한 내게 양보해 주니 결국 내게 더 많은 이익이 온다. 상대방의 의도와 상대방의 하는 일을 알 때, 내 주장을 굽히고 상대방에게 양보해서 다투지 아니하면 상대방도 또한 내게 그렇게 대해 주는 것이다.

∴ 371

俱兩行義 我爲彼敎　　구양행의 아위피교
如知彼作 宣滅己中　　여지피작 선멸기중

【譯】
두 가지 행의 이치를 갖추어 내가 그를 위하여 가르치더라도
그가 하는 일을 알게 되면 마땅히 내 속생각을 사라지게 하라.

【解說】
나와 상대방의 생각이 서로 대립될 때 내 생각을 상대방에게 일방적으로 강요하려 하지 말고, 내 생각을 죽이고 상대방의 생각을 받아들이도록 노력하라. 내 마음을 비우고 상대방의 주장을 내가 수용하면 아무런 다툼이나 갈등이 없고, 서로 좋은 관계를 오래 유지할 수 있다.

372

善智勝愚 嬴言惡說　　선지승우 이언악설
欲常勝者 於言宜默　　욕상승자 어언의묵

【譯】
선한 지혜는 어리석음을 이기니 거친 말과 악한 말로
항상 나를 이기고자 하거든 말함에 마땅히 침묵해야 하느니라.

【註】
宜默(의묵)……마땅히 침묵하다.

【解說】
선은 반드시 악을 이긴다. 상대가 나를 향해 욕을 하고 모함을 하고 나쁜 말을 하며 내게 이기려 해도, 그를 상대로 싸우지 말라. 입을 다물고 말을 하지 않으며 참고 견딘다면, 반드시 정의는 이기게 마련이다. 사람 같지 않은 사람을 상대로 언성을 높이고 눈을 부릅뜨고 싸운다면 나 또한 그런 사람과 다를 바 없는 천한 사람이 되고 마는 것이다.

373

夫爲惡者 怒有怒報　　부위악자 노유노보
怒不報怒 勝彼鬪負　　노불보노 승피투부

【譯】
대저 악을 행하는 자는 성을 내면 성냄의 보복이 있다.

성냄을 성냄으로 갚지 않으면 그와 싸워 지는 것보다 나으리라.

【解說】

악한 사람은 남이 그에게 성을 내면 그도 반드시 성을 내며, 그를 상대로 싸우며 보복한다. 그러므로 악한 사람이 내게 성을 내고 욕을 해도 내가 그를 상대하지 않고 침묵을 지켜 이에 보복하지 않는다면 싸움은 일어나지 않고 일은 조용히 끝난다. 이렇게 하는 것이 상대방과 다투어서 이기거나 지는 것보다 현명한 방법이다. 이겨도, 져도 후환은 남기 때문이다.

제26장 진구품(塵垢品)

무엇이 청결하고 무엇이 탁한 것인지 사람들은 잘 알아서 결백한 생활을 해야 하며, 더러움에 처하는 일이 없도록 해야 함을 권하고 있다.

∴ 374

塵垢品者 分別淸濁　　진구품자 분별청탁
學當潔白 無行汚辱　　학당결백 무행오욕

【譯】
진구품(塵垢品)이란 청탁(淸濁)을 분별하고
마땅히 결백(潔白)을 배워 오욕(汚辱)을 행하지 말 것이다.

∴ 375

生無善行 死墮惡道　　생무선행 사타악도
住疾無間 到無資用　　주질무간 도무자용

【譯】
살아서 선행(善行)을 하지 않으면 죽어서 악도(惡道)에 떨어진다.
가는 것이 빨라 시간이 없으나 다다라서 소요되는 물건은 없다.

【註】
無間(무간)……시간이 없는 것.
資用(자용)……필요한 물건들.

【解說】
사람이 살아서 남에게 베풀고 선행을 하지 않으면 죽어서 그 과보로 악도에 떨어져 심한 고통을 받게 된다. 세월은 물과 같아서 쉬지 않고 흐르며, 홍안의 젊은이도 어느새 늙어 죽게 되어 저 세상에 가면 아무 것도 가진 물건이 없다. 그러므로 이 세상에 살아 있을 때 많은 인정을 베풀고 자비로운 마음으로 살아야 한다.

376

當求智慧 以然意定   당구지혜 이연의정
去垢勿汚 可離苦形   거구물오 가리고형

【譯】
마땅히 지혜를 구하고자 그렇게 뜻을 정하고
더러움을 떠나서 때묻지 않으면 이 몸의 괴로움을 벗어나게 되리라.

【註】
勿汚(물오)……더러움이 묻지 않다. 즉 더러워지지 않다.

【解說】
지혜를 구하고 도를 닦을 결심을 했다면, 모든 악에서 벗어나 몸을 깨끗이 하고 계율을 잘 지켜야 한다. 그리하여 수행으로 맑아진 몸이 다시 더러워지지 않게 하면, 모든 고통이 사라지고 마음의 평안을 얻게 된다.

∴ 377

> 慧人以漸　安徐稍進　　혜인이점　안서초진
> 洗除心垢　加工鍊金　　세제심구　가공연금

【譯】
지혜로운 사람은 차츰차츰 편안하게 천천히 전진하여
마음의 때를 씻어 버리니, 마치 직공이 금을 다루는 것같이……

【解說】
지혜로운 사람은 항상 수행을 쌓아 쉬지 않으며, 꾸준한 정진으로 탐욕에 때묻은 마음을 깨끗이 씻어 버린다. 이것은 마치 장인(匠人)이 금을 다룰 때 정성을 다하고 열성을 다하는 데 비유하고 있다.

∴ 378

> 惡生於心　還自壞形　　악생어심　환자괴형
> 如鐵生垢　反食其身　　여철생구　반식기신

【譯】
악이 마음에서 생겨 도리어 그 몸을 허무는 것이
마치 쇠에 녹이 나서 도리어 그 몸을 좀먹는 것과 같다.

【解說】
사람 마음속에 생긴 악이 결국 그 사람을 멸망의 길로 밀어 넣는 것이, 마치 쇠에 난 녹이 쇠를 삭게 만드는 것과 같다. 그러므로 슬기로운 사람은 작은 악이라도 악은 멀리하고, 작은 선이라도 선은 버리지 않는다.

∴ 379

慳爲惠施垢　不善爲行垢　간위혜시구 불선위행구
今世亦後世　惡法爲常垢　금세역후세 악법위상구

【譯】
인색함은 자비를 베푸는 데의 때가 되고 선하지 않음은 행함의 때이니,
이승이나 또는 저승에서 나쁜 법은 항상 때가 된다.

【解說】
마음이 인색한 사람은 남에게 자비와 은혜를 베풀지 못하고 자신의 이익만을 위해서 행동한다. 선하지 못한 사람의 행동은 항상 모나고 악하며 정도에서 벗어난다. 이러한 행동은 이승에서만 그치는 것이 아니라 저승에까지 이어져서 그 죄악의 대가를 심하게 받게 된다.

∴ 380

垢中之垢　莫甚於癡　구중지구 막심어치
學當捨惡　比丘無垢　학당사악 비구무구

【譯】
때 중의 때로써 어리석음보다 더한 것은 없으니
공부할 때 마땅히 악을 버림을 배우라, 비구들이여! 때를 없게 하라.

【解說】
어리석음보다 더 심한 마음의 때는 없다. 어리석은 사람은 무엇이 선인지 무엇이 악인지 분간을 못해서, 자기가 하는 일이 악인지 선인지도 모

르고 행동한다. 그러므로 어리석은 사람이 저지르는 죄는 자신도 모르는 사이에 태산보다 더 큰 죄를 지을 수도 있다.

∴ 381

愚人好殺 言無誠實　　우인호살 언무성실
不與而取 好犯人婦　　불여이취 호범인부

【譯】
어리석은 사람은 살생을 좋아하고 말에 성실성이 없으며,
주지 않는데도 취하며 남의 부인 범하기를 좋아한다.

【解說】
어리석은 사람의 생활은 실로 방종한 생활이다. 일없이 살생을 저지르고 말에는 성실성이 없으며, 거짓말을 예사로 하고 탐나는 물건이 있으면 남의 물건이라도 거침없이 취한다. 뿐만 아니라 남의 부인에게도 음욕을 품고 예사로 사음(邪淫)한 짓을 저지른다.

∴ 382

逞心犯戒 迷惑於酒　　영심범계 미혹어주
斯人世世 自掘身本　　사인세세 자굴신본

【譯】
제 마음대로 계율을 범하여 술에 미혹되어 만취하나니
이런 사람은 세세토록 스스로 제 몸의 근본을 판다.

【解說】
어리석은 사람은 계율을 제 마음대로 범하고 겁 없이 악을 행한다. 그리고 술에 만취되면 취중에 온갖 몹쓸 짓을 저지른다. 이런 사람은 영원히 구제받지 못할 무서운 죄를 지어 세세 연연토록 자신의 몸을 망친다.

∴ 383

人如覺是 不當念惡　　인여각시 부당념악
愚近非法 久自燒沒　　우근비법 구자소몰

【譯】
사람이 만일 이같이 깨달았으면 마땅히 악을 생각하지 않아야 한다.
어리석은 자는 법이 아닌 것을 가까이하여 결국 스스로 몸을 불태워 없앤다.

【解說】
사람이 만일 부처님의 밝은 법을 깨달았다면 마땅히 악을 생각하지 않아야 한다. 어리석은 사람은 법이 아닌 것을 가까이하여 악을 짓고, 끝내 자기의 몸을 지옥불에 태우고 만다.

∴ 384

若信布施 欲揚名譽　　약신포시 욕양명예
會人虛飾 非入淨定　　회인허식 비입정정

【譯】
만일 믿음으로써 보시를 한다 하면서 명예를 드날리고자 하거나 다른 사람의 허식(虛飾)에 맞추면 이는 깨끗한 정(定)에 들어가는 것이 아니다.

【解說】
보시를 하는 것은 진실한 마음으로 조건 없이 베풀어야 되는 것이다. 그런데 어떤 사람은 남에게 과시하기 위해서 보시하고 명예를 얻기 위해 물질을 주는 사람이 있다. 이러한 가식적인 행위는 진정한 뜻의 보시가 아니다. 이런 사람은 깨끗한 선정(禪定)에 들어가 자신을 구제할 수 없다.

∴ 385

一切斷欲 截意根原　　일절단욕 절의근원
晝夜守一 必入定意　　주야수일 필입정의

【譯】
모든 탐욕을 끊고 마음의 근원을 잘라 버려
밤낮으로 한결같이 하면 반드시 선정에 들게 되리라.

【解說】
마음속에 일어나는 모든 탐욕을 끊고 번뇌 망상의 근원을 잘라 버리며, 한결같이 부처님의 법을 닦고 수행한다면, 이런 사람은 곧 선정에 들어가 결국 열반의 기쁨을 얻게 된다.

∴ 386

著垢爲塵 從染塵漏　　저구위진 종염진루
不染不行 淨而離愚　　불염불행 정이리우

【譯】
때에 붙는 것은 티끌이 되고 티끌에 따르면 번뇌가 되나니
물들지 않고 행하지 않으면 깨끗하여 어리석음을 떠난다.

【解說】
마음에 때가 묻으면 탐욕이 생기고, 탐욕이 생기면 번뇌가 인다. 그러므로 모든 탐욕을 끊으면 번뇌 망상이 사라져 마음이 맑고 깨끗해진다.

387

見彼自侵 常內自省　　견피자침 상내자성
行漏自欺 漏盡無垢　　행루자기 누진무구

【譯】
그것이 스스로 침범하는가를 보고 항상 마음속으로 반성하며,
행하여 스스로 속임을 살펴서 번뇌가 다하면 허물이 없어진다.

【解說】
긴장을 풀면 탐욕의 사악한 생각이 항상 마음속에 침범한다는 것을 깨달아 언제나 마음을 다스려 번뇌 망상이 마음속에 들어오지 않게 하면, 모든 번뇌 망상이 사라지고 마음은 때묻지 아니하여 허물이 없다.

388

火莫熱於婬 捷莫疾於怒　　화막열어음 첩막질어노
網莫密於癡 愛流駃乎河　　강막밀어치 애류사호하

제26장 진구품(塵垢品)

【譯】
타는 불도 음욕보다 뜨겁지 아니하고 성냄보다 더 급하고 빠른 것이 없으며,
어리석음보다 빽빽한 그물은 없고 애욕의 흐름은 강물보다 빠르도다.

【註】
駛乎河(사호하)……강물보다 빠르다.

【解說】
아무리 뜨겁게 타는 불꽃도 사람의 마음속에 일어나는 음욕보다 뜨겁지 아니하며, 아무리 빨리 흐르는 급한 물살이라도 성내는 노여움보다 급하지 아니하다. 아무리 빽빽한 그물이라도 어리석음이 새나가지 못하는 그물은 없다.

389

虛空無轍迹 沙門無外意　허공무철적 사문무외의
衆人盡樂惡 唯佛淨無穢　중인진락악 유불정무예

【譯】
허공에는 어떠한 자취도 없고 사문에는 외부 세상 뜻이 없다.
많은 사람 모두 악을 즐기나 오직 불법은 깨끗하여 더러움이 없다.

【解說】
새가 날아가도 구름이 지나가도 허공에는 아무런 자취가 남지 않는 것처럼, 수도하는 스님들의 마음속에도 사바세계의 잡다한 일들은 전혀 마음에 남지 않는다. 세상 사람들은 망상에 사로잡혀 악을 행하며 즐거워하지만 오직 부처님 법을 따르는 사람들은 맑고 깨끗하여 더러움이 없다.

∴ 390

虛空無轍迹 沙門無外意　허공무철적 사문무외의
世間皆無常 佛無我所有　세간개무상 불무아소유

【譯】
허공에는 어떠한 자취도 없고 사문에는 외부 세상 뜻이 없다.
세간은 모두 항상 함이 없지만 부처님만이 내 소유가 없다.

【解說】
허공에 아무런 자취가 없는 것처럼 수행하는 스님들에게는 외부 세계의 명리에 아무런 관심과 욕심이 없다. 세상 모든 것은 무엇이나 모두 영구 불변한 것이 아니며 항상 변하는 것이지만, 오직 부처님만은 이러한 무상을 초월하고 해탈해서 누구의 소유도 아닌 절대의 존재이다. 그리고 청정 무구하며, 어떠한 것에도 더럽혀지지 않는 영원 불변한 존재이다.

제27장 봉지품(奉持品)

　봉지품(奉持品)의 취지에 대하여 설명하고 있다. 봉지품은 도를 이해하고 도를 받들어 나아갈 것을 해설한 것인데, 부처님의 법은 남을 위해 자비를 베풀고 덕행을 쌓은 것을 귀중히 여기며, 탐욕과 사치를 버리는 것임을 말하고 있다.

∴ 391

奉持品者 解說道義　　봉지품자 해설도의
法貴德行 不用貪奢　　법귀덕행 불용탐사

【譯】
봉지품(奉持品)이란 도의(道義)를 해설한 것이며,
법은 덕을 행하고 귀히 여기며, 사치를 탐하지 않음을 말한 것이다.

∴ 392

好經道者 不競於利　　호경도자 불경어리
有利無利 無欲不惑　　유리무리 무욕불혹

【譯】
경전의 바른 도리를 아는 자는 이익을 다투지 아니하며,
이익이 있거나 이익이 없거나 욕심이 없어서 미혹되지 않는다.

【解說】
부처님의 바른 도리를 배우고 실천하는 사람은 마음속에 탐욕을 버렸으므로, 자신에게 이익이 있거나 없거나 그런데 집착하지 않는다. 마음속에 탐욕이 없으므로 어떠한 유혹에도 휩쓸리지 않고 묵묵히 정도를 걷는다.

393

常愍好學 正心以行　　상민호학 정심이행
擁懷寶慧 是謂爲道　　옹회보혜 시위위도

【譯】
항상 배우기를 좋아하고 근심하며 바른 마음으로 행하여
보배로운 지혜를 품고 지녔으면 이를 일컬어 도를 닦는 이라 일컫는다.

【解說】
도를 닦은 사람은 항상 배움을 위해 마음을 쓴다. 착한 마음으로 자비를 베풀고, 바른 지혜로 선을 행하며 사는 사람을 일컬어 불자라고 한다.

394

所謂智者 不必辯言　　소위지자 불필변언
無恐無懼 守善爲智　　무공무구 수선위지

【譯】
이른바 지혜로운 사람은 말을 잘 할 필요도 없고
겁도 두려움도 없이 지혜롭게 선을 지킨다.

【解說】
　진실로 지혜로운 사람은 말이나 번지르르하게 늘어놓는 사람이 아니라 마음이 밝고 맑은 사람이다. 묵묵히 선을 실천하는 사람이 진실로 지혜로운 사람이며, 선을 행하는 그에게는 아무런 두려움이나 주저함이 없다.

∴ 395

奉持法者　不以多言　　봉지법자　불이다언
雖素少聞　身依法行　　수소소문　신의법행
守道不忌　可謂奉法　　수도불기　가위봉법

【譯】
법을 받들어 지니는 사람은 말을 많이 하지 않고
비록 듣는 바 적으나 몸으로 법에 의해 행하니
도를 지니며 싫어하지 아니하므로 가히 법을 받든다 이르리라.

【解說】
　진실로 부처님 법을 받드는 사람은 말이 많지 않고 그저 묵묵히 법대로 실천할 뿐이다. 계율을 잘 지키고 선을 행하며, 경전의 말씀을 들은 대로 행동으로 실천하니, 이런 사람을 일컬어 법을 받드는 수행자라 한다.

∴ 396

所謂老者　不必年耆　　소위로자　불필년기
形熟髮白　憃愚而已　　형숙발백　준우이이

【譯】
이른바 늙은 사람이란 반드시 나이 많음을 말하는 것이 아니다.
몸이 늙고 머리가 흰 것은 느리고 어리석을 뿐이다.

【註】
形熟(형숙)……몸이 익는다. 즉 몸이 늙는 것을 말함.
憃愚(준우)……어리석은 것을 말함.

【解說】
사람이 젊고 늙고 한다는 것은 외형만 보고 결정짓는 것이 아니다. 얼굴에 주름이 잡히고, 허리가 굽고, 머리가 희어지는 것은 신체의 외부에 나타난 현상에 불과하다. 마음이 완숙하고 도를 닦아 얻은 것이 없다면, 그것은 헛되이 나이만 먹고 몸만 둔하게 만들었을 뿐이다.

∴ 397

謂懷諦法 順調慈仁　위회체법 순조자인
明遠淸潔 是爲長老　명원청결 시위장로

【譯】
소위 진리의 법을 가슴에 품고 순하고 자비롭고 인자하며
밝고 멀며 맑고 깨끗한 사람을 일컬어 장로라 한다.

【註】
長老(장로)……덕이 높고 나이가 많은 사람.

【解說】
항상 높은 덕으로 가슴 가득 진리의 법을 간직한 채, 자비롭고 인자하

며 탐욕 없는 맑고 깨끗한 마음으로 법을 이해하고 도를 실천하는 사람을
장로라고 한다. 나이와 재물이 많다고 장로가 되는 것은 아니다.

∴ 398

所謂沙門 非必除髮　　소위사문 비필제발
妄語貪取 有欲如凡　　망어탐취 유욕여범

【譯】
이른바 사문이란 반드시 머리를 깎은 것을 말한 것이 아니다.
망령되이 말을 하고 탐내고 취하며 욕심이 있으면 범인과 같다.

【解說】
먹물 옷을 입고 머리를 깎고 염주를 목에 걸고 다닌다고 모두가 스님은
아니다. 그 마음속에 번뇌 망상이 들끓고, 말을 아무렇게나 하고, 욕심이
많아 남의 물건을 탐하고 보는 것마다 취하려 한다면, 그러한 사람은 속
인과 다를 바 없다.

∴ 399

謂能止惡 恢廓弘道　　위능지악 회곽홍도
息心滅意 是爲沙門　　식심멸의 시위사문

【譯】
이른바 능히 악을 멈추고 범위를 넓게 도를 넓히며,
마음을 쉬어 뜻을 멸하면 이렇게 함으로써 사문이 된다.

【解說】
마음속의 번뇌 망상을 모두 끊고 악을 행하지 않으며, 넓고 깊게 도를 닦고 마음을 비워 망념을 사라지게 한다면, 이런 사람이 진정한 사문이다.

400

所謂比丘 非時乞食　　소위비구 비시걸식
邪行婬彼 稱名而已　　사행음피 칭명이이

【譯】
소위 비구란 때에 걸식함을 말함이 아니다.
삿된 행동을 하고 남의 부인을 간음하면 이는 이름뿐이리라.

【解說】
머리를 깎고 걸식을 하고 염불을 하더라도 마음이 자비롭지 못하고 덕이 없으며, 늘 사악한 행동을 하고 남의 부인을 간음하는 그런 사람은 이름만 중이지 진실한 부처님의 제자가 아니며, 도를 닦는 사문도 아니다.

401

謂捨罪福 淨修梵行　　위사죄복 정수범행
慧能破惡 是爲比丘　　혜능파악 시위비구

【譯】
이른바 죄와 복을 모두 버리고 깨끗이 범행을 닦아
지혜가 능히 악을 깨트리면 이들을 일컬어 비구라 한다.

【註】
梵行(범행)……음욕을 끊은 맑고 깨끗한 행실.

【解說】
마음을 비워 죄와 복에 집착하지 않고, 깨끗한 정신으로 부처님의 법을 배우고 익히고 실천하며 밝은 지혜로 모든 악을 물리치면, 이런 사람이야말로 진실한 비구라고 한다.

402

所謂有道 非救一物　　소위유도 비구일물
普濟天下 無害爲道　　보제천하 무해위도

【譯】
이른바 도가 있는 것은 한 물건을 구하고자 하는 것이 아니다.
넓게 천하를 제도하여 해로움이 없으면 이를 도(道)라 한다.

【解說】
도(道)는 어떤 특정한 것과 특정한 계층을 제도하고 구제하기 위해 존재하는 것이 아니다. 도의 범위는 한없이 넓고 공평해서 이 세상 모든 것을 제도하고, 누구에게도 정의를 일깨워 주어야만 진실한 도인 것이다.

403

戒衆不言 我行多誠　　계중불언 아행다성
得定意者 要由閉損　　득정의자 요유폐손

【譯】
계율이 많은 것을 말하지 않는 것은 내 행에 성실함이 많아서
선정의 뜻을 얻은 사람은 반드시 폐손(閉損)에서 생기느니라.

【註】
閉損(폐손)……탐욕의 마음을 억제하고 더러 버리는 것.

【解說】
지키는 계율이 많다고 자랑하지 않는 것은 말없이 무언으로 모두를 실천하기 때문이다. 말을 많이 하고 자랑을 많이 하는 사람은 실제로 행동을 잘 하지 않는 사람이다. 성실히 수행을 하고 도를 닦으면 고요한 선정에 들어 열반의 기쁨을 얻을 수 있다.

∴ 404

意解求安 莫習凡人 　　의해구안 막습범인
使結未盡 莫能得脫 　　사결미진 막능득탈

【譯】
뜻을 깨달아 편안하기를 구하면 범인(凡人)들을 닮지 말라.
남과의 인연을 다하지 않으면 해탈을 얻지 못한다.

【註】
使結(사결)……남과 인연을 맺어서 서로 어울림.

【解說】
마음을 닦고 진리를 깨달아 편안함을 얻으려면 속인들의 일을 따라하지 말라. 그들과 함께 세속 일에 집착한다면 깨끗한 열반을 얻을 수 없다.

제28장 도행품(道行品)

도행품(道行品)에서는 생사 고해를 넘어 영원한 열반의 경지에 이르는 방편과 길을 설명하였으니, 이 장이 바로 불법의 극치라고 할 수 있다.

405

道行品者 旨說大要　　도행품자 지설대요
度脫之道 此爲極妙　　도탈지도 차위극묘

【譯】
도행품(道行品)이란 해탈의 길에 이르는 대요와 취지를 설하였는데, 이것은 극히 미묘한 것이다.

【註】
度脫(도탈)……생사의 괴로움을 넘어서 번뇌를 해탈한다는 뜻.

406

八直最上道 四諦爲法迹　　팔직최상도 사체위법적
不婬行之尊 施燈必得眼　　불음행지존 시등필득안

【譯】
여덟 가지 곧은 것이 최상의 길이요, 네 가지 진리가 법의 자취가 된다.

음란하지 않은 것이 존귀한 행이요, 등불을 보시하면 반드시 눈을 얻는다.

【註】
八直(팔직)……팔정도(八正道)를 말함.
四諦(사제)……사성체(四聖諦)를 말함.

【解說】
팔정도는 수행자가 지켜야 할 최상의 도리이고, 사성제는 가장 중요한 진리이다. 그러므로 도를 닦으려고 힘쓰는 자는 이것을 잘 알고 실천해야 한다.

407

是道無復畏　見淨乃度世　시도무복외　견정내도세
此能壞魔兵　力行滅邪苦　차능괴마병　역행멸사고

【譯】
이 도는 더 이상 두려워할 것이 없으며 깨끗함을 보아 세상을 건너간다.
이것은 능히 마귀의 병사를 무찌르며, 힘써 행하면 사악함과 괴로움을 멸한다.

【解說】
팔정도와 사성제는 세상에 더 이상 없는 고귀한 진리이므로, 이를 지키고 실천하면 아무 것도 두려울 것이 없다. 이 도리는 세상의 어떠한 마귀의 유혹도 능히 무찌르고 어떠한 사악함도 이겨나가니, 힘써 행하면 반드시 모든 번뇌 망상을 끊고 고요한 열반에 들게 된다.

408

我已開正道 爲大現異明　아이개정도 위대현리명
已聞當自行 行乃解邪縛　이문당자행 행내해사박

【譯】
나는 이미 바른 도를 열어 큰 또 다른 밝음을 밝혔으니
이것을 듣거든 스스로 행하라, 행하면 삿된 결박에서 풀려나리라.

【解說】
　부처님은 이 세상의 어떤 도리보다 더 밝고 깊은 정도를 깨달아서 중생에게 가르침을 주었다. 누구든지 이 바른 도리를 듣고 행하면, 모든 번뇌망상과 삿된 상념에서 벗어나 해탈을 얻게 된다.

409

生死非常苦 能觀見爲慧　생사비상고 능관견위혜
欲離一切苦 行道一切除　욕리일절고 행도일절제

【譯】
생과 사는 덧없고 괴로운 것. 능히 이것을 알고 보는 것이 지혜이다.
일체의 괴로움을 떠나려거든 도를 행하여 모든 것을 없애 버려라.

【解說】
　우리가 가장 중요시하는 생사도 잘 생각해 보면 덧없고 무상한 것이며, 또한 괴로운 것이다. 이런 이치를 하루빨리 알고 깨닫는 것이 큰 지혜이

다. 만일 모든 괴로움과 번뇌 망상을 떠나려거든 부처님의 가르침을 거울 삼아 열심히 도를 닦아야 한다.

410

生死非常空 能觀見爲慧 생사비상공 능관견위혜
欲離一切苦 但當勤行道 욕리일절고 단당근행도

【譯】
생과 사는 덧없고 공한 것. 능히 이것을 알고 보는 것이 지혜이다.
일체의 괴로움을 떠나려거든 다만 부지런히 도를 행하라.

【解說】
　인간의 목숨은 아침 이슬과 같이 덧없고 무상하며 공허한 것이다. 이런 이치를 빨리 깨닫는 사람은 지혜로운 사람이다. 만일 모든 괴로움과 망상을 떠나서 열반의 한없는 기쁨을 구하고자 하거든 부지런히 부처님의 법을 배워 이를 실천해야 한다.

411

起時當卽起 莫如愚覆淵 기시당즉기 막여우복연
與墮與瞻聚 計罷不進道 여타여첨취 계파부진도

【譯】
일어날 때는 곧 일어나서 어리석은 자가 못을 덮는 것같이 하지 말라.
함께 떨어지고 함께 보고 모이는 것도 계획하고 그치면 도에 나아가지 못한다.

【解說】
때를 놓치지 말고 시에 맞추어 일어날 때 일어나서 정진하여라. 어리석은 자가 연못을 보고 그를 흙으로 덮고자 계획만 하고 망설이다가 세월만 보내듯이 우물쭈물하지 말라. 인생은 한없이 긴 것이 아니다. 그렇게 하면 결코 도에 나아갈 수 없다.

∴ 412

念應念則正 念不應則邪　염응념즉정 염불응즉사
慧而不起邪 思正道乃成　혜이불기사 사정도내성

【譯】
생각이 응당하면 그 생각은 바르고, 생각이 응당하지 않으면 그것은 사악하다.
지혜로워서 사념을 일으키지 않고 바른 도를 생각하면 도는 곧 이루어진다.

【解說】
부처님의 가르침대로 마땅히 생각해야 할 바른 도리를 생각하면 그 생각은 바르고, 사악한 것을 생각하면 그 생각은 옳지 못하다. 그러므로 슬기로운 사람은 항상 마음에 바른 도리를 지녀서 사악한 마음이 일어나지 않게 하고, 늘 정도만을 생각하기 때문에 악에 빠지지 않는다.

∴ 413

愼言守意念 身不善不行　신언수의념 신불선불행
如是三行除 佛說是得道　여시삼행제 불설시득도

【譯】
말을 삼가고 뜻을 바로 지키고, 몸으로 선하지 않은 것을 행하지 않는,
이와 같은 세 가지 행을 닦고 다스리면 부처님은 이것이 도를 얻을 것이라 말씀하셨다.

【解說】
말을 삼가서 구업을 짓지 말고, 마음을 바로 가져 마음속에 번뇌 망상을 모두 버리고, 계율을 잘 지켜 선하지 않은 모든 행동을 삼가라. 이와 같이 세 가지 행을 열심히 닦고 수행하는 것이 바로 득도하는 길이라고 부처님께서 말씀하셨다.

∴ 414

斷樹無伐本 根在猶復生　단수무벌본 근재유복생
除根乃無樹 比丘得泥洹　제근내무수 비구득니원

【譯】
나무를 베어도 뿌리를 자르지 않으면 뿌리가 있어서 오히려 다시 살아난다.
뿌리를 뽑아야 비로소 나무가 없어지나니 이래야만 비구가 열반을 얻는다.

【解說】
나무를 벨 때 가지만 베고 뿌리를 그냥 두면 싹이 돋아나서 나무는 다시 살아난다. 그와 마찬가지로 번뇌 망상과 죄악을 멸할 때도 그 뿌리를 근본적으로 없애지 않고 그냥 두면 다시 새로운 죄악과 새로운 번뇌 망상이 살아난다. 그러므로 비구는 탐욕과 망상은 완전히 버리고, 번뇌를 완전히 끊어 버렸기 때문에 열반을 얻을 수 있는 것이다.

415

不能斷樹 親戚相戀　　불능단수 친척상연
貪意自縛 如犢慕乳　　탐의자박 여독모유

【譯】
나무를 능히 베어 버리지 못하면 친척을 서로 그리워하고
탐하는 마음이 스스로를 결박함은 마치 송아지가 어미젖을 그리워하는 것 같다.

【解說】
나무를 벨 때 뿌리째 잘라 버리듯 마음속의 모든 집착을 버리지 않으면, 일가 친척이 그립고 보고 싶어서 수행에 지장이 생긴다. 마치 송아지가 어미젖을 그리워하는 것처럼 속가에 두고 온 가족들이 그립고 생각이 나서 수행자의 길을 가기가 어렵게 된다.

416

能斷意本 生死無彊　　능단의본 생사무강
是爲近道 疾得泥洹　　시위근도 질득니원

【譯】
능히 마음의 근본을 끊어서 나고 죽음에 구애됨이 없으면
이것은 도에 가깝다고 할 수 있으니 빨리 열반을 얻을 수 있다.

【註】
泥洹(이원)……열반을 말한다.

【解說】
마음속의 모든 탐욕과 번뇌 망상의 근본을 끊고, 생사의 괴로움에서 벗어나 자유로우면 이는 이미 도에 가까이 간 것이며, 곧 열반을 얻게 된다.

417

貪婬致老 瞋恚致病　　탐음치노 진에치병
愚癡致死 除三得道　　우치치사 제삼득도

【譯】
음욕을 탐하면 늙음에 이르게 하고, 성냄은 병에 이르게 하고,
어리석음은 죽음에 이르게 한다. 이 세 가지를 제거하면 도를 얻게 된다.

【註】
瞋恚(진에)······자기 의사에 어그러짐에 대하여 성내는 일.

【解說】
음욕을 탐하면 모든 정력을 여색에 쏟아 부어 쉽게 늙어 버리고, 마음을 안정시키지 못하고 성을 많이 내면 병을 얻고, 어리석은 사람은 생사를 구별 못하고 되는대로 살다가 해탈하지 못하고 죽음에 이른다. 비구가 이 세 가지 사실의 바른 도리를 깨달으면 도를 얻게 된다.

418

人營妻子 不觀病法　　인영처자 불관병법
死命卒至 如水湍驟　　사명졸지 여수단취

【譯】
사람이 처자를 거느리면 병 같은 것을 보지 못하지마는
갑자기 죽음에 이르면 마치 여울물이 빨리 달리는 것 같네.

【註】
湍驟(단취)……빨리 달리는 여울물.

【解說】
사람이 가정을 가지고 처자 권속을 거느리고 살면, 살기에 바빠서 생사 문제는 생각할 틈도 없다. 그러나 죽음은 빨리 흐르는 여울물같이 갑자기 닥쳐오리니, 그것을 어찌하리오.

·: 419

父子不救 餘親何望　　부자불구 여친하망
命盡怙親 如盲守燈　　명진호친 여맹수등

【譯】
아버지와 아들도 서로 구원하지 못하니 나머지 친족에게 어찌 바라랴.
목숨이 다할 때 친한 이를 믿는 것은 마치 장님이 등불을 지키는 것과 같네.

【註】
餘親(여친)……나머지 친척.

【解說】
세상에 죽음을 대신해 주는 이는 아무도 없다. 아버지를 대신해서 아들이 죽어 줄 수도 없고, 아들을 대신해서 아버지가 죽어 줄 수도 없다. 다만 스스로 해탈하여 생사의 번뇌 망상에서 벗어나는 길밖에 없다.

∴ 420

> 慧解是意 可修經戒　　혜해시의 가수경계
> 勤行度世 一切除苦　　근행도세 일절제고

【譯】
지혜로운 사람은 이런 뜻을 알고 경전의 계율을 닦고
부지런히 행하여 세상을 제도하고 일체의 괴로움을 없애 버린다.

【解說】
　지혜로운 사람은 이 세상에 죽음을 대신해 줄 사람은 아무도 없다는 것을 미리 알고, 불경의 말씀을 잘 익히고 계율을 열심히 행하여 도를 이룬다. 그리하여 세상 사람들을 제도하고 일체의 번뇌 망상을 없애 버린다.

∴ 421

> 遠離諸淵 如風却雲　　원리제연 여풍각운
> 已滅思想 如是知見　　이멸사상 여시지견

【譯】
온갖 연못을 멀리 떠나라, 마치 바람이 구름을 몰아내듯이.
이미 모든 생각을 멸하였다면 이것을 바로 지견이라 하느니라.

【解說】
　바람이 구름을 멀리 밀어 버리듯이, 마음속에 있는 온갖 욕심의 깊은 연못을 모두 없애 버려라. 그리하여 번뇌 망상을 끊고 모든 사념이 없어지면 그것이 바로 지혜가 밝은 것이다.

∴ 422

> 智爲世長　惔樂無爲　　지위세장 담락무위
> 知受正敎　生死得盡　　지수정교 생사득진

【譯】
지혜는 이 세상의 으뜸이로다. 편안하고 즐거워하는 일이 없으면
바른 가르침 받은 것을 알아서 생사가 다함을 얻게 되리라.

【解說】
 바른 견해를 얻어 해탈을 하려면 지혜로워야 한다. 그러므로 아무 것도 하는 일 없이 편안하고 즐겁게 살지 말고 열심히 공부하고 도를 닦아야 한다. 부처님의 바른 가르침 받은 것을 잘 알아서 열심히 익히고 실천하면, 고요한 열반을 얻어 생사를 해탈한 경지에 들어갈 수 있다.

∴ 423

> 知衆行苦　是爲慧見　　지중행고 시위혜견
> 罷厭世苦　從是道除　　파염세고 종시도제

【譯】
모든 행이 고(苦)임을 알면 이것을 혜안을 갖추었다고 한다.
이 세상의 괴로움을 싫어하고 없애려면 이 도에 따라 없애야 한다.

【解說】
 이 세상의 모든 행이 괴로움이라는 것을 안다면 이것을 일컬어 혜안이

열렸다고 한다. 혜안이 열려서 예지가 있는 사람은 부처님의 도를 잘 닦음으로써 이 세상의 모든 고(苦)를 없애 버린다.

424

衆行非身 是爲慧見　중행비신 시위혜견
罷厭世苦 從是道除　파염세고 종시도제

【譯】
모든 행이 내 몸 아님을 알면 이것을 혜안을 갖추었다 라고 한다.
이 세상의 괴로움을 싫어하고 없애려면 이 도에 따라 없애야 한다.

【解說】
먹고 마시고 움직이는 내 몸은 인연결합으로 생긴 일시적인 가상(假相)이지 실체가 있는 것이 아니라는 것을 아는 사람은 혜안이 열린 사람이다. 이러한 지혜를 가진 사람은 부처님의 도를 열심히 닦음으로써 이 세상 모든 번뇌 망상을 끊어 버리고 고요한 열반에 들어간다.

425

吾語汝法 愛箭爲射　오어여법 애전위사
宜以自勗 受如來言　의이자욱 수여래언

【譯】
나 그대에게 법을 말하나니, 애욕의 화살을 쏘아 버리고
부디 이를 스스로 힘써서 여래(如來)의 말씀을 들어야 한다.

【解說】
저자는 우리에게 부처님의 진실한 법을 설하니, 마음속에 쌓인 애욕과 망상의 때를 모두 버리고, 부디 열심히 부처님의 말씀을 잘 들어서 실천하고, 생사의 고해를 건너 해탈하기 바란다고 말한다.

∴ 426

吾爲都以滅 往來生死盡　오위도이멸 왕래생사진
非一情以解 所演爲道眼　비일정이해 소연위도안

【譯】
나는 이미 모든 것을 멸(滅)해 버리고 생사에 가고 옴을 다해 버렸다.
한 가지 뜻(情) 때문에 깨달은 것이 아니라, 그것을 이룬 것은 도(道)를 보는 눈 때문이다.

【解說】
부처님은 이미 모든 것을 멸해 버리고, 생사 왕래를 초월한 해탈의 경지를 이루었다. 부처님을 믿고 정진해 나가면 모든 번뇌 망상과 고통에서 벗어나 밝은 도를 깨닫고 열반을 얻을 수 있다.

∴ 427

駛流澍于海 潘水漾疾滿　사류주우해 반수양질만
故爲智者說 可趣服甘露　고위지자설 가취복감로

【譯】
빠른 물이 흘러서 바다로 들어가면 소용돌이치는 물이 출렁이며 어느새 차 버린다. 그러므로 지혜로운 자를 위해 말하나니, 나아가 감로(甘露)를 마시는 것이 좋다.

【註】
潘水(반수)······소용돌이치는 물.

【解說】
작은 냇물들도 모이고 모이면 곧 큰 바다를 이루는 것과 같이 작은 지혜가 모이고 모이면 큰 지혜가 되고, 드디어 해탈을 이룰 정도로 큰 지혜가 된다. 그러므로 쉬지 말고 열심히 공부하고 수행해서 깨달음의 감로수를 마시도록 해야 한다.

428

前未聞法輪 轉爲哀衆生　전미문법륜 전위애중생
於是奉事者 禮之度三有　어시봉사자 예지도삼유

【譯】
지금까지 듣지 못한 법륜(法輪)을 굴림은 중생을 애처롭게 여기기 때문이다. 그러므로 이를 받들어 섬기는 자는 이를 예로 받들고 삼계(三界)를 건넌다.

【註】
三有(삼유)······욕계(欲界)·색계(色界)·무색계(無色界)의 삼계(三界).

【解說】
지금까지 아무도 듣지 못한 귀한 법을 설하는 것은 중생을 애처롭게 생각한 부처님의 자비심 때문이다. 그러므로 이 법을 받들어 섬기고 따르는 사람은 부처님께 예배하고 부처님의 말씀을 따라서 삼계의 고통을 모두 건너서 피안에 도달하게 된다.

∴ 429

> 三念可念善 三亦難不善　삼념가념선 삼역란불선
> 從念而有行 滅之爲正斷　종념이유행 멸지위정단

【譯】
세 가지 생각을 하되 선을 생각하라. 세 가지가 어렵다면 그것은 선하지 못하다. 생각을 다둔 다음에 행이 있나니, 이것을 멸해야 바른 끊음이니라.

【註】
三念(삼념)……삼유(三有)를 생각하는 것.

【解說】
삼유에 대해 설법하신 부처님의 말씀을 잘 지키고 따르며, 악을 버리고 선을 행해야 한다. 사람은 행동에 앞서 생각이 있고, 생각이 있는 곳에 번뇌 망상이 따른다. 그러므로 진실한 해탈은 생각과 행을 모두 끊어야만 얻을 수 있는 것이다.

∴ 430

> 三定爲轉念 棄猗行無量　삼정위전념 기의행무양
> 得三三窟除 解結可應念　득삼삼굴제 해결가응념

【譯】
세 가지 결정을 전념(轉念)이라 하나니 버려야 할 행은 한량없다.
세 가지를 얻어 세 가지 굴을 없애야 맺힌 것을 풀고 생각과 알맞게 된다.

【解說】
해탈을 얻으려면 불·법·승 삼보(三寶)를 받들어 모시고 모든 악한 행동을 버려야 한다. 그리고 탐욕과 성냄과 어리석음의 세 가지를 버리고 부처님의 바른 법을 실천해야 한다.

431

知以戒禁惡 思惟慧樂念　지이계금악 사유혜락념
已知世成敗 息意一切解　이지세성패 식의일체해

【譯】
계율로써 악을 금지할 줄 알고 지혜의 즐거운 생각을 알면
이미 세상의 성패를 알고 마음을 쉬면 일체가 해결되리라.

【解說】
모든 악행을 끊고 부처님의 계율을 지키며, 항상 밝은 지혜를 생각하고 언제나 즐거운 생각을 가져라. 악을 버리고 선을 행하며, 탐욕에 따르지 말고 성내지 말고 음란한 생각을 버리면, 모든 세상의 번뇌에서 벗어나리라.

제29장 광연품(廣衍品)

광연품(廣衍品)은 작은 선이 쌓이고 쌓여 큰 선이 되고, 작은 악이 모이고 모이면 큰 악이 된다는 것을 말하고 있다. 이런 사실을 불경의 여러 곳에서 증명하고 있음을 보여 주고 있다.

∴ 432

廣衍品者 言凡善惡　　광연품자 언범선악
積小致大 證應章句　　적소치대 증응장구

【譯】
광연품(廣衍品)이란 모든 선(善)과 악(惡)은
작은 것이 쌓이면 큰 것을 이루어 그 증거가 장구(章句)에 맞음을 말한 것이다.

∴ 433

施安雖小 其報彌大　　시안수소 기보미대
慧從小施 受見景福　　혜종소시 수견경복

【譯】
안락을 베풂이 비록 작더라도 그 보답은 두루 크며,
지혜는 작은 보시(布施)를 따라 크고 밝은 복을 받게 된다.

【譯】
施安(시안)……평안함을 베풀어 줌.
景福(경복)……밝은 복, 큰 복.

【解說】
남을 편안하게 해 주기 위해서 베푸는 것은 비록 작더라도 그 과보는 큰 것으로 받으며, 보시를 함으로써 밝은 지혜가 생겨난다. 보시를 함으로써 자비를 배우고, 보시를 함으로써 선에 대한 환희를 배우며, 더불어 사는 기쁨을 배우며, 말로 다 할 수 없는 많은 지혜를 얻게 된다.

434

施勞於人 而欲望祐　시노어인 이욕망우
殃咎歸身 自遘廣怨　앙구귀신 자구광원

【譯】
남에게 수고를 베풀고서 큰복을 바란다면
재앙과 허물이 제 몸에 돌아와 스스로 많은 원망을 만나게 된다.

【解說】
남에게 베풀고 보시를 했다고 당장 그 보답을 거기서 구하고자 한다면 복은 오지 않고 오히려 허물과 원망만 자신에게 돌아온다. 남을 돕고 남에게 보시하는 것은 아무런 조건 없이, 아무 것도 바라지 말고 순수한 마음에서 행해야 한다. 그러면 그 대가를 하늘이 잊지 않고 두고두고 갚아 준다.

∴ 435

> 已爲多事 非事亦造　이위다사 비사역조
> 伎樂放逸 惡習日增　기락방일 악습일증

【譯】
이미 많은 일을 하고 옳지 못한 일을 또 만들어 하며,
기생과 풍악으로 방탕하게 놀면 나쁜 버릇은 날로 너해만 간다.

【解說】
　선하지 못한 행동을 많이 하였으면서도 이를 반성할 줄 모르고, 더욱 방탕한 생활을 하는 것은 옳지 못하다. 부처님 법을 받들고 계율을 지키며 살 생각은 안 하고 기생과 어울려 풍악이나 즐기고 살면, 나쁜 습성은 날로 더해만 가서 도를 깨치지 못하고 결국 지옥에 떨어지고 만다.

∴ 436

> 精進惟行 習是捨非　정진유행 습시사비
> 修身自覺 是爲正習　수신자각 시위정습

【譯】
오로지 정진을 행하며 옳음을 익히고 그름을 버리며,
몸을 닦아 스스로 깨달으면 이것을 바른 버릇이라 한다.

【解說】
　선한 마음으로 부처님의 법을 배우고 계율을 지키고 열심히 정진하며 선을 익히고 악을 멀리하면, 이것이 바로 수행자의 바른 생활 습관이다.

∴ 437

旣自解慧 又多學問　　기자해혜 우다학문
漸進普廣 油酥投水　　점진보광 유소투수

【譯】
이미 스스로 지혜를 깨닫고 또 많은 학문을 닦으면
점점 나아가 널리 퍼지는 것이 마치 기름과 우유를 물에 부은 것 같다.

【註】
普廣(보광)……넓게 퍼짐.

【解說】
　정진을 해서 부처님의 말씀을 많이 배워서 깨닫고 많은 학문을 깊이 있게 공부하면, 그 명성과 덕행이 마치 기름을 물에 부은 것같이 넓게 퍼져 나가서, 세상 사람들의 존경을 받게 된다.

∴ 438

近道名顯 如高山雪　　근도명현 여고산설
遠道闇昧 如夜發箭　　원도암매 여야발전

【譯】
도를 가까이하면 이름이 드러나 마치 높은 산의 눈과 같고
도를 멀리하면 어둡고 어리석어져 마치 밤에 화살을 쏘는 것 같다.

【解說】

열심히 도를 닦아 인격을 완성하고 높은 경지에 다다르면, 마치 먼 산에 쌓인 눈처럼 모든 사람들이 우러러보는 존귀한 존재가 된다. 그러나 도를 멀리하고 사악한 짓과 환락에 묻혀 살면 마치 밤에 활을 쏘는 것 같아서 그의 삶은 방향을 잃은 배와 같다.

∴ 439

爲佛弟子 常寤自覺　　위불제자 상오자각
晝夜念佛 惟法思衆　　주야념불 유법사중

【譯】

불제자가 되려면 항상 깨어 있으며 스스로 깨닫고
낮이나 밤이나 부처님을 생각하고 오직 법과 중생을 생각하라.

【解說】

불법을 닦은 부처님의 제자가 되려면 삿된 상념에 빠지지 말고 항상 마음을 밝게 하여 도를 깨닫고, 잠시도 부처님 생각을 잊지 말 것이며, 항상 중생을 구제해야 한다는 생각을 가져야 한다.

∴ 440

爲佛弟子 常寤自覺　　위불제자 상오자각
日暮思禪 樂觀一心　　일모사선 낙관일심

【譯】
불제자가 되려면 마땅히 깨어 있으며 스스로 깨닫고 낮이나 밤이나 선정을 생각하고 그 마음 살펴보기 즐거워해야 한다.

【解說】
부처님의 법을 받드는 불제자가 되려면 번뇌 망상에서 깨어나 마음을 맑게 하고 지혜를 밝혀, 항상 선정에 들어 자신의 마음자리를 살펴서 잘 다스려 나가야 한다. 마음이 바로 부처이니(心是佛), 방종하기 쉬운 마음을 잘 길들이는 것이 불교 수행의 가장 중요한 방편이다.

∴ 441

人當有念意 每食知自少　인당유념의 매식지자소
則是痛欲薄 節消而保壽　즉시통욕박 절소이보수

【譯】
사람은 마땅히 생각이 있어야 하나니 먹을 때마다 적게 먹을 줄 알면 곧바로 고통과 탐욕이 적어져서 소모를 절제하고 수명을 보전한다.

【註】
節消(절소)……정력의 소모를 절제함.
保壽(보수)……수명을 보전함.

【解說】
사람은 생각하는 동물이다. 그러므로 항상 명철한 생각을 갖고 살아야 한다. 과식과 지나치게 기름진 음식은 육신을 병들게 할 뿐 아무런 이득이 없다. 그러므로 적게 먹을 줄 알면, 몸의 병과 마음의 탐욕이 적어져 맑은 정신을 가질 수 있다. 그리하여 건강한 심신으로 장수할 수 있다.

·: 442

學難捨罪難 居在家亦難　학란사죄란 거재가역란
會止同利難 難難無過有　회지동리란 난란무과유

【譯】
학문도 어렵고 죄를 버리기도 어렵고 집에서 사는 것 역시 어렵고
남과 모여 이익을 같이하기도 어렵지만, 어려움 가운데서도 몸을 가짐보다 더 어려움이 없도다.

【註】
會止(회지)……남과 함께 한 곳에 모이는 것을 말함.

【解說】
부처님의 법을 배우는 것도 어렵고, 죄를 버리고 마음을 비우는 것도 어렵고, 집에서 가족을 거느리고 사는 것도 어렵고, 남과 한 곳에 모여 이익을 나누며 사는 것도 어렵다. 그러나 그러한 많은 어려움 가운데서 가장 어려운 것은 이 몸을 가진 어려움이다.

·: 443

有信則戒成 從戒多致寶　유신즉계성 종계다치보
亦從得諧偶 在所見供養　역종득해우 재소견공양

【譯】
믿음이 있으면 계율이 이루어지고 계율에 따르면 많은 보물을 얻으며,
또한 많은 벗을 얻어서 머무는 곳마다 공양을 받는다.

【註】
戒成(계성)……계율 지키기를 성취함.

【解說】
믿음이 돈독한 사람이 계율을 잘 지켜서 도를 이루고 계율을 잘 지켜 덕행을 닦으면, 많은 보물도 따르게 된다. 그리하여 많은 사람의 존경을 받고 좋은 벗이 많이 생기며, 가는 곳마다 유순한 공양을 받게 된다.

444

一坐一處臥 一行無放恣 　일좌일처와 일행무방자
守一以正身 心樂居樹間 　수일이정신 심락거수간

【譯】
한 자리에 앉고 한 자리에 누우며 한 가지 행에도 방자함이 없으며,
하나를 지켜 몸을 바르게 하면 마음이 즐거워 나무 사이에 사는 것 같다.

【註】
守一(수일)……하나의 진리인 불법을 지킴.

【解說】
여러 곳을 방황하지 않고 한 곳에 자리를 잡고, 그 곳에서 기거하면서 일념으로 불도를 닦아 깨달음을 얻는다면, 몸은 어디에 있더라도 마음이 즐거워 마치 고요한 숲 속에 사는 것과 같이 안락하리라.

제30장　지옥품(地獄品)

　지옥품(地獄品)에서는 무서운 지옥에 대하여 설명하고 있다. 살아서 죄를 지은 사람은 죽어서 지옥에 떨어져 갖은 고통을 당하게 되는데, 그 지옥에도 받는 죄에 따라 여러 가지가 있다.

·: 445

地獄品者　道泥梨事　　지옥품자 도이리사
作惡受惡　罪牽不置　　작악수악 죄견불치

【譯】
지옥품(地獄品)이란 지옥의 일을 말한 것이니,
악을 지으면 악한 벌을 받아 죄 지은 자를 그대로 두지 않음을 말한 것이다.

【註】
泥梨(이리)……지옥.
罪牽(죄견)……죄에 이끌려 가는 것.

·: 446

妄語地獄近　作之言不作　　망어지옥근 작지언부작
二罪後俱受　自行自牽往　　이죄후구수 자행자견왕

【譯】
거짓말을 하면 지옥이 가까워진다. 하고도 안 했다고 말하면
두 가지 죄를 모두 받나니 자기가 행한 대로 자기가 끌려간다.

【解說】
양심을 속이고 거짓말을 하면 지옥에 떨어진다. 자기가 한 거짓말을 하지 않았다고 부인하면 결국 두 번 거짓말을 하게 되므로, 나중에 그 두 가지 죄를 모두 받게 되어 심한 고통을 받게 된다. 이와 같은 행동은 자신이 자신을 지옥으로 끌고 가는 결과를 만든다.

447

法衣在其身 爲惡不自禁　법의재기신 위악부자금
苟沒惡行者 終則墮地獄　구몰악행자 종즉타지옥

【譯】
법의를 그 몸에 걸치고 악을 행하여 스스로 금하지 못하며
진실로 악행에 빠지는 자는 마침내 지옥에 떨어지고 만다.

【註】
法衣(법의)……스님들이 입는 먹물 옷.

【解說】
수행을 위하여 출가하고 법의를 몸에 걸치고도 착한 일을 하지 않고 악을 행하면, 그러한 수행자는 마침내 지옥에 떨어지고 만다. 수행자가 선을 멀리하고 악을 행하는 것은 보통 사람보다도 더 많은 죄를 짓는 것이다.

448

> 無戒受供養 理豈不自損 무계수공양 이기부자손
> 死噉燒鐵丸 然熱劇火炭 사담소철환 연열극화탄

【譯】
계율을 지키지 않고 공양을 받으면 그 이치가 어찌 스스로를 해치지 않으리오.
죽어서 불타는 쇠구슬을 삼키게 되니 그것은 뜨겁게 불타는 숯보다 더 심하다.

【解說】
수행자가 지켜야 할 도리와 계율을 지키지 않고 공짜로 공양만 받으면 그것은 정도에 맞지 않으며, 자신을 망치는 행동이 된다. 이런 사람은 나중에 지옥에 떨어져서 불에 달군 뜨거운 쇠구슬을 삼키게 되는데, 그 뜨겁고 괴롭기가 이글이글 불타는 숯불을 삼키는 것보다 더 심하다.

449

> 放逸有四事 好犯他人婦 방일유사사 호범타인부
> 臥險非福利 毀三婬泆四 와험비복리 훼삼음일사

【譯】
방일(放逸)에는 네 가지 일이 있으니, 남의 부인을 범하기 좋아하는 것이요,
이로 인해 위험한 데 눕는 것은 복되고 이로운 것이 아니며, 남을 헐뜯는 것이 셋째요, 음란한 것이 넷째이다.

【註】
婬泆(음일)……음탕하게 노는 것을 말함.

【解說】
　방종한 일에는 네 가지가 있는데, 첫째는 남의 부인 범하기를 좋아하는 것이고, 둘째는 이로 인해서 위험한 곳에 누워 있는 것이며, 셋째는 남을 비방하고 헐뜯는 것이고, 넷째는 음란하게 행동하는 것이다. 이 네 가지를 행하면 복을 못 받고 이익이 없다.

∴ 450

人行爲慢惰　不能除衆勞　　인행위만타　불능제중로
梵行有玷缺　終不受大福　　범행유점결　종불수대복

【譯】
　사람이 수행을 게을리 하면 온갖 괴로움을 제거할 수 없고,
　불법을 닦음에 흠이나 모자람이 있으면 마침내 큰복을 받지 못한다.

【解說】
　열심히 수행하고 도를 닦지 않으면 마음속에 일어나는 온갖 번뇌 망상과 괴로움을 씻어 버릴 수 없다. 부처님 법을 열심히 배우고 닦아야만 큰복을 받고 안락한 열반을 얻을 수 있다.

∴ 451

常行所當行　自持必令强　　상행소당행　자지필령강
遠離諸外道　莫習爲塵垢　　원리제외도　막습위진구

【譯】
항상 행할 것을 마땅히 행하고 반드시 스스로 굳세게 간직하며,
모든 외도(外道)를 멀리 떠나서 절대로 티끌과 때가 되는 것을 익히지 말라.

【註】
外道(외도)……불가에서 불교 이외의 도를 가리키는 말.

【解說】
사람은 항상 선을 행하고 바른 도를 행하고 부처님의 법을 익혀야 하며, 행할 바를 열심히 쉬지 말고 행해야 한다. 간사하고 어리석은 외도(外道)를 멀리하고 절대로 사도(邪道)에 물들지 않아야 한다.

∴ 452

爲所不當爲 然後致鬱毒　위소부당위 연후치울독
行善常吉順 所適無悔悋　행선상길순 소적무회린

【譯】
하지 않아야 할 일을 행하면 그 뒤에 답답하고 괴로움이 다가온다.
선을 행하면 항상 길하고 순조로우며 가는 곳마다 뉘우침이 없도다.

【註】
不當爲(부당위)……마땅히 해서는 안 되는 행위.

【解說】
법을 어기고 해서는 안 될 일을 행하면 반드시 후환이 생겨 괴롭고 걱정스러운 생활을 하게 된다. 그러나 선을 행하면 마음이 편안하고 걱정이 없으며, 항상 마음이 밝고 즐겁다.

453

其於衆惡行 欲作若己作　　기어중악행 욕작약이작
是苦不可解 罪近難得避　　시고불가해 죄근란득피

【譯】
그 온갖 악행에 있어 하고 싶다고 했거나 이미 이것을 했다면
그 괴로움은 풀릴 수가 없고 죄가 가까워서 피할 수가 없다.

【解說】
　죄는 행동으로 짓지만 마음으로도 짓는다. 여러 가지 악행을 생각하고 그것을 행하고 싶다고 마음먹어도 벌써 죄를 지은 것이며, 실제로 행했다면 더 큰 죄를 지은 것이다. 그렇게 죄를 지으면 그 죄의 과보는 그냥 풀 수가 없고, 반드시 죄값을 받아야 한다. 그리하여 지은 죄의 몇 갑절이나 되는 벌을 받아야 한다.

454

可羞不羞 非羞反羞　　가수불수 비수반수
生爲邪見 死墮地獄　　생위사견 사추지옥

【譯】
부끄러워할 것을 부끄러워하지 않고 부끄러워하지 않을 것을 도리어 부끄러워하며 산다면 사견(邪見)이 되고, 죽어서는 지옥에 떨어진다.

【解說】
　어리석은 사람은 바른 견해를 갖지 못해서, 부끄러워할 것을 부끄러워

하지 않고 부끄러워하지 않을 것을 도리어 부끄러워한다. 이러한 것은 잘못된 견해 때문에 생기는 것이며, 이 잘못된 견해 때문에 자기도 모르는 사이에 많은 죄를 지어 결국 지옥에 떨어지게 된다.

455

可畏不畏 非畏反畏　　가외불외 비외반외
信向邪見 死墮地獄　　신향사견 사추지옥

【譯】
두려워할 것을 두려워하지 않고 두려워하지 않을 것을 두려워하며
삿된 견해를 믿고 따르면 죽어서 지옥에 떨어져 버린다.

【解說】
어리석은 사람은 진실로 두려워할 것을 두려워하지 않고, 두려워하지 않아도 될 것을 두려워하며, 삿된 미신과 잡신을 믿고 바르지 못한 견해에 따르고 정도를 멀리하면, 죽어서 지옥에 떨어지고 만다.

456

可避不避 可就不就　　가피불피 가취불취
翫習邪見 死墮地獄　　완습사견 사추지옥

【譯】
피할 것을 피하지 않고 따를 것을 따르지 아니하며

사악한 견해를 기뻐하고 익히면 죽어서 지옥에 떨어진다.

【解說】
마땅히 피해야 할 것을 피하지 않고 마땅히 따라야 할 것을 따르지 아니하며, 정도에 벗어난 사악한 견해를 좋아하고 음행을 기뻐하며 나쁜 관습을 몸에 익히면 죽어서 지옥에 떨어진다.

∴ 457

可近則近 可遠則遠　　가근즉근 가원즉원
恒守正見 死墮善道　　항수정견 사타선도

【譯】
가까이할 것을 가까이하고 멀리할 것을 멀리하여
항상 바른 견해를 지키면 죽어서 선도(善道)에 이르게 된다.

【解說】
슬기로운 사람은 정도를 배우고 익혀 선이 무엇이고 악이 무엇인가를 잘 알기 때문에, 가까이할 것을 가까이하고 멀리할 것을 멀리하며, 항상 바른 견해를 지키면서 부처님의 계행을 수호함으로써, 죽어서 극락에 태어나 온갖 복락을 누리게 된다.

제31장 상유품(象喩品)

상유품(象喩品)에서는 사람이 몸가짐을 바르게 하고 선을 행하여, 그 진실된 바를 이룬다면 복의 과보가 곧 이르게 되어 일신이 편안해진다는 것을 코끼리 다루는 것에 비유하여 설하고 있다.

∴ 458

象喩品者 教人正身　　　상유품자 교인정신
爲善得善 福報快焉　　　위선득선 복보쾌언

【譯】
상유품(象喩品)이란 사람을 가르쳐 몸을 바르게 하며,
선을 행해서 선을 얻으면 복의 갚음이 빠름을 가르친 것이다.

∴ 459

我如象鬪 不恐中箭　　　아여상투 불공중전
常以誠信 度無戒人　　　상이성신 도무계인

【譯】
나는 마치 코끼리가 싸울 때는 화살에 맞는 것을 두려워하지 않는 것처럼
항상 정성과 믿음으로 계 없는 사람을 제도한다.

【解說】
부처님께서는 마치 싸움터에 나온 코끼리가 싸울 때 화살을 두려워하지 않는 것처럼, 어떤 사람의 비난과 반박과 세론(世論)에도 굴하지 않고 중생 제도를 위해 용감하게 전진하신다.

460

譬象調正 可中王乘　　비상조정 가중왕승
調爲尊人 乃受誠信　　조위존인 내수성신

【譯】
비유건대 코끼리가 잘 길들면 임금이 타기에 알맞은 것처럼
잘 길들여진 사람도 존귀한 사람이 되어 남의 정성과 믿음을 받게 된다.

【解說】
비유하건대, 아무리 사나운 코끼리라도 잘 길들이면 국왕이 탈 수 있을 정도로 온순해진다. 그와 마찬가지로 아무리 어리석고 사나운 성품의 사람이라도 마음을 닦고 열심히 수행하면 남에게 추앙받는 성실하고 믿음 있는 선한 사람이 된다.

461

雖爲常調 如彼新馳　　수위상조 여피신치
亦最善象 不如自調　　역최선상 불여자조

【譯】
비록 코끼리를 항상 길들인다 해도 저와 같이
새로이 잘 달리는 가장 좋은 코끼리는 역시 스스로 길들여짐만 못하다.

【解說】
매일 매일 코끼리를 훈련하고 길들인다 해도 가장 좋은 코끼리는 타고난 성질이 온순하고 영리해서 스스로 길들여지는 것이 가장 좋다. 사람도 이와 마찬가지로 타고난 성품이 선량하고 영리해서 스스로 실상을 깨닫고 열심히 수행하는 것이 가장 좋은 것이다.

∴ 462

沒在惡行者　恒以貪自繫　몰재악행자　항이탐자계
其象不知厭　故數入胞胎　기상부지염　고수입포태

【譯】
악행에 빠져 있는 사람은 항상 탐욕 때문에 스스로를 결박함이
순해질 줄 모르는 코끼리 같다. 그래서 자주 포태에 들어간다.

【註】
胞胎(포태)……모태 속에 들어가 윤회함.

【解說】
악행을 저지르는 어리석은 사람은 마음 가득한 탐욕 때문에 아무리 좋은 법문을 해도 마치 사나운 코끼리가 길들여지지 않는 것처럼, 그것을 받아들이지 않는다. 그래서 악한 사람은 자기가 저지른 자신의 악행 때문에 몸이 윤회의 늪에 꽁꽁 묶여 세세 생생 괴로운 윤회에서 벗어나지 못한다.

463

> 本意爲純行 及常行所安　본의위순행 급상행소안
> 悉捨降伏結 如鉤制象調　실사강복결 여구제상조

【譯】
본래의 마음으로 순결한 행을 하고 또한 항상 편안하도록 행하며,
모두를 버리고 맺힌 바를 항복받으면 갈고리로 코끼리를 조련하여 길들임과 같다.

【註】
純行(순행)……순진한 행실.

【解說】
타고난 인간의 본성은 착하니, 타고난 본래의 순결한 마음으로 선을 행하고 항상 편안하고 허물이 없게 행동하며, 마음속에 모든 탐욕을 버리고 남을 미워하고 원망하는 맺힌 마음을 버리면, 마치 조련사가 막대나 갈퀴로 코끼리를 조련하는 것처럼 자신의 마음도 선하게 길들어진다.

464

> 樂道不放逸 能常自護心　낙도불방일 능상자호심
> 是爲拔身苦 如象出于埳　시위발신고 여상출우감

【譯】
도를 즐기며 방일하지 않고 능히 항상 스스로의 마음을 지키면
이것은 몸의 괴로움을 빼앗는 것이니, 마치 코끼리가 구덩이에서 나옴과 같다.

【解說】
마음을 다스려 방탕하지 않고 도 닦기를 즐기며, 항상 자신의 마음이 악에 물들지 않게 스스로 조심하면, 몸에 아무런 허물과 재앙이 없다. 그리하여 괴로운 사바세계를 벗어나 안락한 피안에 이르는 것이 마치 구덩이에 빠진 코끼리가 밖으로 뛰어나오는 것 같다.

∴ 465

若得賢能伴 俱行行善悍　약득현능반 구행행선한
能伏諸所聞 至到不失意　능복제소문 지도불실의

【譯】
만약 현명하고 유능한 짝을 얻어 함께 행하되 선을 굳건히 행하면,
능히 모든 소문을 항복받고 드디어 뜻을 잃지 않게 될 것이다.

【解說】
불도를 닦기 위해 서로 뜻이 맞는, 현명하고 유능한 도반을 얻어서 함께 수행하는 것은 매우 좋은 일이다. 두 사람이 합심해서 선을 행하면 행하는 선이 더욱 굳건해서, 어떤 유혹이나 세상의 소문에도 흔들리지 않고 마침내 뜻을 이루게 된다.

∴ 466

不得賢能伴 俱行行惡悍　부득현능반 구행행악한
廣斷王邑里 寧獨不爲惡　광단왕읍리 영독불위악

【譯】
어질고 유능한 짝을 얻지 못하여 둘이 함께 악행을 심히 한다면,
왕의 넓은 읍과 마을과 인연을 끊고 차라리 혼자가 되어 악을 짓지 말지니라.

【註】
賢能(현능)……현명하고 유능함.
王邑里(왕읍리)……임금이 다스리는 읍과 마을, 즉 속세.

【解說】
현명한 짝을 얻지 못하고 어리석고 사악한 사람을 짝으로 얻어 함께 많은 악을 짓게 되는 것보다, 차라리 모든 인연을 단절하고 홀로 산 속에 들어가 모든 악과 번뇌 망상을 버리고 수행하는 것이 오히려 낫다.

467

寧獨行爲善 不與愚爲侶　영독행위선 불여우위려
獨而不爲惡 如象驚自護　독이불위악 여상경자호

【譯】
차라리 혼자서 선을 행할지언정 어리석은 자와 더불어 짝하지 말 것이니
혼자서 악을 짓지 않음이 마치 놀란 코끼리가 제 몸을 보호하듯 하라.

【解說】
좋은 벗을 만날 수 없으면 악한 벗을 만나기보다 차라리 혼자서 선을 수행하는 것이 현명하다. 아무리 혼자 하는 수행이 고달프고 힘들어도 악한 사람과 벗해서는 아무런 이익이 없고 허물만 더할 뿐이다. 놀란 코끼리가 자기 몸을 보호하기 위해 맹렬히 돌진하는 것처럼, 악으로부터 내 몸 지키기를 그와 같이 하라.

∴ 468

生而有利安　伴軟和爲安　생이유리안 반연화위안
命盡爲福安　衆惡不犯安　명진위복안 중악불범안

【譯】
살아서 이익이 있으면 편안하고, 짝이 부드럽고 온화하면 편안하고,
목숨이 다하도록 복이 있으면 편안하고, 모든 악을 범하지 않으면 편안하다.

【解說】
사람으로 태어나 열심히 수행해서 몸과 마음을 이롭게 하면 살아서도 복을 받아 편안하고, 함께 수도하는 벗이 온화하고 선량하면 또한 행복하다. 선을 행하여 목숨이 다하도록 복을 받으면 편안하고, 모든 악을 범하지 않아 마음속에 번뇌 망상이 없으면 역시 편안하다.

∴ 469

人家有母樂　有父斯亦樂　인가유모락 유부사역락
世有沙門樂　天下有道樂　세유사문락 천하유도락

【譯】
사람의 집에 어머니가 계시면 즐겁고 아버지가 계시면 이 또한 즐겁다.
세상에는 사문이 있음이 즐겁고 천하에는 도가 있어서 즐겁다.

【解說】
가정에는 아버지와 어머니가 계시는 것이 든든하고 즐겁다. 세상에는 정의의 실천자인 중이 있는 것이 즐겁고, 천하에는 불멸의 진리인 도가

있으므로 더욱 즐겁다.

∴ 470

持戒終老安　信正所正善　　지계종로안 신정소정선
智慧最安身　不犯惡最安　　지혜최안신 불범악최안

【譯】
계율을 가지면 마침내 늙어서 편안하고 바른 것을 믿으면 바른 것이 좋으며,
지혜가 가장 몸을 편안하게 하고 악을 범하지 않는 것이 가장 편안하다.

【解說】
바른 계율을 가지고 이를 늘 지키면 늙어서 편안하고, 바른 진리를 믿고 실천하면 또한 신상에 좋다. 어리석음을 물리치고 밝은 지혜를 얻어 도를 향해 정진하면 몸과 마음이 편안하고, 악을 범하지 않으면 번뇌 망상이 사라지고 항상 편안하게 살 수 있다.

∴ 471

如馬調軟　隨意所如　　　여마조연 수의소여
信戒精進　定法要具　　　신계정진 정법요구

【譯】
말을 유순하게 길들이면 뜻에 따라 어디든 가는 것처럼
믿음과 계율과 정진(精進)과 선정의 법을 반드시 갖추어라.

【解說】
말을 잘 훈련시키고 길들이면 사람의 뜻에 따라 어디라도 잘 가듯이, 믿음과 계율과 정진과 선정의 수행도 습관적으로 잘 닦아가도록 노력해서 반드시 도를 이루어야 한다.

∴ 472

明行成立 忍和意定　　명행성립 인화의정
是斷諸苦 隨意所如　　시단제고 수의소여

【譯】
밝은 행이 이루어지고 참고 화평하여 뜻이 안정되면
이는 온갖 괴로움을 끊고 마음 따라 어디에고 따르게 된다.

【解說】
수행을 잘 해서 마음이 안정되고 평화로우며, 밝은 행이 이루어지고 모든 번뇌 망상이 사라지고 평안해진다. 이런 경지에 이르면 마음은 흔들리지 아니하고, 어디를 간들 사악한 망상에 사로잡히지 아니한다.

∴ 473

從是往定 如馬調御　　종시왕정 여마조어
斷恚無漏 是受天樂　　단에무루 시수천락

【譯】
이를 따라 선정으로 나아가니 마치 말을 잘 길들임과 같으며,

성냄을 끊고 번뇌를 모두 없애면 이는 하늘의 복락을 받는다.

【註】
往定(왕정)……선정으로 나아감.
調御(조어)……조복하여 제어함.

【解說】
밝은 행이 이루어지고 마음이 안정되면 이를 따라 선정(禪定)으로 나아가니, 마치 말을 잘 길들이는 것같이 마음도 잘 길들여진다. 그리하여 모든 번뇌 망상과 성냄을 다 끊으면 하늘의 복락을 받게 된다.

474

不自放恣 從是多寤　　부자방자 종시다오
羸馬比良 棄惡爲賢　　이마비량 기악위현

【譯】
스스로 방자하지 않으면 이로 인해 많은 것을 깨닫게 되어
마치 여윈 말을 좋은 말에 비교하듯, 악을 버리고 어진 것이 되느니라.

【解說】
열심히 수행하여 방자하지 않으면 지혜가 밝아져서 마치 약하고 파리한 말이 좋은 말로 변하듯이, 모든 악을 버리고 어진 사람이 된다.

제 32 장 애욕품(愛欲品)

　세상 사람들은 흔히 음란한 애욕과, 천박한 남녀간의 교분과, 해서는 안 될 애욕 등으로 인해 과오를 범하고 죄를 짓고, 따라서 한없이 큰 번민 속에 빠져서 재앙을 받게 된다.

∴ 475

愛欲品者　踐婬恩愛　　애욕품자 천음은애
世人爲此　盛生災害　　세인위차 성생재해

【譯】
애욕품(愛欲品)이란 친한 음행과 은혜와 애욕 때문에
세상 사람들이 그로 인해 재앙을 많이 일으킴을 말한 것이다.

∴ 476

心放在婬行　欲愛增枝條　　심방재음행 욕애증지조
分布生熾盛　超躍貪果猴　　분포생치성 초약탐과후

【譯】
마음을 음행에 놓아 버리면 애욕의 나뭇가지가 뻗어나서
왕성하게 분포되니 과실을 탐하는 원숭이가 날뛰게 된다.

【解說】
마음을 방종하게 놓아 버리고, 삿된 음행을 하면 애욕의 나뭇가지가 끝없이 뻗어나서 걷잡을 수 없이 퍼져 나간다. 그리하여 모든 악행이 생기는 것이, 마치 무성한 나무에 원숭이 떼가 열매를 탐하여 멋대로 날뛰는 것과 같다.

∴ 477

以爲愛忍苦 貪欲著世間　　이위애인고 탐욕저세간
憂患日夜長 莚如蔓草生　　우환일야장 연여만초생

【譯】
애욕을 참기 괴롭다 하여 세상일에 탐내고 집착하면,
근심 걱정이 밤낮으로 자라나서 마치 풀 덩굴이 뻗어 나가는 것 같네.

【解說】
애욕보다 참기 어려운 것은 없다. 그래서 많은 사람들은 애욕의 노예가 되어 방종한 생활을 하는데, 그렇게 하면 온갖 근심과 걱정이 스스로 생겨나고, 번뇌 망상은 마치 뻗어 나가는 풀 덩굴처럼 자꾸자꾸 불어난다.

∴ 478

人爲思愛惑 不能捨情欲　　인위사애혹 불능사정욕
如是憂愛多 潺潺盈于池　　여시우애다 잔잔영우지

【譯】
사람들은 은혜와 사랑에 미혹되어 정욕을 버리지 못하나니
이같이 하여 근심과 애착이 많아져서 마치 물이 졸졸 흘러 못을 채우듯 하네.

【解說】
사람들은 부모와 자식간의 사랑, 이성간의 사랑, 동기간의 사랑…… 등으로 정에 이끌려 정욕을 버리지 못하고, 감정의 욕구를 버리지 못해서 번뇌 망상이 가슴에 가득 차게 된다. 그것은 마치 작은 물이 졸졸 흘러 큰 연못을 채우듯, 작은 번뇌가 모이고 모여서 몸을 불사르게 된다.

∴ 479

夫所以憂悲 世間苦非一　　부소이우비 세간고비일
但爲緣愛有 離愛則無憂　　단위연애유 이애즉무우

【譯】
대저 근심과 슬픔 등 세상의 괴로움이란 하나만은 아니니
이것은 오직 애욕 때문에 연유(緣由)된 것이니 애욕을 떠나면 근심이 없어진다.

【解說】
사람에게는 여러 가지로 복잡하게 얽힌 인연이 많다. 부자의 인연, 부부의 인연, 형제의 인연, 자제간의 인연 등 많은 인연이 있는데, 이러한 인연 때문에 번민이 생기고 괴로움과 근심과 슬픔이 생겨나는 것이다. 그러므로 이와 같은 모든 은애(恩愛)를 버리면 근심과 걱정은 사라지고 마음은 편안해지는 것이다.

∴ 480

已意安棄憂　無愛何有世　이의안기우 무애하유세
不憂不染求　不愛焉得安　불우불염구 불애언득안

【譯】
근심을 버리면 마음이 편안하니 애욕이 없으면 어찌 세상이 있으랴.
근심하거나 물들어 구하지 않고 사랑하지 않으면 편안함을 얻으리라.

【解說】
근심이 있기 때문에 마음이 불편하니 만일 모든 근심을 버리면 마음이 편안해진다. 근심하거나 번뇌에 물든 마음으로 도를 구하면 바른 도를 구할 수 없으며, 마음속에 번뇌만 쌓인다. 그러므로 애착과 집착을 버리면 편안한 마음으로 안락하게 살 수 있다.

∴ 481

有憂以死時　爲致親屬多　유우이사시 위치친속다
涉憂之長塗　愛苦常墮危　섭우지장도 애고상타위

【譯】
근심이 있으면 죽을 때 친한 친족들이 많나니
근심을 건너는 긴 길에 괴로움을 사랑하면 항상 위험에 떨어진다.

【解說】
번뇌 망상을 끊지 못하면 근심이 많은데, 근심이 있는 사람은 죽을 때 여러 친인척 때문에 더욱 마음 쓰이고 편안히 눈을 감을 수 없다. 이 세상의 모든 번뇌를 끊고 편안히 저 세상에 가려 해도 남겨둔 친족들에 대한 애착 때문에 끝내 괴로움에서 벗어나지 못한다.

∴ 482

猿猴得離樹　得脫復趣樹　　원후득리수 득탈복취수
衆人亦如是　出獄復入獄　　중인역여시 출옥복입옥

【譯】
원숭이가 나무를 벗어난다 해도 다시 나무로 되돌아간다.
뭇 사람들도 역시 이와 같아서 감옥에서 나왔다가 다시 감옥으로 들어간다.

【解說】
원숭이가 나무를 벗어났다가도 다시 제 살던 나무로 돌아가는 것처럼 많은 사람들도 역시 이와 같아서, 욕정의 감옥에서 나왔다가도 다시 욕정의 유혹을 못 참고 또 그 감옥 속으로 들어가고 만다.

∴ 483

貪意爲常流　習與驕慢幷　　탐의위상류 습여교만병
思想猗婬欲　自覆無所見　　사상의음욕 자복무소견

【譯】
탐하는 마음은 흐르는 물결이 되고 습관은 교만과 어울려서
생각이 음욕을 의지하게 되면 스스로 마음을 덮어 보는 바가 없게 된다.

【解說】

마음속에 탐욕이 흐르는 강물처럼 항상 끊이지 아니하고, 교만하고 방자함이 습관이 되어 현인(賢人)의 말씀을 듣지 아니하며, 오직 탐애하는 마음만이 가득하면 결코 바른 견해를 갖지 못한다. 이런 사람은 결코 도(道)를 이루지 못한다.

∴ 484

一切意流衍　愛結如葛藤　　일절의류연　애결여갈등
唯慧分別見　能斷意根原　　유혜분별견　능단의근원

【譯】

모든 생각은 흘러 넘치고 애욕의 얽힘은 칡과 등 넝쿨 같은데
오직 지혜만이 분별하여 이를 보아서 능히 뜻의 뿌리를 끊어 버린다.

【解說】

사람의 마음속에는 온갖 잡다한 번뇌 망상이 잠시도 쉬지 않고 흘러 넘친다. 그리고 혼란스러운 애욕은 마치 등 넝쿨처럼 이리저리 뒤엉켜서 마음을 흐리게 하지만, 오직 밝은 지혜만이 모든 마음의 무명을 없애고 번뇌 망상을 뿌리째 끊고 뽑아 버릴 수 있다.

∴ 485

夫從愛潤澤　思想爲滋蔓　　부종애윤택　사상위자만
愛欲深無底　老死是用增　　애욕심무저　노사시용증

【譯】
대저 애욕의 윤택함을 쫓으면 생각은 뻗어나는 넝쿨이 되고
애욕은 깊어져서 밑이 없나니, 늙고 죽음이 이것으로써 불어난다.

【解說】
　사람들이 현혹되기 쉬운 달콤한 애욕의 환락에 따르면, 많은 인연들이 마치 넝쿨처럼 이리저리 얽어매어 끝없이 뻗어나는 애욕의 넝쿨 속에서 벗어나지 못하고, 깊숙이 빠져들고 만다. 그리하여 거기서 오는 깊은 시름은 사람을 더 빨리 늙게 하고, 더 빨리 죽음으로 불러들인다.

∴ 486

所生枝不絶 但用食貪慾　소생지부절 단용식탐욕
養怨益丘塚 愚人常汲汲　양원익구총 우인상급급

【譯】
생겨나는 가지는 끊임이 없으니 다만 탐욕을 먹고살면
원한을 길러 무덤만 더할 뿐인데, 어리석은 사람은 항상 여기에만 급급하다.

【註】
丘塚(구총)……무덤.

【解說】
　사람 마음속에 일어나는 애착과 탐욕은 해마다 자라나는 나뭇가지와 같이 끝없이 생겨난다. 만일 우리들이 이러한 애착과 탐욕의 노예가 되어 방일한 생활을 한다면, 스스로 죄를 짓고 이 세상에 아무 것도 보람있는 것을 남겨놓지 못하며, 그저 무덤만 만들뿐인데도, 어리석은 사람은 그것을 모르고 역시 여기에만 허덕이고 있다.

∴ 487

雖獄有鉤鎖 慧人不爲牢　수옥유구쇄 혜인불위뢰
愚見妻子息 染著愛甚牢　우견처자식 염저애심뢰

【譯】
비록 감옥에 쇠고랑과 자물통이 있다 해도 지혜로운 사람은 튼튼하다 하지 않는다.
어리석은 사람은 아내와 자식을 보고 사랑에 물들고 집착하여 매우 견고하다 한다.

【解說】
애욕과 탐애의 감옥에 견고한 자물통이 채워져 있다 해도 지혜로운 사람은 이미 모든 것을 해탈했으므로, 그 자물통을 든든하다고 생각지 않는다. 그러나 어리석은 사람은 가까운 인연들만이 눈에 보이므로 그 자물통이 몹시 견고하다고 생각하고, 그 굴레 속에서 벗어나지 못한다.

∴ 488

見色心迷惑 不惟觀無常　견색심미혹 불유관무상
愚以爲美善 安知其非眞　우이위미선 안지기비진

【譯】
여색을 보고 마음이 미혹되어 그것이 무상하다고 보지 못하고
어리석은 자는 아름답고 좋다고 하니, 어찌 그것이 진실이 아님을 알 수 있으랴.

【解說】
남자와 여자는 서로에게 색정(色情)의 대상이다. 어리석은 사람은 여색에 마음이 혹하여 그것의 실상이 무상하다는 것을 모른다. 그저 아름답고

좋고 영원한 것으로 알고, 거기에 얽매여 애욕의 굴레에서 벗어나지 못한다. 그것이 실상이 아니고 진실이 아니라는 것을 어찌 알 수 있겠는가?

489

以婬樂自裏 譬如蠶作繭　이음락자과 비여잠작견
智者能斷棄 不眄除衆苦　지자능단기 불혜제중고

【譯】
음행의 즐거움으로 스스로를 싸는 것은 비유컨대 누에가 고치를 짓는 것 같으니, 지혜로운 사람은 능히 이를 끊어 버리고 온갖 괴로움을 보지도 않으며 없애 버린다.

【解說】
사람들이 음행의 즐거움에 빠져서 헤어나지 못하는 것이, 마치 누에가 고치를 만들어 스스로 그 몸을 싸고 그 속에 들어가는 것과 같다. 그러나 지혜로운 사람은 능히 애욕을 끊고, 애욕의 무상함을 알고, 애욕에 따르는 온갖 괴로움에서 자유로이 벗어난다.

490

心念放逸者 見婬以爲淨　심념방일자 견음이위정
恩愛意盛增 從是造獄牢　은애의성증 종시조옥뢰

【譯】
늘 마음의 방일을 생각하는 사람은 음행을 보고 깨끗하다 하니,
은혜와 사랑의 마음이 더욱 왕성해서 끝내 감옥을 만들어 그 속에 갇힌다.

【解說】
늘 방탕한 생각만 하는 사람은 음행을 아름답고 깨끗하며 좋은 것으로 생각하고, 음행만 쫓고 산다. 이러한 사람은 마음속에 은애(恩愛)와 애착이 가득하여, 온갖 탐욕과 음행이 우글거려서 스스로를 벌할 무서운 감옥을 자기 스스로 만들어 결국 그 속에 떨어지고 만다.

∴ 491

覺意滅婬者 常念欲不淨　각의멸음자 상념욕부정
從是出邪獄 能斷老死患　종시출사옥 능단로사환

【譯】
마음을 깨달아 음욕을 멸한 자는 항상 음욕이 깨끗하지 않음을 생각하니
끝내 사악한 감옥을 벗어나서 능히 늙고 죽음의 근심을 끊어 버린다.

【解說】
수행을 쌓아 깨달은 사람은 음욕의 유혹에서 해탈하였으므로, 항상 음욕이 깨끗하지 않다는 것을 생각하고 이를 멀리하며, 바른 도리만을 실천한다. 그러므로 그런 사람은 애욕의 감옥에서 벗어나 생사를 초월한 최상의 진리를 닦고 익혀서 모든 고통에서 벗어난다.

∴ 492

以欲網自蔽 以愛蓋自覆　이욕망자폐 이애개자복
自恣縛於獄 如魚入筍口　자자박어옥 여어입구구

【譯】
탐욕의 그물로 스스로를 가리고 애욕의 덮개로 스스로를 덮으며,
스스로 방자하여 감옥에 묶이는 것이 마치 물고기가 통발 입구로 들어가는 것 같다.

【解說】
사람은 탐욕과 애욕과 어리석음으로 몸을 망친다. 탐욕의 두터운 그물로 자신의 밝은 마음을 가리고, 뜨거운 애욕의 덮개로 자신의 이성(理性)을 덮어서, 마음속에 방자한 생각만 길러 자신을 죄악의 감옥에 몰아넣는 것이 마치 물고기가 통발 입구로 들어가는 것과 같다.

∴ 493

爲老死所伺 若犢求母乳　위로사소사 약독구모유
離欲滅愛迹 出網無所弊　이욕멸애적 출망무소폐

【譯】
늙음과 죽음이 엿보는 것이 마치 송아지가 어미의 젖을 구하는 것 같으니,
탐욕을 떠나고 애욕의 자취를 없애면 그물을 벗어나 걸림이 없으리.

【解說】
젊은 사람이나 늙은 사람이나, 사람에게 죽음은 그림자처럼 늘 따라다닌다. 늙음과 죽음이 우리를 엿보는 것이 마치 송아지가 어미 소의 젖을 노리는 것같이 기회만을 엿보고 있다. 그러나 현명한 사람은 탐욕과 애욕을 버리고 도를 이루어 죽음의 그물에서 벗어나 피안에 이른다.

∴ 494

勿親遠法人 亦勿爲愛染　물친원법인 역물위애염
不斷三世者 會復墮邊行　부단삼세자 회복타변행

【譯】
법을 멀리하는 사람과 친하지 말고 또한 애욕에 물들지 말라.
삼세를 끊지 못하는 자는 반드시 치우친 행에 떨어지게 된다.

【解說】
법을 가까이하지 않는 사람과 친하지 말고, 또한 애욕에 물들지도 말라. 수행을 하여 삼세 윤회의 고리에서 벗어나지 못하면, 반드시 끝없는 윤회의 괴로움에서 악에 치우친 굴레를 벗어나지 못한다.

∴ 495

若覺一切法 能不着諸法　약각일체법 능불착제법
一切愛意解 是爲通聖意　일체애의해 시위통성의

【譯】
만일 일체의 법을 깨달아 능히 온갖 법에 집착하지 않고
모든 애욕의 마음을 해탈하면 이는 거룩한 뜻에 통달한 것이다.

【解說】
모든 진리의 법을 다 깨닫고도 그 깨달은 법에 집착하지 않으며, 모든 탐욕과 애착을 벗어나면 이런 사람을 부처님의 거룩하신 뜻과 통하는 사람이라고 한다.

496

眾施經施勝　眾味道味勝　중시경시승 중미도미승
眾樂法樂勝　愛盡勝眾苦　중락법락승 애진승중고

【譯】
모든 보시보다 경전의 보시가 가장 훌륭하고 모든 맛 중에 도의 맛이 최고이며, 모든 즐거움 중 법의 즐거움이 으뜸이니 애욕을 다 버리면 모든 괴로움을 이긴다.

【註】
經施(경시)……불경을 보시하는 것.

【解說】
이 세상의 어떤 보시(布施)도 불경을 보시하는 것보다 더 나은 보시는 없고, 도(道)의 즐거움보다 더 좋은 맛은 없고, 법열(法悅)의 즐거움보다 더 큰 즐거움은 절대로 없다. 괴로움의 근원은 모두 애욕에서 생기니, 만일 마음속에 뿌리 박힌 애욕을 다 버리면 모든 괴로움에 풀려나 완전한 자유인이 되는 것이다.

497

愚以貪自縛　不求度彼岸　우이탐자박 불구도피안
貪爲愛慾故　害人亦自害　탐위애욕고 해인역자해

【譯】
어리석은 사람은 스스로 자신을 묶어 피안(彼岸)에 건너감을 구하지 않나니, 탐욕과 애욕 때문에 남도 해치고 자신도 해친다.

【解說】
 어리석은 사람은 마음속에서 많은 번뇌 망상을 일으켜, 그 속에 자신을 묶어 피안(彼岸)에 건너감을 구하지 아니하고 헛되이 방황한다. 그리고 끝없는 탐욕과 애욕 때문에 자신도 망치고, 남도 해치는 어리석음을 저지르게 된다.

498

愛欲意爲田　婬怨癡爲種　애욕의위전　음원치위종
故施度世者　得福無有量　고시도세자　득복무유량

【譯】
애욕의 마음은 밭이 되고, 음란·원망·어리석음은 씨앗이 되나니
그러므로 세상을 건넌 이에게 보시하면 복을 얻음이 한량이 없다.

【解說】
 사람의 마음은 애욕을 심는 밭과 같고, 그 밭에 음란과 원한과 어리석음의 종자가 자라나서 번뇌의 잡초가 되어 황폐한 밭이 된다. 그러므로 현명한 사람은 부처님께 의지해서 법과 도의 선량한 종자를 얻어서 심으면, 그 얻는 복이 한량없다.

499

伴少而貨多　商人怵惕懼　반소이화다　상인출척구
嗜欲賊害命　故慧不貪欲　기욕적해명　고혜불탐욕

【譯】
동반자는 적은데 재화(財貨)가 많으면 상인은 근심하고 두려워하니
물욕을 즐기는 도적이 목숨을 해치기 때문이다. 그러므로 지혜로운 사람은 탐욕이 없다.

【解說】
함께 장사하러 가는 동반자의 수는 적은 데 반해 가진 돈이나 물건이 많을 경우에는, 상인들은 혹시 도적들이 달려와서 물건을 빼앗고 사람들을 해치지나 않을까 걱정하고 근심한다. 그러나 지혜로운 사람은 탐욕이 없어, 화근의 씨가 되는 세속의 재물은 처음부터 지니지 않고, 오직 도(道)와 법만을 생각한다.

∴ 500

心可則爲欲 何必獨五欲　심가즉위욕 하필독오욕
違可絶五欲 是乃爲勇士　위가절오욕 시내위용사

【譯】
마음이 좋다 하는 것은 모두 욕심이니 하필 홀로 오욕뿐인가?
좋다는 생각을 버려서 오욕을 끊으면 이것이 바로 용사이니라.

【解說】
대부분의 사람들이 마음속으로 좋다고 생각하는 것은 거의 다 오욕(五慾)에 속하는 것이다. 그러므로 오욕을 좋다고 생각하는 마음을 버리고 도(道)를 따르면, 그러한 사람을 일컬어 진실로 용기 있는 사람이라 일컫는다.

501

無欲無有畏　恬惔無憂患　　무욕무유외 염담무우환
欲除使結解　是爲長出淵　　욕제사결해 시위장출연

【譯】
욕심이 없으면 두려움이 없고 마음이 고요하고 편안하면 근심이 없으니,
욕심을 없애 결박을 풀면 이것이 길이 번뇌의 연못에서 벗어나는 것이다.

【解說】
사람은 욕심 때문에 온갖 번뇌 망상이 다 생겨 마음의 안정을 찾지 못하고, 두려움과 괴로움에 시달리고 있다. 욕심을 버리면 마음이 안정을 찾아 고요해지고 편안해져서, 모든 두려움이 없어지고 근심 걱정이 없으며, 깊은 번민의 수렁에서 벗어나게 되는 것이다.

502

欲我知汝本　意以思想生　　욕아지여본 의이사상생
我不思想汝　則汝而不有　　아불사상여 즉여이불유

【譯】
욕심아, 내 너의 근본을 안다. 마음은 생각함으로써 생겨나니,
내 너를 생각하지 않으면 곧 너는 있지 않는 것이다.

【解說】
이 세상의 모든 것은 오직 마음의 작용으로 생겨난다. 우리가 미워하는

욕심도 그 본질을 살펴보면 내가 마음 쓰기 때문에 생겨나는 마음의 산물이다. 그러므로 욕심을 생각하지 않으면 욕심이 생겨날 리가 없다. 마음을 비운 사람에게 사랑도 미움도, 보시도 욕심도, 삶도 죽음도 모두 없는 것이다.

503

伐樹忽休 樹生諸惡　　벌수홀휴 수생제악
斷樹盡株 比丘滅度　　단수진주 비구멸도

【譯】
나무를 벨 때 갑자기 쉬지 말라. 나무가 모든 악을 낳나니
나무를 베어 뿌리까지 없애면 비구(比丘)가 멸도(滅度)한 것이다.

【解說】
번뇌의 나무를 벨 때, 어느 정도 베었다고 소홀히 하고 쉬지 말라. 번뇌의 나무는 완전히 뿌리까지 자르지 않으면 다시 새 움이 터서 또 살아나는 것이니, 반드시 뿌리까지 완전히 잘라 버려야 한다. 이렇게 완전히 멸해야만 비구는 모든 번뇌 망상을 멸하였다고 한다.

504

夫不伐樹 少多餘親　　부불벌수 소다여친
心繫於此 如犢求母　　심계어차 여독구모

【譯】
대저 나무를 모두 베지 아니하여 조금 남겨두고 친함이 있으면
마음이 여기에 얽매여 마치 어미젖을 구하는 송아지처럼 된다.

【解說】
 욕심의 나무는 뿌리째 베어 버려야지 만일 조금이라도 남겨두고 사정을 봐주면 다시 자라나는 번뇌의 새싹에 마음이 쏠려 완전한 해탈을 얻지 못한다. 애욕을 그리워하는 것이 마치 송아지가 어미를 그리는 것과 같아서 마음은 항상 애욕에 기울기 때문이다.

제33장 이양품(利養品)

이양품(利養品)에서는 반드시 사람은 자기 몸을 단정히 하고 악을 멀리하며 마음을 잘 다스려 탐욕에 흐르지 말고, 덕을 닦고 의를 행하여 정도를 지키며 바르게 살아가야 한다는 것을 설하고 있다.

∴ 505

利養品者 勵己防貪　　이양품자 여기방탐
見德思義 不爲穢生　　견덕사의 불위예생

【譯】
이양품(利養品)이란 자신을 격려하여 탐욕을 막고
덕(德)을 보고 의(義)를 생각하며, 더러운 삶을 영위하지 말 것을 말한 것이다.

∴ 506

芭蕉以實死 竹蘆實亦然　　파초이실사 죽로실역연
駏驢坐姙死 士以貪自喪　　거허좌임사 사이탐자상

【譯】
파초는 열매로 해서 죽고 대와 갈대도 역시 열매 때문에 그러하다.
버새는 새끼를 배면 죽고 사람은 탐욕 때문에 스스로 죽는다.

【解說】

파초는 열매를 맺으면 스스로 말라죽고, 대나무와 갈대도 역시 그렇다. 그러나 사람은 마음속의 탐욕 때문에 목숨을 잃고 지옥에 떨어진다.

∴ 507

> 如是貪無利 當知從癡生　　여시탐무리 당지종치생
> 愚爲此害賢 首領分于地　　우위차해현 수령분우지

【譯】

이와 같이 탐욕은 이익이 없나니 이것은 어리석음으로 생김을 마땅히 알라. 어리석음은 이 때문에 현명함을 해쳐서 머리를 땅에 나눈다.

【註】

首領(수령)……머리.

【解說】

탐욕은 사람에게 아무런 이익도 가져오지 못한다. 탐욕은 어리석음으로 인해 생기는 것이다. 그러므로 어리석은 사람은 자신의 어리석음 때문에 현명한 사람을 해치고, 결국 목을 베어 땅에 묻는 불행을 당하게 된다.

∴ 508

> 天雨七寶 欲猶無厭　　천우칠보 욕유무염
> 樂少苦多 覺者爲賢　　낙소고다 각자위현

【譯】
하늘이 칠보(七寶)의 비를 내려도 욕심은 오히려 족함이 없으니
즐거움이 적고 괴로움이 많음을 깨닫는 자는 어진 이가 된다.

【解說】
하늘에서 온 천지 가득 복의 비가 내려도 욕심은 끝이 없어, 이것에 만족하지 않고 더욱더 많은 것을 바라기 때문에 항상 만족이 없다. 그래서 욕심이 많은 사람은 즐거움이 적고 괴로움만 가득한데, 현명한 사람은 이런 이치를 잘 알고 있다.

∴ 509

雖有天欲 慧捨無貪　수유천욕 혜사무탐
樂離恩愛 爲佛弟子　낙리은애 위불제자

【譯】
비록 하늘 같은 욕심이 있더라도 지혜로 이를 버리면 탐욕은 없어진다.
즐겨 은애(恩愛)를 떠나면 불제자가 된다고 한다.

【註】
天欲(천욕)……하늘이 내린 욕심, 타고난 욕심.

【解說】
비록 하늘이 준 타고난 욕심이 있더라도 지혜로운 사람은 그러한 욕심을 슬기로써 버린다. 그리고 많이 얽힌 여러 가지 인연을 모두 끊고 오로지 도(道)를 위해 정진하면 진실한 불제자가 될 수 있다.

∴ 510

遠道順邪 貪養比丘　　원도순사 탐양비구
止有慳意 以供彼姓　　지유간의 이공피성
勿猗此養　　　　　　　물의차양

【譯】
도를 멀리하고 사악함을 따라 탐욕을 기르는 비구들은
아끼는 그 마음을 버려서 저 신도에게 공양을 주고
그 공양에 만족하지 말라.

【解說】
도를 닦는 사람이 제 몸만을 생각하고 선을 멀리하고 사악함을 따라 마음속에 탐욕만을 기르면 이는 수행자가 취할 길이 아니다. 자신의 몸을 아끼는 그 마음을 버리고 많은 신도들에게 베풀고, 그 베푼 것에 만족하지 말고 더욱더 많은 것을 베풀어야 한다.

∴ 511

愚爲愚計 欲慢用增　　우위우계 욕만용증
異哉失利 泥洹不同　　이재실리 이원부동

【譯】
어리석은 자는 어리석음을 계획하여 탐욕과 교만만 더해 가서
이상하도다, 이익을 잃으면 그들은 열반에 함께 들지 못한다.

【解說】

어리석은 사람은 어리석은 계획과 어리석은 행동으로 마음속에 탐욕과 교만만 더해서, 번뇌 망상에 사로잡히게 된다. 그리하여 바른 도와 바른 수행을 하지 못했기 때문에 아무런 이익을 얻을 수 없고, 결국 열반에 들 수도 없다.

∴ 512

諦知是者 比丘佛子　　체지시자 비구불자
不樂利養 閑居却意　　불락리양 한거각의

【譯】

진실한 이치를 아는 사람은 비구와 불제자이다.
이익을 기르는 것을 즐거워하지 않고 조용히 살면서 모든 뜻을 물리친다.

【解說】

부처님의 가르침과 그 진실한 이치를 잘 닦아서 아는 사람은 비구와 불제자들이다. 그러므로 그들은 탐욕과 애착을 버리고 맑은 마음으로 살기 때문에, 세속의 제물이나 명리 얻기를 즐겨하지 아니하고 조용히 은거하면서 모든 번뇌 망상을 다 떨치고 걸림 없이 산다.

∴ 513

自得不恃 不從他望　　자득불시 부종타망
望彼比丘 不至正定　　망피비구 부지정정

【譯】
스스로 얻어 믿지 말며 다른 사람의 바람에도 쫓지 말라.
저것을 바라는 비구는 바른 정(定)에 이르지 못한다.

【解說】
스스로 마음과 몸을 닦아 자신의 힘으로 도를 이룰 것이지, 다른 사람을 믿거나 의지하지 말아야 하고, 다른 사람들이 바란다고 자기도 그들을 따라 탐욕에 따르지 말아야 한다. 도를 잘 닦아 열반을 얻고자 하는 비구는 이와 같은 행동을 하면 바른 선정(禪定)에 이르지 못한다.

514

夫欲安命 息心自省　　부욕안명 식심자성
不知計數 衣服飮食　　부지계수 의복음식

【譯】
대저 운명대로 편안하고자 하거든 마음을 쉬어 자신을 살펴보고
의복이나 음식 따위 수량을 헤아릴 줄 몰라야 한다.

【註】
自省(자성)……자신을 살피다. 자신을 돌아보다.

【解說】
타고난 운명대로 편안하게 살고자 한다면 항상 자신을 반성하고 분에 넘치는 욕심을 부리지 말며, 의복이나 음식이나 기타 생활 용품 등에 지나친 욕심과 관심을 갖지 말고 검소하게 살아야 한다.

515

夫欲安命 息心自省　　부욕안명 식심자성
如鼠藏穴 潛隱習敎　　여서장혈 잠은습교

【譯】
대저 운명대로 편안하고자 하거든 마음을 쉬어 자신을 살펴보고
마치 쥐가 구멍에 숨는 것같이 숨어 은밀히 가르침을 익혀야 한다.

【解說】
전생에 내가 지은 업에 따라 내게 주어진 운명이 있다. 이 운명에 순응해서 편안하게 살고자 한다면, 마치 쥐들이 쥐구멍에 몸을 숨기듯 남에게 광고하고 떠벌리며 수행을 하지 말고, 속세를 떠난 조용한 곳에서 은밀하게 도를 닦아야 한다.

516

約利約耳 奉戒思惟　　약리약이 봉계사유
爲慧所稱 淸吉勿怠　　위혜소칭 청길물태

【譯】
이익을 절제하고 귀를 단속하며 계율을 받들어 생각에 잠기면
지혜롭다 일컬어지리니 맑고 길함을 게을리 하지 말라.

【解說】
욕심을 버리고 분에 넘치는 이익을 구하지 말며, 사악한 유혹에 귀를

기울이지 말라. 항상 부처님의 계율을 높이 받들고, 그 가르침을 깊이 생각하며 악에 물들지 않고 선하게 살면, 지혜로운 사람이라고 우러러보리니, 항상 선행을 게을리 하지 말아야 한다.

517

> 如有三明 解脫無漏　　여유삼명 해탈무루
> 寡智鮮識 無所憶念　　과지선식 무소억념

【譯】
삼명(三明)이 있음과 같이 남김없이 모두 해탈하여
지혜가 적고 아는 것이 적으면 기억하고 생각하는 바가 없다.

【註】
三明(삼명)……아라한이 갖고 있는 세 가지 슬기.

【解說】
　열심히 수행을 쌓아 삼명(三明)을 통달하면 모든 번뇌를 멸하고 해탈하여 피안에 도달할 수가 있다. 그러나 마음이 어리석고 지혜가 없으면 참다운 진리를 모르기 때문에 깨달음을 얻을 수 없다.

518

> 其於食飮 從人得利　　기어식음 종인득리
> 而有惡法 從供養嫉　　이유악법 종공양질

【譯】
그 먹고 마심에 있어서 사람을 따라 이익을 얻고
거기 나쁜 법이 있으면 공양받음에 따라 시기함을 기르게 된다.

【註】
得利(득리)……이득을 취하다.

【解說】
음식을 공양 받아먹는 일은 매우 중요한 일인데, 그 먹고 마심에 있어서 사람에 따라 고맙게 생각하고 먹는 사람이 있는가 하면 오히려 부족하다고 불평을 하며 먹는 사람도 있다. 공양을 받아먹는 예절과 마음가짐을 나쁜 법도에 따라 행한다면 많은 사람들의 미움을 받게 된다.

∴ 519

多結怨利 强服法衣　　다결원리 강복법의
但望飮食 不奉佛敎　　단망음식 불봉불교

【譯】
원한과 이익을 많이 맺어 억지로 법의(法衣)를 입고
다만 음식만을 바랄 뿐이면 부처님의 가르침을 받들지 않는 거다.

【解說】
선량한 행동은 하지 않고, 남에게 원한을 사는 악행이나 일삼고, 자신의 이익만을 구하는 사람이 억지로 법의를 입고 스님이 되어, 부처님의 가르침을 실천하는 데는 힘쓰지 않고, 오직 사욕과 음식에만 마음이 있으면 이런 사람은 불제자라 할 수 없다.

520

> 當知是過 養爲大畏　　당지시과 양위대외
> 寡取無憂 比丘釋心　　과취무우 비구석심

【譯】
마땅히 이것이 허물임을 알아야 하고 기름은 크게 두려워할 것이니
적게 취하여 근심이 없으니 비구는 거기서 마음을 푼다.

【解說】
　불도를 열심히 닦지 않고 욕심만 부리는 것을 마땅히 허물이라고 알고, 마음을 닦지 않고 몸만 기르는 것을 부끄럽게 생각해야 한다. 자신을 위해서 취하는 바가 적으면 허물이 없고, 따라서 근심도 없어진다는 것을 비구는 잘 알아서 욕심을 버림으로써 편안해진다.

521

> 非食命不濟 孰能不揣食　　비식명부제 숙능불췌식
> 夫立食爲先 知是不宜嫉　　부립식위선 지시불의질

【譯】
먹지 않으면 목숨을 건지지 못하니, 미루어 생각건대 누가 능히 먹지 않으랴.
대저 먹는 것이 모든 것에 우선이니 이를 알면 미워하지 말아야 한다.

【解說】
　사람이나 동물이나 생명 있는 모든 동물들은 먹지 않으면 목숨을 부지

할 수가 없다. 그러므로 먹는 것이 모든 것의 우선이고 사람의 본질이니 먹는 것을 탓할 수 없다. 그러므로 먹기 위해서 부득이 살생하는 것은 부득이한 일이니 미워해서는 아니 된다.

522

```
嫉先創己 然後創人    질선창기 연후창인
擊人得擊 是不得除    격인득격 시부득제
```

【譯】
미워함은 먼저 나를 해치고 그런 뒤에 남을 해치며
남을 때리면 나는 때림을 받나니 이를 없앨 수 없다.

【解說】
남을 미워하는 것은 먼저 내 마음속에 미워하는 나쁜 마음이 생기는 것이므로, 남을 해치기 전에 먼저 나를 해치게 되는 것이다. 남을 때리면 결국 그 때림의 갚음은 꼭 돌아와서 나를 반드시 때리게 되는 것이니, 남을 때린다는 것은 결국 나를 때리는 결과가 되는 것이다. 그러므로 이러한 짓을 하지 말아야 한다.

523

```
寧噉燒石 吞飮洋銅    영담소석 탄음양동
不以無戒 食人信施    불이무계 식인신시
```

【譯】
차라리 불에 달군 돌을 먹고 끓는 구리쇠 물을 마실지언정
계율이 없으면서 남의 믿음의 보시를 먹지 말라.

【註】
洋銅(양동)……구리로 된 바다.

【解說】
남을 미워하는 마음이 있는 것은 계율을 굳게 지키지 못하기 때문이다. 계율 없는 사람이, 남이 베푸는 공양을 받아먹어서는 안 된다. 차라리 뜨겁게 달군 돌을 먹던지, 구리로 된 바닷물을 마실지언정 계율 없이 신도들의 보시를 받아서는 안 된다.

제34장　사문품(沙門品)

사문품(沙門品)의 취지는 사문이 알고 지켜야 할 바른 법을 가르치고 사문들이 가르침을 받아 성실히 수행을 쌓으면 마침내 불교의 진리를 깨닫고 도를 이루어 성불할 수 있다는 것을 설명하고 있다.

524

沙門品者　訓以法正　　사문품자　훈이법정
弟子受行　得道解淨　　제자수행　득도해정

【譯】
사문품(沙門品)이란, 바른 법을 가르치면
제자가 이를 받아 행하여 도를 얻고 깨끗한 진리를 깨닫는다는 것을 말한다.

525

端目耳鼻口　身意常守正　　단목이비구　신의상수정
比丘行如是　可以免衆苦　　비구행여시　가이면중고

【譯】
눈·귀·코·입을 단정히 하고 몸과 마음을 항상 바르게 지켜라.
비구의 수행이 이와 같으면 가히 온갖 괴로움을 면할 수 있다.

【解說】
눈으로 보는 것, 귀로 듣는 것, 코로 냄새 맡는 것, 그리고 입으로 말하는 것, 먹는 것을 계율에 따라 단정히 하고, 몸과 마음을 항상 정도에 맞게 바르게 지켜라. 출가한 사람이 항상 이와 같이 수행하면 아무런 허물이 없고, 모든 번뇌 망상에서 벗어나리라.

∴ 526

手足莫妄犯 節言順所行　수족막망범 절언순소행
常內樂定意 守一行寂然　상내락정의 수일행적연

【譯】
손발을 망령되이 범하지 말고 말을 절제하며 행하는 바를 순리대로 하고,
항상 마음속으로 선정을 즐거워하며 하나를 지켜 고요히 행하여라.

【解說】
손과 발과 몸을 함부로 놀려 악을 범하지 말고 말을 삼가서 구업(口業)을 짓지 말며, 모든 행동을 신중히 해서 남에게 지탄받는 일을 하지 말라. 마음속으로는 항상 선정을 즐거워하며, 삿된 도에 흐르지 말고 오직 부처님의 정법을 지켜 조용히 수행하면 반드시 피안에 도달하게 된다.

∴ 527

學當守口 宥言安徐　학당수구 유언안서
法義爲定 言必柔軟　법의위정 언필유연

【譯】
입 지키기를 마땅히 배워 말을 너그럽고 조용하게 하면,
법과 의가 이 때문에 정해지니 말은 반드시 부드럽고 연하게 해야 한다.

【解說】
 말은 아무리 삼가도 오히려 부족하지 않다. 말을 하기 전에 잘 생각해서 같은 내용의 말이라도 너그럽고 조용하게 해야 한다. 모든 법과 도리가 모두 말을 통해서 생겨나고 전달되는 것이니, 말은 조용하고 부드럽고 나직하면서도 조리가 있고 명확하게 해야 한다.

∴ 528

樂法欲法　思惟安法　　낙법욕법 사유안법
比丘依法　正而不費　　비구의법 정이불비

【譯】
법을 즐기고 법을 욕심 내고 생각을 법에서 즐겨라.
비구가 법에 의지하면 바르고 손상되지 않으리라.

【註】
欲法(욕법)……법을 가지고자 하는 것.

【解說】
 수행자는 오직 부처님의 법 받기를 즐기고, 법을 더욱 많이 받고 행하기에 욕심을 내고, 모든 생활과 생각을 오직 법에 두고, 법을 실천하는 것으로 생의 즐거움을 삼아야 한다. 비구가 모든 행을 오직 부처님 법에 의지해서 실행하면 모두가 바르고 조금도 허물이 없을 것이다.

∴ 529

學無求利 無愛他行　학무구리 무애타행
比丘好他 不得定意　비구호타 부득정의

【譯】
이익을 구함을 배우지 말고 다른 행(行)을 사랑하지 말라.
비구가 다른 것을 좋아하면 선정의 마음을 얻지 못한다.

【解說】
수행자는 오직 도를 구하는 데 마음을 다해야 한다. 목전의 재물과 이익에 마음을 두고 이를 구하지 말아야 하고, 도박이나 가무 등 삿된 잡기를 좋아하지 말아야 한다. 비구가 다른 것에 마음을 쓰면, 조용하고 안정된 마음을 얻을 수 없어서 깊은 선정의 경지에 들어갈 수 없다.

∴ 530

比丘扈船 中虛則輕　비구호선 중허즉경
除婬怒癡 是爲泥洹　제음노치 시위니원

【譯】
비구가 배를 부리는데 속이 비면 배가 가벼워진다.
음욕·성냄·어리석음을 없애면 이것이 바로 열반이 된다.

【解說】
배를 부려 항해해 가고자 할 때, 배 안의 물을 퍼내고 필요 없는 물건들을 모두 치워서 배 안을 비우면 배가 가벼워져서 잘 갈 수 있다. 그와 마찬가지로 수행자가 마음속의 잡다한 음욕과 성냄과 어리석음을 모두 버려서 마음을 비우면 수행을 잘 할 수 있다.

531

捨五斷五 思惟五根　　사오단오 사유오근
能分別五 乃渡河淵　　능분별오 내도하연

【譯】
오욕(五慾)을 버리고 오혹(五惑)을 끊고 오근(五根)을 생각하여
능히 이 다섯 가지를 분별하면 곧 깊은 연못을 건너리라.

【註】
捨五(사오)……오욕(五慾)을 버리다.

【解說】
　오욕(五慾)을 버리고 오혹(五惑)을 끊고, 오근(五根)으로 바르게 생각하라. 이 다섯 가지를 바르게 분별할 수 있다면 생사 고해를 건너 안락한 피안에 도달하여, 고요한 열반에 들 수가 있다.

532

禪無放逸 莫爲欲亂　　선무방일 막위욕란
不吞洋銅 自惱燋形　　불탄양동 자뇌초형

【譯】
선정을 닦아 방일하지 말고 탐욕에 마음을 어지럽히지 말며,
뜨거운 구리쇠 물을 마시고 스스로 괴롭혀 몸을 불태우지 말라.

【解說】
　마음을 안정시켜 항상 선정(禪定)을 닦아 방일한 행동을 하지 말며, 음란하고 어리석은 탐욕에 마음을 빼앗겨, 마음을 어지럽게 하지 말아야 한다. 만일 사악한 도에 마음을 빼앗기면, 펄펄 끓는 구리쇠 물을 마시는 것과 같은 괴로움을 스스로 받게 된다.

∴ 533

無禪不智　無智不禪　　무선부지　무지불선
道從禪智　得至泥洹　　도종선지　득지니원

【譯】
선정이 없으면 지혜가 없고 지혜가 없으면 선정을 하지 못하나니
도는 선정과 지혜를 따라 생기고 드디어 열반을 얻는다.

【解說】
　선정을 닦지 않으면 밝은 지혜가 생기지 않고, 밝은 지혜가 없으면 선정을 닦지 못한다. 도는 선정과 지혜로 이루어지는 것이며, 도가 이루어져야 열반에 이르게 되는 것이니 모든 수행자는 밝은 지혜로 선정을 열심히 닦아야 한다.

∴ 534

當學入空 靜居止意　　당학입공 정거지의
樂獨屛處 一心觀法　　낙독병처 일심관법

【譯】
마땅히 공(空)에 들기를 배워 고요히 살면서 마음을 그치고
그윽한 곳에 홀로 있기를 즐거워하며 한 마음으로 법을 관하여야 한다.

【解說】
　열심히 공부하여 공(空)의 심오한 이치를 깨닫고, 잡다한 세속을 떠나 조용하고 깨끗한 곳에 홀로 살면서, 오온(五蘊)에 마음 흔들리지 말고 오직 부처님의 참 법을 즐겨 닦아서 모든 진리를 바로 관하면 편안한 피안에 도달하게 되리라.

∴ 535

常制五陰 伏意如水　　상제오음 복의여수
淸淨和悅 爲甘露味　　청정화열 위감로미

【譯】
항상 오음(五陰)을 억제하여 마음을 굴복 받기를 물처럼 하면
마음이 맑고 깨끗하고 즐겁기가 감로수 맛같이 된다.

【解說】
　항상 오온(五蘊)을 억제하고 마음을 맑게 해서, 선하게 살면 평화롭고 행복해서 마치 감로수 맛과 같은 달콤한 기쁨을 누리며 살 수 있다.

∴ 536

不受所有 爲慧比丘　　　불수소유 위혜비구
攝根知足 戒律悉持　　　섭근지족 계율실지

【譯】
남의 소유를 받지 않으면 지혜로운 비구가 되나니
근(根)을 뽑아 버리고 족함을 알아서 계율을 모두 받들어 가지라.

【解說】
슬기로운 수행자는 욕심이 없으므로 남의 것을 탐하거나 바리지 않는다. 마음속에 오근(五根)을 모두 뽑아 버리고, 마음을 맑게 해서 오직 부처님의 계율을 다 받들고 실천하면, 훌륭한 비구라고 할 수 있다.

∴ 537

生當行淨 求善師友　　　생당행정 구선사우
智者成人 度苦致喜　　　지자성인 도고치희

【譯】
살아서는 마땅히 깨끗하게 행하고 착한 스승과 벗을 구하여
지혜로운 자가 어른이 되면 괴로움을 벗어나 기쁨에 이른다.

【解說】
세상을 살아갈 때 마땅히 착하고 깨끗하게 행동하고, 선하고 덕망이 높은 스승을 따라 배우고, 좋은 친구를 사귀어 자혜롭게 살면 모든 괴로움을 벗어나 기쁨을 얻고 피안에 도달해서 행복하게 살 수 있다.

∴ 538

如衛師華 熟知自墮
釋婬怒癡 生死自解

여위사화 숙지자타
석음노치 생사자해

【譯】
마치 위사화(衛師華) 꽃이 익으면 스스로 떨어지는 것처럼
음욕, 노여움, 어리석음을 내버리면 생사(生死)가 절로 풀린다.

【註】
衛師華(위사화)……꽃 이름. 참죽나무 꽃.

【解說】
위사화 꽃이 만개하면 저절로 떨어지는 것처럼, 도를 이루어 높은 경지에 다다르면 음욕과 성냄과 어리석음 등은 저절로 사라지고 만다. 이와 같이 수행자가 모든 탐욕을 버리고 깨끗한 도를 이루면, 생사윤회의 비밀이 스스로 풀려, 깨끗한 열반에 이르게 된다.

∴ 539

止身止言 心守玄默
比丘棄世 是爲受寂

지신지언 심수현묵
비구기세 시위수적

【譯】
몸을 쉬고 말을 쉬며 마음은 고요함을 지켜라.
비구가 세상을 버리면 이는 적멸을 받는 것이 된다.

【註】
玄默(현묵)······침묵.

【解說】
몸을 쉬고 말을 쉬며 마음을 고요하게 하는 것은 이 세상의 온갖 잡다한 일과 인연을 끊는 것이다. 이처럼 세상과 인연을 모두 끊고 잡념을 버리고 고요한 깨달음의 경지에 들면 피안에 도달할 수 있게 된다.

540

當自勅身 內與心爭　　당자칙신 내여심쟁
護身念諦 比丘惟安　　호신념체 비구유안

【譯】
항상 스스로 몸을 경계하고 안으로 마음과 다투며
몸을 보호하여 진리를 생각하면 그 비구는 오직 편안하다.

【解說】
항상 악에 빠지지 않을까 자신을 경계하고 안으로는 마음에 사악한 생각과 망상이 떠오르지 않게 삿된 마음과 다투며, 언제나 진리를 생각하며 바른 계율을 지키고 사는 비구에게는 아무런 허물과 근심이 없다.

541

我自爲我 計無有我　　아자위아 계무유아
故當損我 調乃爲賢　　고당손아 조내위현

【譯】
나는 스스로 나를 위하지만 내가 없다고 헤아려라.
그러므로 마땅히 나를 없애어 길들이면 이를 현명하다 한다.

【解說】
나는 '나'라는 실체가 실존한다고 생각하지만 그것은 잘못된 생각이다. 나는 인연 결합으로 잠시 생겨났다가 사라지는 물거품과 같은 존재이며, 영원한 실체가 있는 것이 아니다. 그러므로 '나'라는 실체는 사실상 없는 것이다. 그러므로 내가 없는데 나를 괴롭히는 생사윤회와 번뇌 망상이 있을 수 없다. 이 이치를 알면 현명하다고 한다.

∵ 542

喜在佛敎 可以多喜　　희재불교 가이다희
至到寂寞 行滅永安　　지도적막 행멸영안

【譯】
기쁨은 부처님의 가르침에 있으니 정말로 기쁨이 많나니
적막함에 이르러 행(行)이 사라져 영원히 편안하리라.

【解說】
수행을 많이 쌓아 모든 기쁨을 부처님의 가르침 속에서 찾았다면 이는 바른 도를 닦은 것이며, 마음에 느끼는 희열은 한량이 없다. 계율을 지켜 도(道)에 정진하고 수행을 쌓아 마음이 맑고 고요한 경지에 이르면, 행함도 없고 행하지 아니함도 없는 해탈의 경지에 이른 것이니 번뇌 망상에서 벗어나 영원한 안락을 얻게 된다.

∴ 543

棄慢無餘憍 蓮華水生淨　기만무여교 연화수생정
學能捨此彼 知是勝於故　학능사차피 지시승어고

【譯】
교만함을 버려 나머지 교만함이 없으면 연꽃이 물에 나서 깨끗한 것 같고,
배움은 능히 이것저것을 버리나니 이것을 알면 지나간 때보다 나아진다.

【解說】
잘난 체하는 교만함을 버려 마음을 비우면, 그것은 마치 더러운 물에서 자라 곱게 꽃핀 연꽃과 같이 아름답다. 그리고 부처님의 가르침을 열심히 배워서 익히면, 이것과 저것을 분별해서 집착하는 분별심이 없어지고, 도는 한 걸음 더 앞으로 나아가게 된다.

∴ 544

割愛無戀慕 不受如蓮花　할애무연모 불수여연화
比丘渡河流 勝欲明於故　비구도하류 승욕명어고

【譯】
사랑을 끊어 연모함이 없으면 받지 않음이 연꽃 같으니
비구는 흐르는 물을 건너고 욕심을 이겨서 전보다 밝아지리라.

【解說】
애욕(愛慾)을 끊고 색정의 유혹을 완전히 벗는다면, 마치 연꽃이 더러운 물에서 자라도 흙탕물이 묻지 않는 것처럼 마음이 깨끗해져 도를 이루

고, 비구는 번뇌의 강을 건너 욕심을 이겨서 지혜가 전보다 더 밝아진다.

∴ 545

> 截流自恃 逝心却欲　　절류자시 서심각욕
> 仁不割欲 一意猶走　　인불할욕 일의유주

【譯】
흐름 끊음을 스스로 믿고 마음을 보내어 욕심을 물리치나
어짊에서 욕심을 끊지 못하면 한 마음 오히려 달려가리라.

【解說】
 탐욕과 애욕을 끊어 마음을 비우고 욕심을 버려야 비구는 생사 고뇌를 뛰어넘어 열반의 경지에 다다를 수 있다. 그러나 사소한 인정에 끌려 마음속에 일말의 정욕을 남겨둔다면, 그것이 씨가 되어 수행하고자 하는 곳과는 다른 엉뚱한 곳으로 달려가게 되고 만다.

∴ 546

> 爲之爲之 必强自制　　위지위지 필강자제
> 捨家而懈 意猶復染　　사가이해 의유복염

【譯】
하고 또 하여 반드시 강하게 스스로를 억제하라.
집을 버리고서도 게으르면 마음이 오히려 다시 물든다.

【解說】

도(道)를 닦기 위해 열심히 정진하라. 부모 형제를 모두 버리고 어려운 출가를 했는데도 그 뜻을 저버리고 게으름을 피우면 출가의 보람이 없다. 출가 후에 정진하지 않고 게으름을 피우면 마음은 다시 욕락에 물들어 도에서 멀어지고 만다.

547

行懈緩者 勞意弗除　행해완자 노의불제
非淨梵行 焉致大寶　비정범행 언치대보

【譯】

수행이 게으르고 느린 자라도 노력하는 마음 버리지 않으니
깨끗한 범행(梵行)이 아니면 어찌 큰 보배를 이룰 것인가?

【解說】

수행을 열심히 하지 않고 행동이 느린 수행자라도 노력해 보려는 마음만은 늘 간직하고 있을 것이다. 그러나 그것을 실천에 옮기지 않으면 아무런 소용이 없다. 열심히 도를 닦아 큰 보배를 얻으려면 깨끗한 범행(梵行)이 아니면 이를 이룰 수 없다.

548

沙門何行 如意不禁　사문하행 여의불금
步步著粘 但隨思走　보보착점 단수사주

【譯】
사문이 어디를 가든지 그 마음을 금하지 못하면
걸음마다 달라붙어 다만 그 생각에 따라 달리게 된다.

【解說】
 수행자는 탐욕을 없애고 애착을 버려야 한다. 만일 그렇지 못하면 가는 곳마다 보는 것마다 집착이 생겨 번뇌 망상을 떨쳐 버릴 수 없다.

∴ 549

袈裟披肩 爲惡不損　　가사피견 위악불손
惡惡行者 斯墮惡道　　악악행자 사타악도

【譯】
가사를 어깨에 걸치고서 악을 행하여 주리지 못하며
악과 악을 행한 자는 이는 악도(惡道)에 떨어진다.

【解說】
 출가를 하고 계율을 받고 가사를 어깨에 걸친 사문이라도 악행을 하며 이를 반성하고 버리지 못하며 온갖 악을 모두 저지르면, 이는 절대로 구원받지 못하고 무서운 지옥에 떨어지고 만다.

∴ 550

不調難誡 如風枯樹　　부조란계 여풍고수
作自爲身 曷不精進　　작자위신 갈부정진

【譯】
조절하지 않으면 경계하기 어려우니 마치 바람이 나무를 마르게 하는 것 같다.
짓는 것은 스스로의 몸을 위하는 것이니 어찌 정진하지 않으리오.

【解說】
마음을 잘 조절하여 악에 물들지 않게 해야지 그냥 방치하면, 마치 바람이 나무를 말라죽게 하듯 은연중에 큰 영향을 주어 나중에는 자신도 억제할 수 없는 방일한 상태가 되고 만다. 선의 실천과 계율의 수호를 위해 노력하는 것은 모두 자신을 위한 일인데 어찌 열심히 정진하지 않겠는가.

551

息心非剔　放逸無信　　식심비척　방일무신
能滅衆苦　爲上沙門　　능멸중고　위상사문

【譯】
마음을 쉬는 것은 깎아 없애는 것이 아니고 방일하면 믿음이 없어지리니,
능히 온갖 괴로움을 멸하면 훌륭한 사문이라 한다.

【解說】
마음을 쉬는 것은 수행하고자 하는 마음을 없애 버리는 것이 아니다. 마음을 단속하지 않고 방일하게 하면 믿음과 계율과 출가의 뜻마저 없어져 버린다. 그러므로 사문은 항상 마음을 다스려 온갖 번뇌 망상을 멸해 버리면 진정한 수행자라 할 수 있고, 훌륭한 사문이 될 수 있다.

제 35 장 범지품(梵志品)

범지품(梵志品)에서는 부처님의 가르침을 잘 배워 그 참뜻을 알고 말과 행실을 맑고 깨끗하게 하며, 마음속을 청정하게 하여 탐욕이 없다면, 그런 사람은 모든 사람들로부터 추앙받는 사문이 된다는 것을 말하고 있다.

∴ 552

梵志品者 言行淸白　　범지품자 언행청백
理學無穢 可稱道士　　이학무예 가칭도사

【譯】
범지품(梵志品)은 말과 행실이 맑고 깨끗하며,
이치를 배워 더러움이 없어야 이를 도사라고 일컬을 수 있다.

∴ 553

截流而渡 無欲如梵　　절류이도 무욕여범
知行已盡 是謂梵志　　지행이진 시위범지

【譯】
흐름을 끊고 건너가서 욕심 없기가 범천(梵天)과 같으며,
행(行)이 이미 다함을 알면 이를 일러 범지(梵志)라 한다.

【解說】
끝없이 다가오는 애욕의 흐름을 끊고, 번뇌 망상의 강을 건너서 모든 욕심을 버리고 마음 맑기가 범천(梵天)과 같으며, 행(行)을 닦아 이미 다하면, 이런 사람을 일컬어 범지(梵志)라고 한다.

∴ 554

以無二法 淸淨渡淵　　이무이법 청정도연
諸欲結解 是謂梵志　　제욕결해 시위범지

【譯】
둘이 없는 법으로 맑고 깨끗하게 깊은 못을 건너
모든 욕심의 매듭을 풀면 이것을 일컬어 범지라 한다.

【解說】
진리는 둘이 아니다. 그러므로 이 법을 잘 닦아 깊은 번뇌의 연못을 건너 욕심을 버리고 맺은 원한을 모두 풀어 버리면, 그것이 바로 범지이다.

∴ 555

適彼無彼 彼彼已空　　적피무피 피피이공
捨離貪婬 是謂梵志　　사리탐음 시위범지

【譯】
그것을 만나면 그것이 없고 그것과 저것은 이미 모두 공(空)이니
탐욕과 음욕을 버리고 떠나면 이것을 일컬어 범지라 한다.

【解說】
이 세상의 모든 것은 인연 따라 생겨난 가상(假像)이지 실체가 있는 것이 아니다. 그러므로 이것이고 저것이라 분별할 실체는 사실상 아무 것도 없고 모두가 공인 것이다. 공의 도리를 잘 알면 탐욕과 애욕을 멀리 할 수 있는데, 이런 사람을 우리는 범지(梵志)라 한다.

556

思惟無垢 所行不漏　　사유무구 소행불루
上求不起 是謂梵志　　상구불기 시위범지

【譯】
생각함에 허물이 없고 행함에 빈틈이 없으며
위에서 구함을 일으키지 않으면 이것을 일컬어 범지라 한다.

【解說】
오랜 수행의 결과 생각이 발라서 사악한 것을 생각하지 아니하고, 모든 행이 바르며 빈틈이 없고, 더 많은 것, 더 좋은 것을 구하려는 탐욕을 일으키지 않으면 이를 일컬어 범지라고 한다.

557

日照於晝 月照於夜　　일조어주 월조어야
甲兵照軍 禪照道人　　갑병조군 선조도인
佛出天下 照一切冥　　불출천하 조일절명

【譯】
해는 낮을 비추고 달은 밤을 비추며,
갑옷 입은 병사는 군대를 비추고 선정은 도인을 비추며,
부처님은 천하에 나와서 모든 어둠을 비춘다.

【解說】
해가 밝다 해도 낮에만 비추고 달은 밤에만 비추며, 서슬이 시퍼런 병사도 군대만을 빛내고, 선정은 오직 도인을 빛낼 뿐이다. 그러나 부처님의 큰 공덕은 온 천지의 어둠을 낮같이 밝게 비추어 모든 중생을 어둠에서 제도하신다.

∴ 558

非剃爲沙門 稱吉爲梵志　비체위사문 칭길위범지
謂能捨衆惡 是則爲道人　위능사중악 시즉위도인

【譯】
머리를 깎았다고 사문이 되는 것은 아니고, 훌륭하다 일컬어야 범지가 된다.
능히 모든 악을 버리면 이를 곧 도인이라 한다.

【解說】
머리를 깎고 먹물 옷을 입고 목탁을 치며 겉모양만 잘 갖추었다고 중이 아니다. 참된 스님이 되려면 탐욕과 악을 다 버리고, 모든 사람으로부터 훌륭하다는 말을 들을 만큼 존경받을 만한 행을 실천해야 한다. 그래야만 도인이라 한다.

559

出惡爲梵志 入正爲沙門　출악위범지 입정위사문
棄我衆穢行 是則爲捨家　기아중예행 시즉위사가

【譯】
악에서 벗어나면 범지가 되고, 바른 도에 들어가면 사문이 된다.
나의 온갖 더러운 행실을 버리는 것을 곧 집을 버리는 것이라고 한다.

【解說】
마음속의 모든 악을 버리고 마음을 깨끗하게 한 것이 범지(梵志)이고, 부처님의 바른 도를 받들어 실천 수행하는 사람을 사문(沙門)이라 한다. 모든 더러운 행실과 욕심을 버리는 것이 곧 집을 버리고 출가하는 것이다. 불교에서는 집을 번뇌 망상과 정욕이 이글거리는 욕정의 화택(火宅)이라고 보기 때문에 출가하는 것은 모든 악에서 떠나는 것이라고 본다.

560

若心曉了 佛所說法　약심효료 불소설법
觀心自歸 淨於爲水　관심자귀 정어위수

【譯】
만일 마음을 환하게 밝혀서 부처님의 설법을 깨닫고
마음을 살펴 스스로 귀의하면 물보다도 더 깨끗하리라.

【解說】
마음의 때를 모두 씻어내고, 청정한 마음으로 부처님의 바른 법을 모두 받아들여 이를 깨닫고 실천하며, 진심으로 부처님께 귀의하면 그런 사람은 이 세상 누구보다도 더 깨끗하고 존경받을 만한 사람이 된다.

561

非蔟結髮 名爲梵志　　비족결발 명위범지
誠行法行 淸白則賢　　성행법행 청백즉현

【譯】
머리를 묶어 매었다 하여 범지라 이름하지 않으니
정성으로 행하고 법을 행하고 청백하면 곧 현명하게 된다.

【解說】
범지(梵志)는 외형적 겉모양으로 이루어지는 것이 아니다. 머리 모양이나 옷 모양 또는 가진 물건 등은 범지와 아무런 상관이 없다. 정성을 다해서 불도를 닦고, 끊임없이 불법(佛法)을 행해야만 현명한 범지가 되고, 깨달음을 얻어 피안에 이를 수 있다.

562

飾髮無慧 草衣何處　　식발무혜 초의하처
內不離著 外捨何益　　내불리저 외사하익

【譯】
머리를 꾸며도 지혜가 없으면 초의(草衣)를 어찌 마음에 두리요,
안으로 집착을 떠나지 않으면 밖으로 버린들 무슨 이익이 있으리오.

【註】
外捨(외사)……외형을 버리는 것처럼 꾸미는 것.

【解說】
머리 모양을 달리하고 수행자처럼 행동을 해도 지혜가 없으면 초의(草衣)를 입을 생각을 해서는 안 된다. 마음속에 욕심과 집착을 버리지 않으면 밖으로 겉치레를 번지르르하게 해도 아무런 이득이 없다.

∴ 563

被服弊惡 躬承法行　　피복폐악 궁승법행
閑居思惟 是謂梵志　　한거사유 시위범지

【譯】
험하고 해진 옷을 입어도 몸소 법을 받들어 행하며,
한가히 있으면서 생각하는 것을 이를 일컬어 범지라 한다.

【解說】
험하고 다 해진 옷을 입고 쓰러져 갈 것 같은 초막에 살아도 몸소 부처님의 법을 받들어 실천하고 조용히 마음을 닦아 선정에 들면, 이를 일컬어 범지라 한다.

∴ 564

佛不敎彼 讚己自稱　　불불교피 찬기자칭
如諦不妄 乃爲梵志　　여체불망 내위범지

【譯】
부처님은 그에게 자기를 스스로 칭찬하라고 가르치지 않나니,
이와 같이 지켜서 망령되지 않으면 이것이 곧 범지니라.

【解說】
부처님께서는 교만을 버리라고 하셨다. 자기 자랑을 일삼고 잘난 체하고 남을 멸시하는 것은 부처님의 가르침에 어긋나는 일이다. 그러므로 겸손하고 온순하며 자신을 낮출 줄 아는 사람은 바로 범지라고 할 수 있다.

∴ 565

絶諸可欲 不婬其志　절제가욕 불음기지
委棄欲數 是謂梵志　위기욕수 시위범지

【譯】
하고자 하는 욕심쯤은 모두 끊어서 그 뜻은 음탕하지 않으며,
수많은 탐욕 모두 버리면 이것을 일컬어 범지라 한다.

【解說】
모든 욕망을 다 끊어 버리고 마음을 청정하게 하여 음란하지 않고 많은 유혹과 탐욕을 모두 버리면, 이런 사람을 일컬어 진정한 범지라 한다.

∴ 566

斷生死河 能忍起度　단생사하 능인기도
自覺出塹 是謂梵志　자각출참 시위범지

【譯】
생사의 강을 끊고 능히 참고 제도함을 일으켜
스스로 깨달아 구덩이에서 나오면 이를 일컬어 범지라 한다.

【解說】
끝없이 윤회하는 생사의 강에서 벗어나 모든 탐욕과 망상을 끊고 부처님의 법을 성실히 실천해서 도를 이루어야 한다. 그리하여 모든 밝은 이치를 깨달아 멸망의 구덩이에서 벗어나면 이를 일컬어 범지라 한다.

∴ 567

見罵見擊 默受不怒　　견매견격 묵수불노
有忍辱力 是謂梵志　　유인욕력 시위범지

【譯】
욕설을 당하고 때림을 당해도 성내지 아니하며 묵묵히 받아들이는
욕을 참는 힘이 있으면 이것을 일컬어 범지라 이른다.

【解說】
우리는 남에게 조그마한 불이익을 당해도 발끈 화를 내며 곧 반박하고 싸우려 한다. 그러나 욕설을 듣거나 모함을 받거나 심지어 매를 맞아도 성내지 아니하며, 용서하고 저항하지 않는 관용과 인욕이 있으면 그런 사람을 일컬어 범지라고 한다.

∴ 568

若見侵欺 但念守戒　　약견침기 단념수계
端身自調 是謂梵志　　단신자조 시위범지

【譯】
만약 침범과 속임을 당해도 오직 계율 지킬 것만을 생각하고
몸을 단정히 하고 스스로 다스리면 이것을 일컬어 범지라 이른다.

【解說】
누가 나를 박해하여 짓밟으려 하고, 나를 속여 사기를 치더라도 그런 것에 도무지 마음을 두지 않고 오직 자신의 마음을 잘 다스려 흔들리지 않게 하며, 부처님의 계율을 지키기에만 몰두하고 도를 닦기에만 전념하면, 이런 사람을 일컬어 범지라고 한다.

∴ 569

心棄惡法 如蛇脫皮　　심기악법 여사탈피
不爲欲汚 是謂梵志　　불위욕오 시위범지

【譯】
마음속에 온갖 악법 버리기를 마치 뱀이 허물을 벗듯이 하여
욕심과 더러움을 갖지 않으면 이것을 일컬어 범지라 한다.

【解說】
마음을 청정하게 하여 마음속에 일어나는 모든 악법의 유혹을 물리치기를 마치 뱀이 허물을 벗듯이 하여, 더러운 악의 마음을 모두 벗어버리고

다시 깨끗한 마음으로 태어나 선하게 되는 사람을 일컬어 범지라 한다.

∴ 570

```
覺生爲苦 從是滅意    각생위고 종시멸의
能下重擔 是謂梵志    능하중담 시위범지
```

【譯】
삶이란 괴로움임을 깨닫고 이에 따라 마음을 멸하여
능히 무거운 짐을 내려놓으면 이를 일컬어 범지라 한다.

【解說】
인생이란 고(苦)의 연속이다. 지금 나의 생활이 즐거운데……, 하는 사람도 잘 생각해 보면 피할 수 없는 생로병사의 쓰라린 고통이 앞을 가로막고 있다는 것을 알 수 있을 것이다. 늙고 죽는 것이 즐겁다고 하는 사람은 아무도 없을 것이다. 그러므로 이런 실상을 잘 깨닫고, 도를 닦아 해탈하면 모든 번뇌 망상이 없어지는데, 이런 사람을 일컬어 범지라 한다.

∴ 571

```
棄放活生 無賊害心    기방활생 무적해심
無所嬈惱 是謂梵志    무소요뇌 시위범지
```

【譯】
살림살이 버려 버리고 남을 해치고 상할 마음이 없으며,
번거로운 괴로움이 없으면 이것을 일컬어 범지라 한다.

【解說】

　세속의 명예나 부귀에 마음 쓰지 말고 모든 살림살이를 놓아 버리고 남과 시비 다툼하지 말며, 남을 해치고 상할 마음 모조리 없애 버리면 마음은 편안하고 아무런 괴로움도 없을 것이니, 이런 사람을 일컬어 범지라 한다.

∴ 572

避爭不爭 犯而不慍　　피쟁부쟁 범이불온
惡來善待 是謂梵志　　악래선대 시위범지

【譯】

　다툼을 피하여 싸우지 않고 침범해도 성내지 않으며,
악이 와도 선으로 대하면 이를 일컬어 범지라 한다.

【解說】

　남과 싸우고 다투는 것은 두 사람이 모두 같기 때문이다. 한쪽이 싸움에 응하지 않고 저항하지 않으면 싸움은 일어날 수 없다. 남이 싸움을 걸어와도 싸우지 않고 남이 나를 침범해도 저항하지 않으며, 악을 선으로 대하면 이런 사람을 일컬어 범지라 한다.

∴ 573

去婬怒癡 憍慢諸惡　　거음노치 교만제악
如蛇脫皮 是謂梵志　　여사탈피 시위범지

【譯】
음욕과 성냄과 어리석음, 교만 등 모든 악을 버리기를
마치 뱀이 허물을 벗듯이 하면 이것을 일컬어 범지라 한다.

【解說】
마음속에 도사린 음욕과 성냄과 어리석음과 교만하고 게으름 등 모든 악을 버리기를 마치 뱀이 허물을 벗듯이 하여, 다시 새롭고 깨끗한 마음으로 변신하여 선하게 살면, 이를 일컬어 범지라 한다.

∴ 574

斷絕世事 口無麤言　　단절세사 구무추언
八道審諦 是謂梵志　　팔도심체 시위범지

【譯】
세상일을 끊어 버리고 입에 거친 말이 없으며,
여덟 가지 도를 밝게 아는 것, 이것을 일컬어 범지라 한다.

【解說】
속세의 잡다한 모든 일을 끊어 버리고 입으로 거친 말을 하지 않으며, 팔정도의 가르침을 잘 지키고 실천하면 이를 일컬어 범지라 한다.

∴ 575

所世惡法 修短巨細　　소세악법 수단거세
無取無捨 是謂梵志　　무취무사 시위범지

【譯】
이른바 세상의 나쁜 법은 짧거나 크거나 작거나 모두 다스려
취함도 없고 버림도 없으면 이것을 일컬어 범지라 한다.

【解說】
세상의 모든 것은 상대적이다. 좋은 것이 있으므로 나쁜 것이 있고, 나쁜 것이 있기 때문에 좋은 것이 있다. 그러므로 수행자는 좋은 것만을 배우고 좋은 것만을 알면 한쪽에 치우쳐 진정한 중도(中道)를 이루지 못한다. 나쁜 것도 알고 나쁜 것도 다스릴 줄 알아야 한다. 그러나 나쁜 것을 취하지 말고 버리지도 않는 경지에 이르러야 범지라 할 수 있다.

576

今世行淨 後世無穢　　금세행정 후세무예
無習無捨 是謂梵志　　무습무사 시위범지

【譯】
현세의 행이 맑으면 내세에도 더러움이 없으리니
익힘도 없고 버림도 없으면 이것을 일컬어 범지라 한다.

【解說】
현세와 내세는 서로 무관하고 독립된 것이 아니고, 모두가 연결된 한 가닥 시간대 위에 놓여 있다. 내세를 알려면 현세에서 내가 짓는 업을 보면 능히 알 수 있다고 한다. 그러므로 현세에서 행실이 맑고 선하면, 내세에도 더러움이 없고 아무런 거리낌이 없다. 현세에서 악습을 익히고 버려야 할 악업을 짓지 않으면 내세에서도 편안하리니, 이런 사람을 일컬어 범지라 한다.

∴ 577

棄身無猗 不誦異行　　기신무의 불송리행
行甘露滅 是謂梵志　　행감로멸 시위범지

【譯】
몸을 버려 의지함이 없고 다른 행을 외우지 않으며,
감로의 멸을 행하면 이것을 일컬어 범지라 한다.

【解說】
　무상한 내 몸을 실체가 있는 것처럼 관하여 거기 집착하지 말라. 사대(四大)가 모인 육신은 수시로 늙고 병들며 변하는 것이니, 너무 육신에 의지하지 말며, 오직 부처님의 법을 믿고 배워서 열반을 얻으면 이런 사람을 일컬어 범지라 한다.

∴ 578

於罪與福 兩行永除　　어죄여복 양행영제
無憂無塵 是謂梵志　　무우무진 시위범지

【譯】
죄를 주고 복을 주는 두 갈래 행을 길이 없애고,
근심도 없애고 티끌도 없애면 이를 일컬어 범지라 한다.

【解說】
　도를 이루어 깨달음의 경지에 들어간 사람은 죄나 복이나 근심이나 기뽐이나 허물이나 칭찬 따위의 경계를 모두 뛰어넘어 버린다. 이런 경지에 들어간 사람을 일컬어 범지라 한다.

∴ 579

心喜無垢 如月盛滿　　심희무구 여월성만
謗毀已除 是謂梵志　　방훼이제 시위범지

【譯】
마음이 기쁘고 때가 없음이 마치 달이 가득 참과 같고
비방도 헐뜯음도 이미 없애면 이것을 일컬어 범지라 한다.

【解說】
　도를 닦는 사람의 마음은 깨끗하며, 항상 기쁘고 때가 없어서 마치 보름달과 같이 둥글고 원만하다. 남을 비방하는 마음과 헐뜯는 마음도 이미 없애 버렸으니, 이런 사람을 일컬어 범지라 한다.

∴ 580

已斷恩愛 離家無欲　　이단은애 이가무욕
有愛已盡 是謂梵志　　유애이진 시위범지

【譯】
은애(恩愛)를 이미 끊고 집을 떠나 욕심이 없으며,
애욕을 이미 멸한 바 있으면 이를 일컬어 범지라 한다.

【解說】
수행에 늘 장애가 되는 것은 은혜와 사랑의 굴레이다. 그러므로 이 끈끈한 굴레를 단절하기 위해 출가(出家)하여, 모든 애욕을 멸해 버리면 이런 사람을 일컬어 범지라 한다.

∴ 581

離人聚處 不墮天聚　　이인취처 불타천취
諸聚不歸 是謂梵志　　제취불귀 시위범지

【譯】
사람이 모인 곳을 떠나고 하늘이 모인 곳에 떨어지지 않으며,
모든 모임에 돌아가지 않는 것을 이를 일컬어 범지라 한다.

【解說】
사람들 사는 세계도 초월하고, 하늘의 세계도 초월하며, 그 어떤 세계에도 속박되지 않고 자유로우면 이런 사람을 일컬어 범지라 한다.

∴ 582

棄樂無樂 滅無慍懦　　기락무락 멸무온나
健違諸世 是謂梵志　　건위제세 시위범지

【譯】
즐거움과 즐거움 없음을 버리고 노여움과 나약함 멸해서 없으니,
굳세게 이 세상 온갖 일을 떠나면 이를 일컬어 범지라 한다.

【解說】
　마음속에 즐거움과 슬픔을 모두 없애서 담담하고 고요하며 안정된 마음의 경지를 얻어 모든 탐욕과 애욕을 멸하고 세속의 여러 가지 일들을 모두 떠나 버리면, 이런 사람을 일컬어 범지라 한다.

∴ 583

所生已訖 死無所趣　　소생이흘 사무소취
覺安無依 是謂梵志　　각안무의 시위범지

【譯】
　생을 이미 마쳐도 죽음은 그칠 바 없나니
　깨달아 편안하여 의지함이 없으면 이것을 일컬어 범지라 한다.

【解說】
　이승에서 받은 생을 마쳐도 다음 생에 받는 생의 죽음은 그칠 줄 모르고 수없이 많다. 그러므로 생과 사는 무수히 윤회하며 이 끝없는 생사의 윤회에서 벗어나 편안해지면, 이를 일컬어 범지라 한다.

∴ 584

已度五道 莫知所墮　　이도오도 막지소타
習盡無餘 是謂梵志　　습진무여 시위범지

【譯】
　오도(五道)를 이미 건너서 떨어질 곳을 알지 못하며,

악습이 다하여 남음이 없으면 이를 일컬어 범지라 한다.

【解說】
생사를 해탈하고 윤회에서 벗어나 죽어서 오도(五道)에 떨어지지 않으며, 모든 악습을 다 버려 마음이 깨끗하면 이런 사람을 일컬어 범지라 한다.

585

于前于後 乃中無有　　우전우후 내중무유
無操無捨 是謂驚志　　무조무사 시위경지

【譯】
앞에도 뒤에도 가운데에도 있는 것이 없어서
다가설 것도 버릴 것도 없으면 이를 일컬어 범지라 한다.

【解說】
앞에서도 뒤에서도 또한 가운데서도 탐욕과 애착이 없으며, 이미 마음을 비워 다가갈 것도, 버릴 것도 없는 초월의 경지에 이르면 이를 일컬어 범지라 한다.

586

最雄最勇 能自解度　　최웅최용 능자해도
覺意不動 是謂梵志　　각의부동 시위범지

【譯】
가장 뛰어나고 가장 날쌔어 능히 스스로 깨달아 제도하며,
그 깨달은 뜻 움직이지 않으면 이것을 일컬어 범지라 한다.

【解說】
지혜가 가장 뛰어나고 공부하는 태도와 수학의 진도가 가장 빠르고 날쌔어 능히 부처님의 거룩한 진리를 깨달아 생사 고해의 괴로움에서 제도하여, 그 깨달은 마음 변하지 않으면 이를 일컬어 범지라 한다.

587

自知宿命 本所更來　　자지숙명 본소갱래
得要生盡 叡通道玄　　득요생진 예통도현
明如能默 是爲梵志　　명여능묵 시위범지

【譯】
스스로 숙명을 알고 그 본(本)과 다시 올 것을 알아
태어남이 없어짐을 구하여 얻고 지혜는 도의 그윽함에 통하여
밝음이 능히 침묵한 분과 같으면 이것을 일컬어 범지라 한다.

【解說】
자기의 타고난 숙명과 그 숙명의 근본은 윤회로 이어진다는 것을 알아서, 다시는 나고 죽는 것에 얽매이지 않게 됨을 구하고, 지혜와 도가 깨달음의 경지에 이르러 마치 침묵을 지키고 있는 부처님과 같이 밝으면 이를 일컬어 범지라 한다.

제36장 이원품(泥洹品)

이원품(泥洹品)에서는 수행을 쌓아 마음이 맑고 깨끗해져서 모든 번뇌 망상이 사라지면 고요한 열반에 들어 영원히 안락을 누릴 수 있다는 것을 설하고 있다.

∴ 588

泥洹品者　敍道大歸　　이원품자 서도대귀
恬惔寂滅　度生死畏　　염담적멸 도생사외

【譯】
이원품(泥洹品)이란 도(道)로 크게 돌아가는 순서를 설명하여
마음이 편안하고 고요하며 생사의 두려움을 건넘을 말한 것이다.

∴ 589

忍爲最自守　泥洹佛稱上　　인위최자수 이원불칭상
捨家不犯戒　息心無所害　　사가불범계 식심무소해

【譯】
참는 것이 가장 자기를 잘 지키는 것이고, 부처님은 열반을 최상이라 칭하셨다.
집을 버리고 계를 범하지 않으며 마음 쉬어 해됨이 없다.

【解說】
모든 위험에서 자신을 지키는 가장 큰 무기는 참는 것이다. 노여움을

참고, 음욕을 참고, 게으름을 참고, 잠을 참고 열심히 정진하는 것이 자신을 위한 최선의 길이다. 그리고 출가하여 모든 잡다한 일을 떠나 마음을 비우면, 부처님께서 최상의 경지라고 말씀하신 열반에 들 수 있다.

∴ 590

無病最利 知足最富　　무병최리 지족최부
厚爲最友 泥洹最快　　후위최우 이원최쾌

【譯】
병이 없음이 가장 이롭고 족함을 아는 것이 가장 넉넉하며,
후(厚)함을 가장 좋은 벗으로 하면 열반이 가장 즐겁다.

【解說】
 병 없이 건강하게 사는 것이 가장 행복한 일이고, 만족할 줄 아는 것이 최상의 부자이며 가장 넉넉한 것이다. 후한 덕을 베푸는 것을 가장 좋은 벗으로 삼고, 항상 자비롭게 살면 최상의 경계인 열반에 들 수 있다.

∴ 591

飢爲大病 行爲最苦　　기위대병 행위최고
已諦知此 泥洹最樂　　이체지차 이원최락

【譯】
굶주림은 큰 근심이 되고 행함이 가장 큰 괴로움이 되니
이미 이 이치를 알면 열반은 가장 즐거운 것이니라.

【解說】

배를 굶주리는 것이 육체의 큰 근심이고 걱정인 것처럼, 마음이 굶주리면 온갖 탐심이 다 생겨나고 평온을 찾을 수 없어 선행을 할 수 없다. 이런 이치를 잘 알면 무아의 경계인 열반이 좋다는 것을 깨달을 수 있다.

∴ 592

少往善道 趣惡道多　　소왕선도 취악도다
如諦知此 泥洹最安　　여체지차 이원최안

【譯】

선한 길로 가는 이는 적고 악한 길로 가는 이는 많으니,
이와 같은 이치를 잘 알면 열반은 가장 편안하리라.

【解說】

선행을 하는 사람은 적고 악행을 하는 사람은 많다. 선은 행하기 어렵고 악은 행하기 쉽기 때문이다. 이런 이치를 잘 알고 마음을 닦아 모든 악에 빠지지 않으면 가장 편안한 열반에 들 수 있다.

∴ 593

從因生善 從因墮惡　　종인생선 종인타악
由因泥洹 所緣亦然　　유인니원 소연역연

【譯】

원인 따라 선도 나고, 원인 따라 악에도 떨어진다.

인으로 말미암아 열반도 있으니 인연도 역시 그러하다.

【解說】
좋은 원인은 좋은 결과를 낳고, 악한 원인은 악을 낳아 악도에 떨어지게 한다. 내가 지은 원인 따라 열반도 생기는 것이니, 이 세상의 모든 일은 절대 인과의 법칙을 벗어나는 일이 없다.

∴ 594

麋鹿依野 鳥依虛空　　미록의야 조의허공
法歸其報 眞人歸滅　　법귀기보 진인귀멸

【譯】
사슴은 들판을 의지하고 새는 허공을 의지한다.
법은 그 갚음으로 돌아가고 진인은 멸함으로 돌아간다.

【解說】
사슴은 들판을 자유롭게 뛰어다녀야 가장 적격이고, 새는 하늘을 마음대로 날아다녀야 좋다. 이것이 바로 자연의 순리이다. 그 순리에 따라 법은 도를 닦는 사람에게 돌아가고, 참되게 도를 닦아 깨달은 사람은 최후의 목적지인 열반의 경계에 들어가게 되는 것이다.

∴ 595

始無如不 始不如無　　시무여불 시불여무
是爲無得 亦無有思　　시위무득 역무유사

【譯】
시작이 없으면 아니함과 같고 시작을 아니하면 없는 것과 같다.
그리하여 얻는 것이 없고 또한 생각하는 바도 없다.

【解說】
시작이 반이라는 말이 있다. 열반을 얻기 위한 수행도 그 길이 아무리 어렵고 힘들다 해도 시작을 해야 도달할 수 있는 길이 열리는 것이다. 시작을 아니하면 열반은 없는 것이며 절대로 열반에 다가설 수 없고, 또 열반이라는 생각조차 없어지는 것이다.

596

觀無著亦無識 一切捨爲得際 도무저역무식 일절사위득제
除身想滅痛行 識已盡爲苦竟 제신상멸통행 식이진위고경

【譯】
봄에 집착이 없고 또한 알음알이도 없고 모든 것 버림을 얻을 때
몸과 생각을 버리면 고통의 행이 멸해지며 의식도 이미 다하면 괴로움이 끝난다.

【解說】
우리는 꿈속에 살고 있다. 우리들이 보는 것은 모두 무상한 것이고 영원불변한 것이 아니며 모두가 허상이다. 그러므로 보이는 것에 너무 집착하지 말고, 식(識)을 멸하며, 몸도 마음도 모두 놓아 버리면 무엇에도 걸림이 없다. 심지어 내 몸과 내 의식마저 버리면 고통은 사라지고 조용한 열반의 경계에 들 수 있는 것이다.

∴ 597

猗則動虛則淨 動非近非有樂　의즉동허즉정 동비근비유락
樂無近爲得寂 寂已寂已往來　낙무근위득적 적이적이왕래

【譯】
　의지한 즉 움직이고 비운 즉 맑아진다. 움직임을 가까이 말 것이니, 즐거움도 있지 아니하다.
　즐거움에 가깝지 아니하면 적멸을 얻나니, 고요하고 고요하면 가고 옴이 없다.

【解說】
　사물에 집착을 하면 마음이 흔들리니, 마음을 비우면 아무 것도 걸림이 없다. 마음이 안정되지 못하고 항상 움직이면 진정한 즐거움도 없다. 진실한 즐거움이란 고요한 사색과 명상 속에 있는 것이니, 마음이 고요하고 고요하면 지상에서 맛볼 수 없는 최상의 기쁨을 얻게 되는 것이다.

∴ 598

來往絶無生死 生死斷無此彼　내왕절무생사 생사단무차피
此彼斷爲兩滅 滅無餘爲苦除　차피단위양멸 멸무여위고제

【譯】
　오고 감을 끊으면 생사가 없고 생사를 끊으면 이것과 저것이 없으며,
　이것과 저것을 끊으면 두 가지를 멸함이 되고, 멸하여 남음이 없으면 괴로움을 없앰이 된다.

【解說】

　육도(六道) 윤회의 굴레를 벗어나면 태어나고 죽고 하는 괴로움에서 벗어나고, 생사를 벗어나면 이것이다 저것이다 하는 분별심도 없어진다. 이런 경지에 이르면 생사를 초월한 열반에 들어 영원한 복락을 누릴 수 있다.

∴ 599

比丘有世生　有有有作行　　비구유세생　유유유작행
有無生無有　無作無所行　　유무생무유　무작무소행

【譯】
비구가 세상에 태어나서 존재함이 있으면 행함이 있다.
태어남이 없으면 존재도 없고, 짓는 바가 없으면 행함도 없다.

【解說】

　비구가 세상에 태어난다는 것은 윤회에서 벗어나지 못한 탓이니, 이 세상에 육신의 존재가 있고, 육신이 있으므로 행함도 따라서 생겨난다. 그러나 만일 태어남이 없었다면 육신의 존재도 없고 짓는 바 행도 없으니, 오직 고요한 적멸만 있을 뿐이다.

∴ 600

夫唯無念者　爲能得自致　　부유무념자　위능득자치
無生無復有　無作無行處　　무생무부유　무작무행처

【譯】
대저 오직 생각이 없는 자는 능히 스스로 이룸을 얻고,
태어남이 없으면 다시 존재함도 없고, 짓는 바가 없으면 행하는 곳도 없다.

【解說】
무념 무상의 경지에 들어가야만 선의 깊은 경계를 얻어 능히 스스로 깨달음을 이룬다. 그리하여 윤회에서 벗어나면 태어남도 멸함도 없으며, 존재한다는 것도 짓는 것도 행하는 바도 없는 고요한 적멸의 세계에 다다르게 된다.

∴ 601

生有作行者 是爲不得要　생유작행자 시위부득요
若已解不生 不有不作行　약이해불생 불유부작행

【譯】
생이 있어 행을 짓는 자는 가장 요긴한 것을 얻지 못하였으니,
만일 나지 않는 이치 이미 안다면 존재함도 없고 행을 지음도 없을 것이다.

【解說】
불교에서는 윤회를 끊고 사바세계에 태어나지 않은 것을 가장 좋은 것으로 생각한다. 생이 있으면 자연히 행이 있고, 업을 쌓게 되어 이로울 것이 없다. 그러므로 생사윤회를 뛰어넘고 죽지도 않고 나지도 않는 것이 무엇보다 중요한 것이다. 태어남이 없으면 존재도 없고 행도 없고 지을 악업(惡業)도 있을 수 없기 때문이다.

∴ 602

則生有得要　從生有已起　즉생유득요 종생유이기
作行致死生　爲開爲法果　작행치사생 위개위법과

【譯】
즉, 나서 존재하면 요긴한 것 얻지만 남으로부터 존재가 이미 일어나고,
행을 지어 생사를 가져오니, 그 때문에 법의 결과 열어 보인다.

【解說】
　사람이 이 세상에 태어나서 도를 이루면 요긴한 열반을 얻을 수도 있지만, 태어남으로써 존재한다는 가체(假體)가 생겨나고, 온갖 행을 지어 생사를 가져오게 되니, 그 때문에 죄에 빠지지 말라고 신성한 법의 결과를 열어서 보여 주는 것이다.

∴ 603

從食因緣有　從食致憂樂　종식인연유 종식치우락
從此要滅者　無復念行迹　종차요멸자 무부념행적

【譯】
먹는 것을 따라 인연이 있고 먹을 것을 따라 근심과 즐거움에 이른다.
이것을 없애는 자는 다시는 행의 자취를 생각하지 않는다.

【解說】
　사람과 사람 사이에는 음식을 따라 인연이 맺어지고, 먹는 것 때문에 생존 경쟁이 일어나 걱정과 근심이 생겨난다. 그러므로 먹고 먹히는 생존

경쟁이 없다면 세상은 더 평화롭고 인정이 넘치는 낙원이 될 것이다.

604

無有虛空入 無諸入用入　무유허공입 무제입용입
無想不想入 無今世後世　무상불상입 무금세후세

【譯】
허공에 들어갈 존재도 없고, 모든 받아들이는 작용도 없고,
생각하거나 생각하지 않음에 들어감도 없으며, 금세도 내세도 없다.

【解說】
달관한 사람의 눈으로 보면 모두가 공하며, 하늘도 땅도 나라는 존재도 모두가 무(無)라는 것을 안다. 그리하여 허공도 없고 허공에 들어갈 아무런 존재도 없고, 행하는 작용도 받아들이는 작용도, 작용을 하는 그 무엇도 없으며, 생각도 없고 생각하지 않음도 없고, 생각하거나 생각하지 않음에 들어감도 없고, 지금 이 세상도 다음 세상도 모두가 없는 것을 안다.

605

亦無日月想 無往無所懸　역무일월상 무왕무소현
我已無往反 不去而不來　아이무왕반 불거이불래

【譯】
역시 해와 달의 생각도 없으며 감도 없고 늘어짐도 없다.
나는 이미 가고 돌아옴이 없으니 가지도 않고 또 오지도 않는다.

【解說】

깨달은 사람에게는 고요한 적멸만이 있을 뿐이다. 해가 가고 달이 가는 등 시간에 얽매이지 아니하니, 세월의 빠름도 느림도 모두 마음에 둘 것이 없다. 생사를 해탈해서 가고 옴이 없으니, 가지도 않고 또한 오지도 않으며 항상 여여할 뿐이다.

∴ 606

不沒不復生 是際爲泥洹　불몰불부생 시제위니원
如是像無像 苦樂爲以解　여시상무상 고락위이해

【譯】

죽지도 아니하고 다시 나지도 않는 이 중간을 열반이라 한다.
이리하여 상의 있고 없음과 괴로움과 즐거움을 다 벗어난다.

【解說】

윤회를 벗어나서 영원히 죽지도 아니하고, 또한 다시 태어나지도 않는 경계를 열반이라 한다.

∴ 607

所見不復恐 無言言無疑　소견불부공 무언언무의
斷有之射箭 遘愚無所猗　단유지사전 구우무소의
是爲第一快 此道寂無上　시위제일쾌 차도적무상

【譯】
보는 것 다시는 두렵지 않고 말이 없으니 말에 의심이 없고
존재의 화살을 끊고 어리석음을 만나도 의지하지 않으면
이것이 가장 유쾌한 일이고 이 도(道)는 위없이 고요하니라.

【解說】
해탈을 이루면 무엇을 보아도 마음이 흔들리지 않기에 두려움이 없고, 쓸데없는 말을 아니하니 구업을 지을 염려가 없다. 존재의 진실한 뜻을 알기에 어리석은 사람의 허황한 소리를 들어도 마음이 흔들리지 않으니, 마음은 평화롭고 고요할 뿐이다.

∴ 608

受辱心如地 行忍如門閾　수욕심여지 행인여문역
淨如水無垢 生盡無彼受　정여수무구 생진무피수

【譯】
욕됨을 받아도 마음은 땅과 같고 참음을 행함이 문지방과 같이 하고
맑기를 물과 같이 때 없이 하면 생을 다해도 그가 받음이 없다.

【解說】
하늘에서 눈이나 비가 아무리 많이 내려도 땅은 이를 거부하지 않고 묵묵히 모두를 받아들인다. 이와 같이 남이 내게 욕을 해도 성내지 않고 묵묵히 받아주고, 문지방 들 수 없이 많이 출입하듯 수없이 많이 참고 또 참아서 마음 맑기를 물과 같이 하면, 이런 사람은 생을 다 마쳐도 아무런 허물이 없고 지은 바 죄업이 없기 때문에 열반에 들 수 있다.

609

利勝不足恃 雖勝猶復苦　이승부족시 수승유부고
當自求法勝 已勝無所生　당자구법승 이승무소생

【譯】
이득이 뛰어나도 오히려 부족하다고 믿으니, 비록 이기더라도 오히려 다시 괴롭다.
마땅히 스스로 법의 뛰어남을 구하여 이미 이기면 태어남이 없으리라.

【解說】
 사업을 벌려 성공을 한다 해도 그 성취감과 기쁨은 한때뿐이고, 다시 끝없는 욕심 때문에 새로운 욕망과 고통이 따르게 된다. 그러나 깨달음 얻으면 그 기쁨은 영원히 변함없으며, 다시는 고통이 따르지 않는다.

610

畢故不造新 厭胎無婬行　필고부조신 염태무음행
種燋不復生 意盡如火滅　종초불부생 의진여화멸

【譯】
옛것 다하면 새로운 것 만들지 말며 수태를 싫어해서 음행을 하지 않고,
종자를 그을러 다시 나지 않게 하듯 마음을 다함이 마치 불이 꺼지는 것 같다.

【解說】
 이 낡은 육신이 다하면 다시 새로운 몸을 만들지 않으며, 자손의 번창과 새로운 생명의 탄생을 원하지 않으므로 음행을 하지 않는다. 괴로움의 종자가 다시 발아하지 않도록 마음을 다하면 안락한 열반에 이르게 된다.

611

胞胎爲穢海 何爲樂婬行　포태위예해 하위락음행
雖上有善處 皆莫如泥洹　수상유선처 개막여니원

【譯】
아이를 배는 것은 더러움의 바다가 되니 어찌하여 음행을 즐기는가?
비록 위에 좋은 곳이 있다 해도 그것은 모두 이원만 같지 못하다.

【解說】
자식을 낳아서 기르는 것은 닻도 돛도 없는 배에 작은 생명을 태워 끝없는 괴로움의 바다 속에 띄워보내는 것과 같다. 그러므로 수행자는 수태를 싫어하여 음행을 하지 않는다. 그러한 즐거움보다 더 크고 절대적인 즐거움은 열반에 있으니, 오직 열반을 구해서 정진할 뿐이다.

612

悉知一切斷 不復著世間　실지일절단 불부저세간
都棄如滅度 衆道中斯勝　도기여멸도 중도중사승

【譯】
모두를 다 알고 일체를 끊으면 다시 이 세간에 집착하지 않으니
모두 버리기를 멸도(滅度)와 같이 하면 온갖 길 중에 이것이 제일이다.

【解說】
모두 부처님의 법을 배워 세상의 모든 이치를 다 안다면 그 무엇에도 집착할 것이 없다. 그리하여 모두를 버리고 마음 비우기를 허공과 같이

하면 안락한 열반을 얻어 영원토록 편안하다. 이 길은 세상 어떤 길보다 낫고 뛰어난 길이기에 슬기로운 사람들이 열심히 이 길을 가는 것이다.

∴ 613

佛以現諦法　智勇能奉持　불이현체법 지용능봉지
行淨無瑕穢　自知度世安　행정무하예 자지도세안

【譯】
부처님은 진실한 법을 밝히시니 지혜와 용기로 받들어 지키고
더러움이 없는 깨끗한 행으로 스스로 세상 건넘을 알아 편안하리라.

【解說】
부처님은 이 세상에 그 어떠한 법보다도 더 진실한 법을 밝히셨으니, 중생들은 지혜와 용기로 그 법을 받들어 가슴속에 소중히 간직하고 지켜서 하늘을 향해 한 점 부끄럼 없는 맑은 행실로 살아가면, 스스로 세상 건너는 법을 잘 깨달아서 편안한 일생을 보낼 수 있으리라.

∴ 614

道務先遠欲　早服佛敎戒　도무선원욕 조복불교계
滅惡極惡際　易如鳥逝空　멸악극악제 역여조서공

【譯】
도에 힘써서 먼저 욕심을 없애고 속히 부처님의 가르침과 계율에 복종하여,
악을 멸하고 악의 가장자리까지 다 멸하여 새가 하늘을 날아가듯 쉽게 하라.

【解說】
 도를 열심히 닦고 모든 욕심을 버리고 오직 부처님에게 귀의해서, 부처님의 가르침을 열심히 배우고 부처님의 계율을 잘 지켜서 모든 악을 멸하고, 아무리 작은 악까지도 완전히 멸해서 마치 새가 하늘을 나는 것처럼 걸림 없이 선을 행하면 평안을 얻을 것이다.

615

若已解法句 至心體道行　약이해법구 지심체도행
是度生死岸 苦盡而無患　시도생사안 고진이무환

【譯】
 만약 이미 법의 구절을 알았거든 지극한 마음으로 도를 행하고 본받아라.
 이와 같이하면 생사의 언덕을 넘어 괴로움을 다하고 근심이 없을 것이다.

【解說】
 많은 경서를 읽고 부처님의 법의 말씀 잘 알았으면, 그것을 지극한 정성으로 본받아서 행해야 한다. 그렇게 하면 생사의 언덕과 번뇌의 바다를 건너, 모든 괴로움을 다 버리고 열반의 피안에 이르러 평안을 얻을 수 있을 것이다.

616

道法無親疎 正不問羸强　도법무친소 정불문리강
要在無識想 結解爲淸淨　요재무식상 결해위청정

【譯】
도와 법은 친하고 친하지 않음이 없고 정의는 약하고 강함을 묻지 아니한다.
요컨대 분별하는 생각을 없애는 데 있어서 결박을 풀면 맑고 깨끗하게 된다.

【解說】
진리는 신성불가침이고 절대적이다. 그러므로 바른 도와 바른 법은 어느 것이 좋고 어는 것이 나쁘다고 말할 수 없다. 정의는 진리이므로 힘의 논리에 의해서 결정되는 것이 아니다. 강한 자는 정의롭고 약자는 정의롭지 않다는 세속의 원리는 잘못된 것이다. 수행자는 이러한 것에 관여하지 말고 오직 마음을 닦아 모두를 버리고 분별심을 없애면, 모든 속박에서 벗어나 청정한 열반을 얻을 수 있을 것이다.

617

上智饜腐身　危跪非眞實　상지염부신　위궤비진실
苦多而樂少　九孔無一淨　고다이락소　구공무일정

【譯】
최상의 지혜는 썩을 몸을 싫어하니 가부좌가 진실하지 않으면
고통이 많고 즐거움은 적으며 아홉 구멍에 하나도 깨끗함이 없다.

【註】
九孔(구공)……두 눈, 두 귀, 두 콧구멍, 입, 항문, 소변 구멍을 합친 것.

【解說】
최상의 지혜는 무상한 육체를 좋아하지 않는다. 사람은 한 평생 불완전하고 나약한 가죽포대에 얽매여 무한한 괴로움을 당하고 있기 때문이다. 그래서 진아(眞我)는 언젠가 썩을 몸을 싫어한다. 지혜로운 사람은 육신

을 해탈하기 위해서 수행을 하고 가부좌를 틀고 참선을 하는데, 그 수행이 진실하지 못하면 고통만 더할 뿐 즐거움이 없고, 어느 한 곳에도 청정함이 없다.

618

慧以危貿安 棄猗脫衆難 혜이위무안 기의탈증란
形腐銷爲沫 慧見捨不貪 형부소위말 혜견사불탐

【譯】
지혜는 위태로움을 편안함으로 바꾸고 의지함을 버리고 모든 어려움을 벗어난다.
몸은 썩고 녹아서 물거품이 되나니, 지혜로운 사람은 이를 알고 버리며 탐하지 아니한다.

【解說】
지혜로운 사람은 집착을 버리므로 모든 난관을 잘 극복하고 항상 편안함을 이룬다. 어리석은 사람들이 영원하다고 생각하는 몸도 사실은 무상하고 실체가 없다는 것을 잘 알기 때문에 지나친 집착을 하지 않는다. 집착을 하지 않기 때문에 생사가 두렵지 않고, 육신의 부귀영화가 아침 이슬과 같다고 초연할 수 있다.

619

觀身爲苦器 生老病死痛 관신위고기 생로병사통
棄垢行淸淨 可以獲大安 기구행청정 가이획대안

【譯】
몸을 살펴보니 괴로움의 그릇이라. 나고 늙고 병들고 죽는 고통이 있네.
속의 때를 버려 행이 맑고 깨끗하면 안락을 얻을 수 있으리.

【解說】
지혜로운 눈으로 사람의 몸을 잘 살펴보면, 인체만큼 나약하고 불완전한 것이 없다는 것을 알 수 있다. 처음부터 괴로움을 담는 그릇으로 만들어졌으니, 몸에 병들고 나고 죽고 하는 고통이 따르는 것은 당연한 일이다. 그러므로 몸이 죽지 않기를 바라지 말고, 몸에 병 없기를 바라지 말고, 몸이 늙기를 바라지 않는다면 마음은 훨씬 편할 것이다.

∴ 620

依慧以却邪 不受漏得盡　의혜이각사 불수루득진
行淨致度世 天人莫不禮　행정치도세 천인막불례

【譯】
지혜의 힘으로 사악함을 물리치고 괴로움을 다하여 다시 받지 않으며,
청정한 행으로 세상을 건너 버리면 하늘 사람이 예를 아니할 수 없다.

【解說】
지혜의 힘으로 마음의 사악함을 모두 물리치고, 번뇌 망상의 굴레를 다 끊고 다시 받지 않으며, 청정한 수행으로 세상의 고통을 모두 건너 열반의 피안에 이르렀다면, 모든 사람들의 존경과 칭송을 받을 것이다.

제37장 생사품(生死品)

생사품(生死品)에서는 사람이 죽으면 그 몸은 멸하지만 영혼은 죽지 않고, 그 사람이 일생 동안 행한 업에 따라 여러 가지 형태로 내세에 태어나서, 복도 받고 또한 고통도 받는다는 것을 설하고 있다.

∴ 621

生死品者 說諸人魂靈亡神   생사품자 설제인혼령망신
在隨行轉生   재수행전생

【譯】
생사품(生死品)이란 모든 사람의 혼령과 망신(亡神)을 설하였으며,
그 행함에 따라 전생(轉生)함을 설한 것이다.

∴ 622

命如菓待熟 常恐會零落   명여과대숙 상공회령락
已生皆有苦 孰能致不死   이생개유고 숙능치불사

【譯】
목숨은 마치 과실이 익는 것을 기다려 시들어 떨어짐을 항상 두려워하는 것 같으니,
이미 태어나면 모두 고통이 있고 누군들 능히 죽음에 이르지 않으랴.

【解說】

영원한 생명은 없다. 태어나는 순간부터 죽음의 그림자는 항상 그 곁을 맴돌고 있다. 그 순간부터 고통은 따르고, 죽음을 벗어나려는 욕망은 간절하나 그 누가 감히 죽음의 고통에서 벗어나는 사람이 있을 것인가?

623

從初樂恩愛　可婬入泡影　　종초락은애 가음입포영
受形命如電　晝夜流難止　　수형명여전 주야류란지

【譯】

처음에 즐거운 은애를 쫓아서 음행에 의해 모태(母胎)에 들어가
몸을 받으니 목숨은 번개 같아서 밤낮으로 흘러 멈추지 아니한다.

【註】

泡影(포영)……물거품 같은 사람의 생애의 그림자.

【解說】

전생의 은애로 남녀가 서로 사랑하고 교합하여 임신을 하니, 모태 속에 생명이 싹트기 시작한다. 그리고 이 세상에 사람으로 태어나면 물과 같은 세월은 잠시도 멈추지 않고 흘러서 어언 늙고 병들어서 죽고 만다.

624

是身爲死物　精神無形法　　시신위사물 정신무형법
假令死復生　罪福不敗亡　　가령사부생 죄복불패망

【譯】
이 몸은 죽는 물건이 되나 정신에는 형상의 법이 없다.
가령 죽어서 다시 태어나도 죄와 복은 패망하지 않는다.

【解說】
우리의 몸은 늙고 병들고 그리고 결국 죽어 버리는 물거품과 같은 무상한 존재이다. 그러나 정신에는 죽고 사는 생멸(生滅)의 법칙이 없고, 선업(善業)을 지으면 다음 생에서도 선과(善果)를 받고, 악업(惡業)을 지으면 다음 생에서도 악의 과보를 받게 되는 것이다.

625

終始非一世 從癡愛久長　종시비일세 종치애구장
自此受苦樂 身死神不喪　자차수고락 신사신불상

【譯】
끝과 시작은 한 세대가 아니며, 어리석음에 따르는 애욕은 장구하다.
이것으로써 고통과 즐거움 받고 몸은 죽고 정신은 상하지 아니한다.

【解說】
태어나서 죽는 생의 시작과 끝은 단지 이 일생(一生)에 한한 것이 아니라 수없이 여러 번 반복 윤회하는 것이다. 그리고 어리석음 때문에 철없이 빠져드는 애욕의 과보는 장구(長久)하여 다음 생에도, 그 다음 생에서도 받게 되며, 비록 몸은 죽어서 소멸되어도 정신만은 업과 더불어 영원히 소멸되지 않는다.

626

身四大爲色　識四陰曰名　　신사대위색 식사음왈명
其情十八種　所緣起十二　　기정십팔종 소연기십이

【譯】
몸은 사대(四大)로서 실체가 되고, 의식의 사음을 명(名)이라 한다.
그 정은 18가지이고, 연기(緣起)는 12가지이다.

【解說】
사람의 몸은 사대(四大)가 잠시 인연으로 결합한 것이고, 사람의 의식은 수상행식(受想行識)으로 이루어져 있으며, 사람의 정(情)은 18가지가 있으며, 연기(緣起)의 법칙에는 12가지가 있다.

627

神止凡九處　生死不斷滅　　신지범구처 생사부단멸
世間愚不聞　蔽闇無天眼　　세간우불문 폐암무천안

【譯】
정신이 머무는 곳은 모두 아홉 군데이며, 생사는 그치지 아니하고 끊어지지 않는다.
세간의 어리석은 자는 듣지 않아서 어둠에 가려 천안(天眼)이 없다.

【註】
九處(구처)……범인이 생사 윤회하는 아홉 군데. 즉, 보살계(菩薩界)·연

각계(緣覺界)・성문계(聲聞界)・천상계(天上界)・인간계(人間界)・수라계(修羅界)・축생계(畜生界)・아귀계(餓鬼界)・지옥계(地獄界)를 일컬음.

【解說】
몸은 비록 죽어도 인간의 정신은 9군데를 윤회하면서 생사를 그치지 않는다. 그러나 세상의 어리석은 사람은 이 사실을 들으려 하지도 않고 또한 눈이 어두워 보지도 않는다.

628

自塗以三垢 無目意妄見　자도이삼구 무목의망견
謂死如生時 或謂死斷滅　위사여생시 혹위사단멸

【譯】
스스로 삼구를 칠하고 눈이 없어서 마음이 망령되이 보며,
죽음을 산 때와 같다고 일컫고, 혹은 죽음은 끊어져 멸한다고 말한다.

【註】
三垢(삼구)……세 가지 때, 즉 탐진치(貪嗔痴). 탐하고, 성내고, 어리석은 것.

【解說】
사람들은 스스로 탐진치(貪嗔痴) 세 가지 때를 몸에 발라, 지혜가 흐려져서 바른 법을 보지 못하고 어리석고 망령된 사견만 본다. 그리하여 죽은 뒤에도 지금과 같은 생활이 계속되는 줄 알기도 하고, 혹은 죽은 뒤에는 모든 것이 단절되는 것이라고 생각하기도 한다.

∵ 629

識神造三界　善不善五處　　식신조삼계 선불선오처
陰行而默到　所往如響應　　음행이묵도 소왕여향응

【譯】
의식과 정신은 삼계를 만들고 선과 불선(不善)의 다섯 곳을 만드니
가만히 가서 묵묵히 이르는 것, 가는 곳이 마치 울림에 응하는 것 같다.

【解說】
마음의 작용으로 삼계(三界)가 만들어지고, 또한 선과 선하지 않은 다섯 곳이 만들어진다. 그 곳에 내가 지은 업보에 따라 가만히 이르게 되는데, 지은 선악의 업은 큰 메아리처럼 울려 퍼져서 누구에게도 감출 수 없다.

∵ 630

神以身爲名　如火隨形字　　신이신위명 여화수형자
著燭爲燭火　隨炭草糞薪　　저촉위촉화 수탄초분신

【譯】
정신은 몸을 빌려 이름 삼으니 마치 불이 형자(形字)를 따르듯
초에 접하면 촛불이고 탄, 풀, 분, 장작 등에 따른다.

【解說】
사람의 실체는 마음이다. 사람의 인격과 덕망은 모두 그 사람의 정신을

두고 하는 말인데, 단지 그 정신이 몸을 빌려서 존재하기 때문에 우리는 눈에 보이지 않는 정신은 모르고 오직 몸을 보고 사람의 실상인 줄 착각한다. 이는 마치 초에 불이 붙으면 촛불이라 하고, 탄에 불이 붙으면 탄불이라고 하는 것처럼, 불의 실체는 모르고 단지 불이 붙은 물건만 보고 불을 평하는 것과 같은 것이다.

631

心法起則起 法滅而則滅　심법기즉기 법멸이즉멸
興衰如雨雹 轉轉不自識　흥쇠여우박 전전부자식

【譯】
마음에 법이 일어나면 곧 일어나고 법이 멸하면 곧 멸한다.
흥망은 마치 이 우박과 같아서 돌고 돌며 스스로 알지 못한다.

【解說】
　마음속에 법을 떠올리면 법과 마음이 일어나고, 마음속에 법을 멸하면 법과 마음은 사라지고 만다. 마음이 일어나고 마음이 멸하는 것은 마치 비바람과 우박이 몰아치는 것처럼 천지의 조화로 돌고 돌기 때문에 사람이 미리 스스로 알지 못한다.

632

神識走五道 無一處不更　신식주오도 무일처불갱
捨身復受身 如輪轉著地　사신부수신 여륜전저지

【譯】
정신과 의식은 오도를 달리며 한 곳도 다시 바꾸지 않음이 없다.
몸 버리고 다시 몸 받음이 마치 바퀴가 굴러 땅에 닿음과 같다.

【註】
五道(오도)……오처(五處)와 같음. 즉, 지옥(地獄)・아귀(餓鬼)・축생(畜生)・인도(人道)・천도(天道)의 다섯 곳.

【解說】
몸은 죽어도 사람의 정신은 오도(五道)를 윤회하면서 쉬지 않는다. 생전에 지은 업에 따라 헌 몸을 버리고 새 몸을 받을 때 태어나는 곳이 항상 다르고, 오도(五道)를 전전하는 것이 마치 수레의 바퀴가 땅 위를 구르는 것 같다.

633

如人一身居　去其故室中　여인일신거 거기고실중
神以形爲廬　形壞神不亡　신이형위려 형괴신불망

【譯】
마치 사람의 한 몸이 살다가 그 옛 집을 잃어버림과 같이
정신은 몸을 집으로 삼고 몸이 죽어도 정신은 죽지 않는다.

【解說】
사람이 살다가 살던 집을 버리고 다른 집으로 이사를 가서, 살던 집을 허물어도 사람은 아무 탈 없이 잘 산다. 그와 같이 정신도 몸이라는 집을 빌려 일생을 사는데, 육신의 명이 다하여 죽으면 다시 다른 곳으로 옮겨 가서 새로운 생을 받게 되며, 결코 멸하는 법이 없다.

634

情神居形軀 猶雀藏器中　정신거형구 유작장기중
器破雀飛去 身壞神逝生　기파작비거 신괴신서생

【譯】
정신은 몸통에 살며 마치 새장 속의 새와 같다.
새장이 깨지면 새가 날아가듯 몸이 죽으면 정신은 떠나가서 산다.

【解說】
사람의 정신이 몸 안에 깃들여 사는 것이 마치 참새가 새장 속에 갇혀서 사는 것과 같다. 만일 새장이 깨지면 참새가 날아가 버리는 것과 같이, 사람도 몸이 죽으면 정신은 다른 곳으로 가서 다시 살아난다.

635

性癡淨常想 樂身想疑想　성치정상상 낙신상의상
嫌望非上要 佛說是不明　혐망비상요 불설시불명

【譯】
성품이 어리석으면 깨끗함을 항상 생각하며, 몸이 즐겁더라도 생각은 의심이 있다.
싫어하고 바라는 것은 으뜸이 아니니, 부처님은 이를 밝지 못하다고 말씀하셨다.

【解說】
사람은 타고난 성품이 어리석기 때문에 항상 깨끗하고 좋고 안락한 것을 생각하며, 진리를 보고도 의심을 품는다. 그리고 분별심을 일으켜 사물에 집착하기 때문에 부처님은 이를 보고 밝고 지혜롭지 못하다 하셨다.

636

一本二展轉　三垢五彌度　　일본이전전 삼구오미도
諸海十三事　淵鎖越度歡　　제해십삼사 연쇄월도환

【譯】
하나의 근본이 둘로 펼쳐져서 구르고, 세 가지 때가 다섯 가지로 넓혀진다.
모든 바다에 열세 가지 일이 있으니 연못을 막아 건너감이 즐겁다.

【註】
二展(이전)……선과 악, 두 갈래로 전개.
三垢(삼구)……번뇌와 탐욕과 음욕의 세 가지 때.
十三事(십삼사)……십삼승잔(十三僧殘), 즉 수행승이 지켜야 할 250계행 중에 중요한 13가지.

【解說】
　사람의 마음은 본래 하나인데, 선과 악 두 가지로 전개되며 세 가지 때와 다섯 가지로 점점 넓혀진다. 인생의 항로를 헤쳐갈 때, 특히 십삼승잔(十三僧殘)을 지켜 죄 짓지 않으면 편안하게 피안에 도달할 수 있다.

637

三事斷絕時　知身無所直　　삼사단절시 지신무소직
命氣熅煖識　捨身而轉逝　　명기온난식 사신이전서

【譯】
세 가지 일을 끊을 때 바로잡을 몸이 없음을 알고,

목숨의 기운이 따뜻함을 알면 몸을 버리고 굴러간다.

【註】
三事(삼사)……세 가지 일, 즉 탐진치(貪嗔痴), 삼독(三毒).

【解說】
 탐하고 성내고 어리석은 세 가지 독을 모두 끊어 버리면 다시 더 몸을 담을 것이 없으며, 해탈의 경지에 이르게 된다. 그리하여 성인과 같은 깨달음의 경지에 이르면, 생명의 기운은 이 육신에 머물지 않고 영원히 윤회하지 않는 열반의 피안으로 가서 생사를 초월하고 성불하게 되는 것이다.

638

當其死臥地 猶草無所知 　당기사와지 유초무소지
觀其狀如是 但幻而愚貪 　관기상여시 단환이우탐

【譯】
그가 죽어서 땅에 누울 때 풀은 오히려 알지 못한다.
이와 같은 그 모양을 보면 다만 허깨비인데도 어리석게 탐하였다.

【解說】
 사람의 육신이 죽어서 땅에 묻히면, 무성한 잡초만 우거져서 무덤조차 보이지 않고 한 줌 흙으로 돌아가고 만다. 이와 같은 무상한 모양을 보면 모두가 꿈속 같고 허깨비 같은데, 어리석게도 거기에 집착하고 연연하여 헛되이 일생을 보내고 있다.

제38장　도리품(道利品)

　도리품(道利品)에서는 임금이나 아버지, 혹은 스승 된 사람이 아랫사람을 선도하고 이끌어 나가는 길을 설하고 있다.

∴ 639

道利品者　君父師行　　도리품자 군부사행
開示善道　率之以正　　개시선도 솔지이정

【譯】
도리품(道利品)이란 임금과 아버지와 스승이 행할 바를
좋은 길로 열어 보여 바르게 이끌어 나가게 함을 설한 것이다.

∴ 640

人知奉其上　君師父道士　　인지봉기상 군사부도사
信戒施聞慧　終吉所生安　　신계시문혜 종길소생안

【譯】
　사람은 그 어른을 받들 줄 알아야 하니, 임금과 스승과 아버지와 스님을 받들 줄 알고,
　믿음·계율·보시·들음·지혜는 끝내 길하여 생기는 바가 길하다.

【解說】

  교양이 있는 사람은 어른을 잘 받들고 공경할 줄 알아야 하는데, 임금과 스승과 아버지와 스님은 공경의 첫째 대상이 되는 분들이다. 그 어른들의 가르침을 잘 받아야 하며, 어른들의 말씀을 믿고, 가르쳐 주시는 계율을 잘 지키고, 보시를 넓게 하고, 이르는 말씀을 잘 듣고, 지혜를 배우면 결국 길하여 복을 받고 행복하게 살 수 있다.

641

宿命有慶福 生世爲人尊　숙명유경복 생세위인존
以道安天下 奉法莫不從　이도안천하 봉법막부종

【譯】

숙명(宿命)에 경사와 복이 있으면 세상에 나서 존귀한 사람이 되고
도로써 천하를 편안하게 하며 법을 받들어 따르지 않는 이 없다.

【解說】

  전생에서 많은 선행과 덕을 쌓아 놓은 사람은 이 세상에 태어나서도 존귀한 사람이 되어 많은 사람들의 존경을 받고, 부처님의 법을 높이 받들어 열심히 따르고 수행을 게을리 하지 않는다.

642

見正能施惠 仁愛好利人　견정능시혜 인애호리인
旣利以平均 如是衆附親　기리이평균 여시중부친

【譯】
바른 법을 보고 능히 은혜를 베풀고 어짊과 사랑으로 사람을 이롭게 하기 좋아하고,
이미 이롭게 하되 고르게 하면 대중은 친하게 붙어온다.

【解說】
바른 법으로 사람들을 공명정대하게 다스리고, 은혜를 베풀고 인자한 마음으로 백성의 이익을 위해 바른 정치를 하며, 모든 사람에게 공평하고 편협하지 않으면 민심은 자연히 모이게 되고 나라는 부강해진다.

∴ 643

如牛厲渡水 導正從亦正　여우려도수 도정종역정
奉法心不邪 如是衆普安　봉법심불사 여시중보안

【譯】
마치 소를 격려하여 물을 건너가듯이 인도함을 바르게 하면 따름도 역시 바르니,
법을 받들어 마음이 삿되지 않게 하라. 이와 같이 하면 대중이 널리 편안하게 되리라.

【解說】
소를 몰아 물을 건너려 하면 강물을 겁내는 소가 잘 건너가려 하지 않는다. 그러나 잘 인도하면 무사히 물을 건너가는 것처럼, 지도자가 바른 법을 받들어 대중을 지도하면 백성들도 바른 법을 의지해서 지도자를 따른다. 이와 같이 지도자는 마음이 사악하지 않고, 오직 바른 법에 따라 자비롭게 다스리면 대중들은 편안한 생활을 할 수 있다.

·· 644

勿妄嬈神象 以招苦痛患　물망요신상 이초고통환
惡意爲自煞 終不至善方　악의위자살 종부지선방

【譯】
망령되이 신령한 코끼리를 희롱하지 말라. 그러면 고통과 아픔과 근심을 부른다. 악한 마음은 스스로를 죽이는 것이며, 끝내 선한 곳에 이르지 못한다.

【解說】
함부로 신성한 신상을 희롱하거나 훼손하지 말라. 그렇게 하면 고통과 아픔과 근심이 끝날 날이 없을 것이다. 자기를 죽이고 멸망시키는 것은 외부의 도적이 아니고, 자기 내면에 있는 악한 마음이다. 악한 마음을 가진 사람은 결국 좋은 곳에 못 가고, 지옥에 떨어지고 만다.

·· 645

戒德可恃怙 福報常隨己　계덕가시호 복보상수기
見法爲人長 終遠三惡道　견법위인장 종원삼악도

【譯】
계율의 덕은 가히 믿을 만하며, 복의 보답은 항상 자기를 따른다.
법을 보고 그 사람의 어른이 되면 마침내 삼악도(三惡道)를 멀리한다.

【解說】
계율을 지키는 미덕은 이 세상의 무엇보다도 귀하고 아름다운 것이며, 반드시 많은 복을 받게 된다. 정법을 지키고 바른 계율을 지키며 사는 사람은 반드시 삼악도(三惡道)에서 벗어나 안락한 피안에 이르게 된다.

∴ 646

戒愼除苦畏　福德三界尊　　계신제고외　복덕삼계존
鬼龍邪毒害　不犯持戒人　　귀룡사독해　불범지계인

【譯】
계율을 삼가서 괴로움과 두려움을 없애면 복과 덕은 삼계(三界)에서도 높다.
귀신과 용의 사악한 해독도 계율을 가진 사람을 침범하지 못한다.

【解說】
　계율을 잘 지키며 정도를 걸으면 마음에 아무 두려움이나 괴로움이 없으며, 복과 덕을 많이 받아 삼계(三界)에서도 존귀한 사람이 된다. 뿐만 아니라 악한 귀신과 용과 온갖 마귀들도 계율을 잘 지키는 사람은 감히 괴롭히거나 침범하지 못한다.

∴ 647

無義不誠信　欺妄好鬪諍　　무의불성신　기망호투쟁
當知遠離此　近愚興罪多　　당지원리차　근우흥죄다

【譯】
　의리가 없고 믿음이 불성실하며, 속이고 망령되고 싸움을 좋아하면 마땅히 여기서 멀리 떠날 줄 알라.
　어리석음을 가까이하면 죄가 많이 일어나리라.

【解說】

　의리가 없고 성실하지 않으며, 항상 남을 속이고 싸움이나 좋아하는 사람과 함께 어울리지 말라. 이런 사람을 가까이하면 자신도 모르는 사이에 나쁜 습관을 몸에 익혀 죄를 짓게 되고, 결국 지옥의 고통을 받게 된다.

∴ 648

仁賢言誠信　多聞戒行具　　인현언성신　다문계행구
當知親附此　近智誠善多　　당지친부차　근지성선다

【譯】

　어진 이는 현명해서 말이 성실하고 미더우며 많이 들어 계행을 갖추었으니,
마땅히 이런 이와 친하게 붙으면 지혜에 가까워 성실과 선행이 많이 일어난다.

【解說】

　어질고 현명한 사람은 부처님의 계율을 열심히 지키기 때문에 망령된 말을 하지 않고 신의가 있으며, 남과 다투거나 싸우지 않는다. 그러므로 이런 사람과 가까이하면 스스로 어진 이의 인격에 감화되어 자신도 선한 길로 나가게 되는 것이다.

∴ 649

善言不守戒　志亂無善行　　선언불수계　지난무선행
雖身處潛隱　是爲非學法　　수신처잠은　시위비학법

【譯】
선한 말을 해도 계율을 지키지 아니하고 마음이 어지러워 착한 일을 하지 않으면, 비록 몸이 고요한 곳에 잠겨 있어도 이는 법을 배우는 것이 아니다.

【註】
潛隱(잠은)……속세를 떠나 숨어사는 것.

【解說】
입으로만 선한 체 말만 늘어놓고 행동으로는 계율을 지키지 아니하고 악을 저지르며, 마음이 산란하여 음탕하고 사악한 짓을 일삼으면, 이러한 사람은 속세를 떠나 고요한 산 속에서 수행을 한다 해도 진정한 도를 닦는 바른 수행자라고 말할 수 없다.

650

美說正爲上 法說爲第二　미설정위상 법설위제이
愛說可彼三 誠說不欺四　애설가피삼 성설불기사

【譯】
아름다운 말이 바르면 으뜸이고 법을 설함이 둘째이며,
사랑한다는 말은 셋째가 되고, 성실하게 말하고 속이지 않음이 넷째가 된다.

【解說】
말에는 여러 가지 경중(輕重)이 있는데, 이를 네 가지로 나누어 생각하면 다음과 같다. 말이 유순하고 부드럽고 아름다우면 그것이 으뜸인 말이고, 바른 법을 설하는 말은 둘째이며, 자비로운 마음으로 정과 사랑이 담긴 말은 셋째이고, 성실하고 거짓 없는 말은 넷째이다.

651

無便獲利刃 自以剋其身 무편획리인 자이극기신
愚學好妄說 行牽受幸戾 우학호망설 행견수행려

【譯】
문득 날카로운 칼날을 잡아도 스스로 그 몸을 이김이 없다.
어리석은 사람은 망령된 말을 좋아해 배우고, 그 행에 이끌려 복을 받지 못한다.

【解說】
어리석은 사람은 앞에서 설한 말하는 법 네 가지를 배워도 그것을 자신 것으로 만들고, 자기 것으로 소화해서 이용하지 못하고, 늘 망령되고 실속 없는 말만 하다가 구업을 많이 지어 죄를 받게 되는 것이다.

652

貪婬瞋恚癡 是三非善本 탐음진에치 시삼비선본
身以斯自害 報由癡愛生 신이사자해 보유치애생

【譯】
음욕을 탐냄과 성냄과 어리석음, 이 세 가지는 선의 근본이 아니니,
몸은 이것으로 스스로를 해치고 보답은 어리석은 애욕으로 말미암아 생긴다.

【解說】
음욕과 성냄과 어리석음, 이 세 가지는 선행을 해치는 근본이다. 사람은 이 탐진치(貪嗔痴) 세 가지 때문에 몸을 망치고, 밝은 마음을 잃고 죄를 지어 벌을 받게 되는데, 이는 모두 애욕에 눈이 어두워 생겨나는 것이다.

∴ 653

> 有福爲天人　非法受惡形　유복위천인 비법수악형
> 聖人明獨見　常善承佛令　성인명독견 상선승불령

【譯】
복이 있으면 하늘이나 사람이 되고, 법이 아니면 나쁜 형체 받는다.
성인은 밝게 홀로 보아서 항상 부처님의 가르침을 높이 받든다.

【註】
獨見(독견)……오직 혼자 만나보고 아는 것.
佛令(불령)……부처님의 가르침.

【解說】
　선행을 해서 복을 많이 지으면 다음에 다시 사람으로 태어나거나 천인으로 태어나지만, 법을 지키지 아니하고 악을 행하면 아귀나 축생 등 보기에도 흉한 형체를 가진 몸으로 태어난다. 그러므로 성인은 이런 법을 잘 알고 부처님의 정법을 높이 받들어 모신다.

∴ 654

> 戒德後世業　以作福追身　계덕후세업 이작복추신
> 天人稱譽善　心正無不安　천인칭예선 심정무불안

【譯】
계와 덕은 후세의 업이 되며, 이것으로 복을 지어 몸을 따르게 된다.
천인이 선을 가상히 여겨 칭찬하니 마음이 발라서 불안함이 없다.

【解說】
　계율을 지키는 것과 덕을 쌓는 것은 후세로 이어지는 업이 되니, 금생에서 계율을 잘 지키고 덕을 쌓으면 내세에서도 복을 받아 하늘나라 사람들의 치안을 받게 된다. 그리고 바른 마음으로 살면 어딜 가나 편안하다.

∴ 655

爲惡不念止　日縛不自悔　위악불념지　일박부자회
命逝如川流　是恐宜守戒　명서여천류　시공의수계

【譯】
　악을 행하며 그칠 생각 하지 않고 날로 결박당하되 스스로 뉘우치지 않으면,
　목숨이 가는 것은 강물과 같으니 이것이 두렵거든 마땅히 계율을 지켜라.

【解說】
　악을 행하면서도 그것이 악인 줄 모르고 악행 그칠 생각을 하지 않으며, 악의 소굴에서 벗어나려는 생각을 하지 않으면 돌이킬 수 없는 큰 죄악의 구렁에 빠져들어 지옥의 고통을 받게 된다. 사람의 목숨은 흐르는 강물과 같아서 눈 깜박 할 사이에 멀리 멀리 흘러가고 마니, 장차 다가올 벌이 두렵거든 마땅히 계율을 지키며 선하게 살아야 한다.

∴ 656

我今上體首　白生爲被盜　아금상체수　백생위피도
已有天使召　時正宜出家　이유천사소　시정의출가

【譯】

이제 나의 상체의 머리에 흰빛이 나니 도적 맞았네.
이미 하늘 천사의 부름 있으니 때는 바야흐로 출가할 때.

【解說】

물 같은 세월은 덧없이 흘러가서 싫어도 먹어야 하는 나이를 많이 먹어, 내 머리에도 검은빛을 도적 맞고 어느덧 흰 서리가 내렸다네.

이미 하늘의 천사가 나를 마중 올 차비를 하니, 이 때를 놓치지 말고 마땅히 출가하여 생사를 초월하는 공부를 하고자 하네.

제 39 장 길상품(吉祥品)

　길상품(吉祥品)에서는 사람은 누구라도 부처님의 법을 닦고, 부처님의 가르침에 따라 선하게 살면 반드시 큰복을 받게 된다는 것을 설하고 있다.

∴ 657

> 吉祥品者　修己之術　　길상품자 수기지술
> 去惡就善　終厚景福　　거악취선 종후경복

【譯】
길상품(吉祥品)이란 자기의 슬기를 닦아 악을 멀리하고 선을 이루면
마침내 큰복을 두텁게 받는다는 것을 설하고 있다.

∴ 658

> 佛尊過諸天　如來常現義　　불존과제천 여래상현의
> 有梵志道士　來問何吉祥　　유범지도사 내문하길상

【譯】
부처님의 존귀함은 모든 하늘을 초월하시고 여래는 항상 의로움을 나타내시니,
범지(梵志)와 도사(道士)가 있어, 와서 무엇이 길하고 상서로운 것인가 묻는다.

【註】
　諸天(제천)……모든 하늘. 천상계의 모든 부처님.

제39장 길상품(吉祥品) | 415

【解說】
부처님은 온 우주에서 가장 존귀하신 분이시니, 어떤 하늘보다도 더욱 높고 거룩하시다. 석가모니 부처님께서도 참다운 의(義)를 나타내시니, 수행자와 스님들이 그 앞에 나아가 무엇이 가장 길하고 상서로운 것인가를 물었다.

∴ 659

於是佛愍傷 爲說眞有要　어시불민상 위설진유요
已信樂正法 是爲最吉祥　이신락정법 시위최길상

【譯】
이에 부처님은 불쌍히 여겨, 그들을 위하여 진실한 이치 설하셨다.
이미 바른 법을 믿고 즐겨하는 것, 이것을 가장 길하고 상서롭다고 하셨다.

【解說】
무엇이 가장 길하고 사서로운 것입니까, 하는 질문에 대해 부처님께서는 그들을 위하여, 바른 법을 믿고 그 법을 즐겨 받드는 것이 가장 길하고 상서로운 것이다, 라고 가르쳐 주셨다.

∴ 660

若不從天人 希望求僥倖　약부종천인 희망구요행
亦不禱祠神 是爲最吉相　역불도사신 시위최길상

【譯】
만일 하늘이나 사람을 쫓아 희망을 구하여 요행을 바라지 아니하고
또한 사당과 귀신에게 빌지 아니하면 이것을 가장 길하고 상서롭다 한다.

【註】
僥倖(요행)……이루어질 수 없는 것이 뜻밖에 이루어짐.

【解說】
하늘이나 사람에게 자기의 소원을 말하고 바라는 바를 구하고자 한다거나 사당과 잡신에게 요행을 바라며 제사지내지 아니하면, 이것을 가장 길하고 상서로운 것이라고 하신다.

661

友賢擇善居 常先爲福德 우현택선거 상선위복덕
勅身從眞正 是爲最吉祥 칙신종진정 시위최길상

【譯】
현명한 이를 벗으로 삼고 선을 가려 살면서 항상 먼저 복과 덕을 위하며,
몸을 경계해서 참되고 바른 것을 따르면 이것을 가장 길하고 상서롭다 한다.

【解說】
현명한 사람은 예리한 판단으로 악에 물들지 않으니, 그러한 사람을 벗으로 삼고 항상 선을 행하며, 자신을 늘 반성해서 참되고 바르게 살면 이것이 바로 가장 길하고 상서로운 일이다.

∴ 662

去惡從就善 避酒知自節　거악종취선 피주지자절
不婬于女色 是爲最吉祥　불음우여색 시위최길상

【譯】
악 버리고 선을 쫓아 나아가고 술을 피하여 스스로 절제할 줄 알며,
여색에 빠져 음란하지 않으면 이것이 가장 길하고 상서로운 것이다.

【解說】
　모든 악을 버리고 선을 행하고 술을 마시고 주사를 부리지 말며, 스스로 자제하여 과음하지 않도록 하고, 음란한 생활에 정신이 팔려 바른 길을 버리지 않으면, 이것을 최상의 길함이요, 상서로움이라 한다.

∴ 663

多聞如戒行 法律精進學　다문여계행 법률정진학
修已無所爭 是爲最吉祥　수이무소쟁 시위최길상

【譯】
많이 들어 계율과 같이 행하고 법률을 정진해서 배우고
닦음을 다하여 다툼이 없으면 이것이 가장 길하고 상서로운 것이다.

【解說】
　설법과 계율을 많이 듣고 들은 대로 실천하며, 법과 율을 열심히 배워서 행하고, 이미 모든 수행을 다함으로써 인격을 완성하고 남과 다툼이 없으면, 이것이 최상의 길함이요, 상서로움이다.

∴ 664

居孝事父母 治家養妻子　　거효사부모 치가양처자
不爲空之行 是爲最吉祥　　불위공지행 시위최길상

【譯】
거처함에 효도로써 부모를 섬기고 집을 다스리고 처자를 양육하고
내실 없는 행동을 하지 않으면 이것이 가장 길하고 상서로운 것이다.

【解說】
도는 멀리 있는 것이 아니다. 가족과 더불어 생활할 때 어른을 공경하고 부모에게 효도하며, 처자를 사랑하고 자녀를 잘 양육하며, 허황된 일에 마음을 빼앗기지 말고 착실히 살아가는 것이 가장 길하고 상서로운 것이다.

∴ 665

不慢不自大 知足念反復　　불만부자대 지족념반복
以時誦習經 是爲最吉祥　　이시송습경 시위최길상

【譯】
오만하지 않고 자기를 크게 여기지 아니하고 족함을 알고 거듭 되풀이 생각하며, 때때로 경을 익히고 외우면 이것이 가장 길하고 상서로운 것이다.

【註】
自大(자대)……스스로 큰 체하며, 자기를 크게 여김.
知足(지족)……무엇이든 만족할 줄 앎.

【解說】

항상 겸손해서 교만하지 않으며, 자기가 으뜸이라는 그릇된 생각을 버리고 지금의 처지를 만족할 줄 알고 늘 이를 감사하는 사람이 되며, 시간을 아껴 불경을 배워서 외우면, 이것이 가장 길한 것이고 또한 상서로운 것이다.

∴ 666

所聞常以忍 樂欲見沙門　소문상이인 낙욕견사문
每講輒聽受 是爲最吉祥　매강첩청수 시위최길상

【譯】

듣는 것을 항상 참음으로써 하고 즐겨서 사문 보기를 원하고
매번 익히고 번번이 들어서 받아들이면 이것이 가장 길하고 상서로운 것이다.

【解說】

옳은 말이나 나쁜 말이나 모두 참고 잘 들어서 슬기로운 판단으로 악을 버리고, 스님 만나기를 즐겨하고, 법회가 있을 때마다 번번이 법문을 들어서 이를 받아들이면, 이것이 가장 길하고 가장 상서로운 것이다.

∴ 667

以信有道德 正意向無疑　이신유도덕 정의향무의
欲脫三惡道 是爲最吉祥　욕탈삼악도 시위최길상

【譯】
도와 덕이 있음을 믿고 뜻을 바르게 하여 의심 없이 향하여
삼악도를 벗어나려 한다면 이것이 가장 길하고 상서로운 것이다.

【解說】
마음을 바르게 닦아 정도를 깨닫고, 세상에서 가장 귀한 것이 도와 덕이라는 것을 믿으며, 모든 의심을 버리고 불법을 배우고 익혀서, 삼악도(三惡道)에 떨어지지 않도록 열심히 선을 행하며 살면, 이것이 가장 길하고 가장 상서로운 것이다.

668

等心行布施 奉諸得道者　등심행포시 봉제득도자
亦敬諸天人 是爲最吉祥　역경제천인 시위최길상

【譯】
평등한 마음으로 보시를 행하며 모든 도를 이룬 자를 받들고
또한 모든 천인(天人)을 공경하면 이것이 가장 길하고 상서로운 것이다.

【註】
等心(등심)……평등한 마음.

【解說】
보시를 고루고루 널리 하고 도를 이룬 사람을 진심으로 공경하고 받들며, 천인(天人)도 또한 존경하고 받들면, 이것이 가장 길하고 상서로운 일이다.

669

> 常欲離貪慾 愚癡瞋恚意　상욕리탐욕 우치진에의
> 能習誠道見 是爲最吉祥　능습성도견 시위최길상

【譯】
항상 탐욕에서 떠나기를 바라고 어리석음과 성내는 마음도
능히 성실한 도를 익히면 이것이 가장 길하고 상서로운 것이다.

【解說】
　악으로 흐리기 쉬운 마음을 다스려 탐욕에서 벗어나기에 힘쓰고, 어리석음과 성냄과 나태함과 음탕한 마음을 모두 버리고, 성실한 부처님의 바른 도를 배우고 익혀 실천하면, 이것이 가장 길하고 상서로운 일이다.

670

> 若以棄非務 能勤修道用　약이기비무 능근수도용
> 常事於可求 是爲最吉祥　상사어가구 시위최길상

【譯】
만일에 권하지 않는 것을 버리고 능히 부지런히 도의 쓰임을 닦으며
항상 옳은 것 구하기를 일삼으면 이것이 가장 길하고 상서로운 것이다.

【解說】
　부처님께서 가르쳐 주시고 권하는 것이 아닌 모든 삿된 것을 버리고, 열심히 도를 닦으며 항상 정도로 나가기를 일삼으면, 이것이 가장 길한 것이고 또한 가장 상서로운 것이다.

∴ 671

一切爲天下 建立大慈意　일절위천하 건립대자의
修仁安衆生 是爲最吉祥　수인안중생 시위최길상

【譯】
모든 것 천하를 위하고 큰 자비로운 마음을 세워
인자함을 닦고 중생을 편안케 하면 이것이 가장 길하고 상서로운 것이다.

【解說】
 사심을 버리고 사회와 국가와 중생을 위해 헌신하고 인격을 완성하여 자비로운 마음으로 보시하며 중생을 편안하게 하면, 이것이 가장 길한 것이요, 또한 가장 상서로운 것이다.

∴ 672

欲求吉祥福 當信敬於佛　욕구길상복 당신경어불
欲求吉祥福 當聞法句義　욕구길상복 당문법구의

【譯】
길하고 상스러운 복을 구하거든 마땅히 부처님을 믿고 공경하라.
길하고 상스러운 복을 구하거든 마땅히 법구의 옳은 뜻을 들어라.

【註】
 法句(법구)……불경의 글귀.

【解說】
 이 세상에서 가장 좋고 으뜸가는 복을 구하려거든 마땅히 부처님을 믿고 부처님을 공경하고, 부처님께 귀의하라. 이 세상에서 가장 좋고 으뜸가는 복을 구하려거든 마땅히 부처님이 설하신 법문을 듣고 부처님이 설하신 경전을 읽고 부처님이 주신 계율을 잘 지켜라.

∴ 673

欲求吉祥福　當供養衆僧　욕구길상복 당공양중승
戒具淸淨者　是爲最吉祥　계구청정자 시위최길상

【譯】
길상(吉祥)의 복을 구하려 하거든 마땅히 중들을 공양하라.
계를 갖추고 청정하면 이것이 가장 길하고 상서로운 것이다.

【解說】
길하고 상서로운 복을 구하고자 하거든 마땅히 스님들을 받들고 잘 공양해야 하며, 부처님이 가르쳐 주신 계율을 지키고 깨끗한 마음으로 도를 닦으면서 살면 이것이 가장 길하고 상서로운 것이다.

∴ 674

知者居世間　常習吉祥行　지자거세간 상습길상행
自致成慧見　是爲最吉祥　자치성혜견 시위최길상

【譯】
지혜로운 사람은 세간에 살면서 항상 길하고 상서로운 행을 익혀
스스로 지혜로운 견해를 이루니 이것이 가장 길하고 상서로운 것이다.

【解說】
 수행의 장소는 반드시 속세를 떠난 한적한 곳만은 아니다. 지혜로운 사람은 보통 사람들이 사는 속세에 함께 살면서도 열심히 수행하여 길하고 상서로운 행을 스스로 익혀 지혜로운 견해를 이루어 나가니, 이것이 가장 길하고 가장 상서로운 일이다.

675

梵志聞佛教 心中大歡喜 범지문불교 심중대환희
卽前禮佛足 歸命佛法僧 즉전례불족 귀명불법승

【譯】
 범지는 부처님의 가르침을 듣고 마음속이 크게 기뻐서
 곧 앞으로 나가 부처님 발에 절하고 불법승에게 귀명(歸命)하였다.

【註】
 歸命(귀명)……마음으로부터 믿고 공경함을 뜻함. 지극한 공경심을 갖고 예배하는 것을 말함.

【解說】
 부처님의 긴 설법을 듣고 범지(梵志)는 마음속에 한없는 기쁨을 느끼고 감동되어, 부처님 앞으로 나아가 부처님 앞에 절을 하고 불법승(佛法僧) 삼보(三寶)에게 귀의(歸依)할 것을 다짐하였다.